스테이블코인
- 레볼루션 -

스테이블코인 레볼루션

최재홍　　　　　　　박민수 지음

―전 세계 화폐와 금융자산의 질서를 바꾼다―
Stablecoin Revolution

추천사

디지털 자산 시대의 거대한 금융 변화를 통찰한다!

조화준, KB금융지주 이사회 의장

트럼프 2기 행정부 출범과 함께 미국 의회를 통과한 지니어스 법안Genius Act은 달러 기반 스테이블코인 발행을 제도화하며 전 세계 금융 시장에 중대한 변화를 예고하는 듯하다. 그동안 많은 금융권 관계자가 원화 스테이블코인 발행 가능성, 그에 따른 금융 시스템의 신뢰와 안정 문제, 그리고 확장가능성에 대한 궁금증을 떨치지 못했다. 이 책은 그러한 고민에 상당히 지혜로운 방향을 제시하고 있다. 기술이나 제도의 소개는 물론 금융 생태계가 직면한 위기와 기회를 균형 있게 짚어주고 또 스테이블코인이 가져올 새로운 패러다임을 체계적으로 풀어낸다.

나는 이 책을 통해 디지털 자산을 좀 더 잘 이해하게 된 동시에 금융의 근간이 엄청나게 바뀔 수 있으리라는 상상을 해보았다. 금융의 변화 속에서 새로운 기회를 모색하고자 하는 모든 분께 적극적으로 추천한다.

스테이블코인이 가져올 새로운 패러다임을 쉽게 푼다!

김성태, IBK기업은행장

    최근 미국 트럼프 정부의 지니어스 법안 통과로 디지털 달러 시대가 본격적으로 열리고 있다. 동시에 전 세계를 뒤흔드는 관세 전쟁으로 한국은 그동안 경험하지 못한 수출 불황을 맞이하고 있다. IMF와 코로나19를 겪었던 글로벌 위기의 기억이 다시 고개를 들고 있는 지금 한국의 금융과 기업들은 또 한 번 중대한 전환점을 맞고 있다. 그러나 나는 우리가 위기 속에서도 기회를 포착할 수 있는 혜안 있는 기업과 리더들이 존재하기에 슬기롭게 극복할 것이라 확신한다.

    이 책의 저자는 오랜 시간 지켜본 바 시대의 변화를 읽는 통찰력과 실천력을 겸비했다. 그는 글로벌 금융의 복잡한 변화 속에서 어떻게 기회를 만들지를 누구나 이해하기 쉽게 풀어냈다. 변화의 파고를 넘어야 할 모든 금융인에게 이 책을 추천한다.

프롤로그

스테이블코인 레볼루션, 돈의 질서가 바뀐다

우리는 지금 금융과 경제의 역사에서 새로운 장이 열리는 순간에 서 있다. 디지털 기술, 인공지능, 블록체인, 그리고 스테이블코인이 만들어내는 혁신의 흐름은 단순한 기술적 진보를 넘어 사회와 산업 구조를 근본적으로 재편할 잠재력을 지니고 있다. 경제 활동이 점점 더 자율적이고 자동화되며 탈중앙화되고 있다. 지금 우리가 맞는 '스테이블코인 레볼루션'은 단순히 한 시대의 사건이 아니다. 우리가 미래 금융과 경제를 바라보는 방식을 바꾸는 전환점이다.

이제 디지털 자산은 더 이상 투자 수단에 머물지 않는다. 토큰화된 증권, 지역화폐, 스테이블코인, NFT(대체 불가능한 토큰), 인공지능 기반 데이터 보상 시스템 등은 경제 활동의 새로운 신경망을 만들고 있다. 기존 중앙집중형 시스템에서는 은행과 금융기관이 신뢰를 보증했다면 블록체인과 스마트 콘트랙트가 그 역할을 대신한다. 사람의 개입 없이도 거래와 자산관리가 이루어지는 자율적 경제 구조가 나타나고 있다.

인공지능과 디지털 자산의 결합은 이러한 변화의 핵심 동력이다. 인공지능 에이전트AI Agent는 사람의 개입 없이도 자산을 운용하고 거래하며 피지컬 인공지능Physical AI은 실물 재화와 서비스를 제공하는 주체가 된다. 더 나아가 인공지능이 스스로 토큰화되어 투자 대상이 되고 인공지능 학습 과정에서 생성되는 고품질 데이터에 토큰 보상이 이루어지는 새로운 경제 모델이 등장한다. 이 모델은 금융 기술의 단순한 진보를 넘어 사회와 산업 전반에서 자원 배분과 가치 창출 구조를 재편하는 혁신적 실험이라 할 수 있다.

블록체인 기반 기계 대 기계M2M, Machine to Machine 모니터링은 이러한 혁신을 더욱 견고하게 만든다. 거래와 데이터 검증 그리고 스마트 콘트랙트의 자동 집행은 인간의 개입 없이 이루어지며 네트워크 자체가 신뢰를 생성한다. 금융 시스템은 단순한 중개자 중심 구조에서 탈피하고 기업, 개인, 지자체가 직접 신뢰 기반의 경제 활동을 수행할 수 있는 환경으로 진화한다. 그 중심에 선 스테이블코인은 새로운 금융 패러다임을 상징하는 핵심 도구다. 단순히 가치 저장의 안정성을 제공하는 디지털 화폐를 넘어 지역화폐, ESG 인센티브, 정책 수당 등과 결합하며 실물 경제와 직접 연결된다. 기업과 지자체는 이를 활용해 맞춤형 금융 인프라를 구축하고 주민 참여와 ESG 목표 달성을 동시에 달성할 수 있다. '지역화된 스테이블코인' 모델은 기존 금융 시스템의 한계를 넘어 탈중앙화와 지속가능성을 동시에 추구하는 새로운 경제 실험이다.

한국은 이러한 흐름 속에서 심각한 위기의식을 느끼고 있다. 현재 미국 달러 기반 스테이블코인이 전 세계 시장의 99% 이상을 차지하고 있다. 그런 상황에서 한국 금융과 경제 시스템의 자율성과 경쟁력이 점차 약화될 수 있다는 현실적 경고가 존재한다. 이에 한국 정부는 한국은행을 중심으로 원화 기반 스테이블코인 발행과 승인 등 세계적 흐름에 동참하기 위한 전략을 본격화하고 있다. 은행과 비은행 기업들도 다가오는 스테이블코인 시장에 적극적으로 참여하며 변화의 흐름 속에서 미래 경제 경쟁력을 확보하려는 움직임을 보이고 있다.

하지만 무엇보다 중요한 것은 협력과 생태계 구축이다. 디지털 자산 혁신은 단일 기업이나 기관의 노력만으로 완성되지 않는다. 기업 간 컨소시엄 형태의 네트워크를 구성해 기술, 규제, 데이터, 고객 접점을 공유하고 점진적 실험과 학습을 통해 생태계 전체가 성장할 수 있도록 해야 한다. 이러한 협력 구조는 단순한 경쟁을 넘어 새로운 신뢰와 가치 배분 구조를 만들어내는 핵심 기반이 된다.

스테이블코인 레볼루션은 단순한 기술적 사건이 아닌 사회 경제적 패러다임 전환이다. 인공지능과 디지털 자산, 기계 대 기계M2M 블록체인 모니터링, 스테이블코인을 중심으로 한 새로운 금융 시스템은 인간과 기계, 중앙화와 탈중앙화를 연결하며 경제와 사회 전반에 걸쳐 새로운 지평을 열고 있다. 이 순간을 이해하고 선제적으로 대응하는 기업과 국가가 미래 경제의 주도권을 확보하게 될 것이다.

이 책은 바로 그 스테이블코인 레볼루션을 기록하고 독자들이 변화의 흐름을 이해하며 혁신과 적응의 전략을 세울 수 있도록 돕기 위해 쓰였다. 디지털 자산, 인공지능, 블록체인, 스테이블코인이 어떻게 서로 연결되고 기업, 지자체, 정부, 사회 전반에서 어떤 영향을 미치는지 그리고 이를 통해 미래 금융과 경제가 어떻게 변화할지를 풀어낼 것이다.

독자 여러분이 이 책을 통해 단순한 관망자가 아니라 혁신과 적응의 주체가 되기를 바란다. 스테이블코인 레볼루션은 기회이자 도전이며 모두가 미래 경제와 사회를 설계할 수 있는 열쇠다. 이제 우리는 그 변화의 여정 속으로 발을 내딛게 된다.

이 책은 20년 넘도록 우리나라 핀테크 산업을 위해 애쓰신 핑거 박민수 부회장의 지식과 경험을 눌러 담았다. 오랫동안 블록체인과 토큰증권STO, Security Token Offering 그리고 가상 디지털 자산 연구와 실행을 이번 스테이블코인이라는 21세기의 가장 큰 변화에 적용하고자 했다. 이를 위해 수고를 아끼지 않은 핑거 그룹 연구소와 이정훈 전무님께 무한 감사를 드린다.

그런 면에서 늦었지만 이 책을 만들었다. 스테이블코인이 세계 부의 지도를 바꿀 수도 있겠다는 합리적 의심들을 정리해 본다. 당장 우리의 현실이 그런 시작점에 서 있기에 조금 더 구체적으로 묶어 보려고 노력했다. 소중한 경험과 노력으로 완성된 이 책이 단순한 지식이 아닌 여러분의 인사이트를 깨우는 마중물이 되었으면 한다.

저자들을 대표하여
최재홍

들어가기 전에

스테이블코인 웨이브에서 기회를 잡자

최근에 미국의 지니어스 법안Genius Act이 통과됐다. 원래 명칭의 이니셜을 딴 약자인데 정말 천재 법안이라는 평가를 듣고 있다. 미국의 패권, 화폐에 대한 통용, 그리고 그 외 여러 이유로 지금 전 세계가 들썩들썩하고 있다. 과연 스테이블코인과 관련한 웨이브, 즉 거센 파도가 몰아치는 가운데 한국의 선택은 무엇이 돼야 할까?

스테이블코인은 '안정된 코인'이 될 수 있을까

'스테이블stable'이라는 말 자체가 '안정'을 뜻하는 용어다. 그런데 '코인'과 '스테이블'이 약간 어울리지 않은 듯하다. 지금까지 우리가 아는 코인의 특성 중 하나가 안정보다 불안정에 가까웠기 때문이다. 그렇다면 과연 스테이블코인은 안전할까? 사실 알고리즘과 관련된 스테이블코인이 시장에서 큰 파란을 일으킨 적도 있었다. 그러다 보니 다양한 의문이 생길 수 있다. 그러나 스테이블코인은 안전하다고 볼 수 있다. 안전자산을 담보로 일대일로 발행되는 것이기 때문이다. 예를 들어 1달러에 대한 스테이블코인이 정확하게 1달러로 거래되지는 않는다. 사실 0.002% 남짓 정도의 오차들이 발생하기는 한다. 그러나 스스로 시장에서 안전자산으로 담보화되어 있는 기저통화에 수렴할 수밖에 없는 구조다.

1달러를 기반으로 하는 스테이블코인이 발행되었다고 했을 때 스테이블코인이 1달러보다 높아진다고 생각한다면 대부분의 사람들은 그 발행 기관에 나의 돈 1달러를 맡기고 스테이블코인을 발행하고 싶어 할 것이다. 그게 가치가 높기 때문이다. 그래서 발행량이 많아지게 되면 자연스럽게 가치가 하락하게 된다. 만약에 1달러보다 시장에서 가치가 하락하는 경우가 발생한다고 한다면 사람들은 그 스테이블코인을 갖고 있을 이유가 없다. 당연히 환급해달라고 요청할 것이다. 하지만 그런 경우에도 역시 마찬가지로 스테이블코인은 1달러에 스스로 수렴하는 구조라서 비교적 안전하다.

하지만 여전히 의구심을 갖는 사람들이 있다. 시간이 지나면 변질되지 않을까 하는 의심이다. 이런 의심에 대해서 스테이블코인의 안정성을 이야기하는 사람들은 블록체인을 언급한다. 지금 논의되는 스테이블코인은 블록체인이라고 하는 기술적 기반 위에서 작동한다. 사실 블록체인의 큰 특징 중 하나는 스마트 콘트랙트다. 그 안에 다양한 형태의 계약 조건들을 설정할 수가 있고 그에 따라서 작동하는 원리를 내부적으로 품고 있다. 기본적인 정보의 신속한 공개나 투명성 또는 환급도 이루어진다. 또한 특정 조건, 예를 들어 발행 기관이 재무적 상태가 매우 안 좋아져서 비즈니스가 유지되기가 어려운 경우에는 자동으로 환매가 이루어질 수 있다.

이처럼 블록체인 기술은 스마트 콘트랙트를 통해 다양한 계약 조건들을 설정할 수 있도록 한다. 이러한 구조는 사람이 개입해서 하는 게 아니다. 자동화된 시스템적 활동으로 작동하는 구조다. 그래서 기존 금융 환경에서 있었던 다양한 사건 사고나 리스크 등은 블록체인을 기반으로 하는 스테이블코인 덕분에 획기적으로 줄일 수도 있다.

원화의 통화 주권 대응 대책과 확장 기회까지 모색한다
"우리나라 원화는 도대체 어떻게 되나요?"
스테이블코인이 달러를 기준으로 하게 되자 사람들이 하는 질문이다. 원화에 대한 통화 주권의 약화에 대한 부분은 피할 수 없지 않으냐고 우려를 드러내기도 한다. 이런 경우와 관련한 대비가 있는지도 궁금해한다. 사실 국내에서 가장 큰 논쟁이 되는 부분이다.
미국 달러 기반의 스테이블코인이라는 게 단지 미국 내에만 머무는 것이 아니고 전 세계 다양한 국가와 다양한 시장에 영향을 끼치고 있다. 현재 트럼프 행정부가 지니어스 법안을 가지고 시장 활성화 정책을 하는 것도 이러한 상황을 정확하게 꿰뚫어보고 있기 때문이라고 할 수 있다. 이에 따라서 다양한 금융기관과 빅테크뿐만 아니라 일반 기업들까지도 미국 내에서는 스테이블코인 발행업에 대해서 라이선스 신청하게 될 것이다. 그리고 훨씬 더 많은 스테이블코인을 활용하게 되는 사례들이 많이 등장할 듯하다. 가령 아프리카나 남미 등에서 스스로 기존 은행 계좌를 보유하지 못한 사람들조차도 미국 달러 기반의 스테이블코인을 핸드폰에서 가질 수 있다. 그걸 통해서 지불이나 교환 등을 하는 것을 보면 해당 국가로서는 난감한 처지에 빠질 수 있다. 자국의 화폐와 미국 달러의 권위 중에 어느 것이 우선시되고 통화정책이나 재무 정책 등을 어떻게 수립할지 다소 걱정이 아닐 수가 없다. 이게 바로 통화 주권에 대한 위협이다. 한국도 처한 현실적인 문제이기도 하다. 요즘 이야기되는 원화 기반 스테이블코인은 어찌 보면 그런 흐름의 방어적 논리로 성립되고 있다고 볼 수 있다.

다른 한편으로는 방어적으로 어떻게 원화 기반의 스테이블코인을 제도적으로 만들어내고 안착시킬 것인지보다 좀 공격적으로 원화 기반의 스테이블코인이 진정으로 필요한 건 아닌지 생각해 볼 필요가 있다. 이것을 통해서 기존에 도달하지 못했던 경제적인 생태계 구축이나 그동안 하지 못했던 금전적인 거래 같은 것들을 원활하게 이루어질 수 있도록 하는 방법으로 생각해 보는 것이다. 나아가서 동남아 또는 전 세계적으로 원화 기반의 스테이블코인이 확산할 기회까지 고려해야 한다.

사실 내가 동남아 여행을 갔을 때 미국 달러를 주었는데 안 받았던 경험이 있다. 세계에서 가장 강력한 기축통화인 미국 달러인데도 화폐가 구겨져 있다는 이유로 말이다. 약간 구겨지거나 손상되면 유통시킬 수 없다고 했다. 그 말인즉슨 신뢰가 없다는 것이다. 대신 한국 돈 1만 원짜리를 주니 받았다. 그때 사실 이 지폐도 구겨져 있었다. 그런데 그 돈은 받는 것이다. 순간 당황스러웠다. 그러면 이 사회에서는 "미국 달러보다 한국 돈에 대한 신뢰가 더 높다는 얘기야?" 하며 황당해했다.

이런 경험을 통해 한 가지 생각이 떠올랐다. 만약에 원화 기반 스테이블코인을 잘 설계해 만들어서 K-콘텐츠, K-뷰티 등 다양한 형태의 우리나라 상품 서비스들과 결합하면서 원활하게 작동하는 형태로 동남아까지 진출하게 된다면 어떻게 될까? 상당히 가치도 있고 성공 가능성도 크다고 볼 수 있다.

외화 기반 스테이블코인을 방어할 진지를 구축하자

과거 우리나라에 마일리지 포인트 제도가 유행했을 때 마일리지 포인트를 환전하는 환전소가 있었다. 이처럼 최근에 NHN에서 코인 간 정산 기능을 하는 시스템을 구축하고 있다고 한다. 그렇다면 원화 스테이블코인과 달러 스테이블코인에 대한 환전 기능을 하는 시스템도 나올 수도 있다.

지불 결제시장이 발전하면서 초기에 현금으로 결제하던 것들이 신용카드로 결제되고 그다음에는 다양한 형태의 페이먼트 시스템들이 더 편리하게 사용되고 있다. 특히 모바일 스마트폰 기반에 그런 결제 구조들이 빠르게 확산됐다. 시장을 지배하는 지불 결제회사들이 지금 여러 개가 등장해 있고 잘 성장하고 있다. 하지만 한두 개의 결제 시스템이 시장을 완벽하게 지배할 수는 없다.

예를 들면 휴대폰 한 대 안에도 대형 결제사 지불 시스템이 들어가 있기도 하고 다른 페이먼트 시스템이 여러 개 들어 있다. 필요할 때마다 선택해 쓰기도 하는 등 복합적으로 존재한다. 사실 미국 달러 기반의 스테이블코인은 이미 우리나라 시장에 꽤 깊숙이 들어와 있다. 이미 많은 사람의 핸드폰에 스테이블코인이 담겨 있다. 2025년 1분기 기준 국내 5대 가상자산 거래소의 달러 스테이블코인 거래 규모는 약 56.95조 원이다. 그것이 없어질 수는 없다. 그렇다고 한편으로 그것만이 전부일 수도 없는 상황이 전개될 것이다. 앞으로는 미국 달러 기반 스테이블코인이 쓰이는 영역과 원화 기반 스테이블코인이 쓰이는 영역이 각각 따로 존재하게 될 것이다.

결국 스테이블코인이 살아남아서 지속가능성을 유지하게 되는 배경은 시장과 어떤 유용성에서 결합했는가의 문제다. 그렇다면 미국 달러 기반 스테이블코인이 국내에 들어와서 실사용처나 유용성 등을 충분히 개발했느냐를 봐야 한다. 물론 아직은 시작에 불과하다. 실생활에서는 여전히 비어 있는 시장이고 누가 먼저 장악하게 될지는 아직은 알 수 없다. 즉 우리로서는 스테이블코인과 관련해서 아직 늦은 것은 아니라는 의미가 된다.

온라인에서는 전자지급 결제대행PG망이 있고 오프라인에서는 카드망이 있고 국제간에는 스위프트망이 있다. 그런데 이게 다 무용지물이 될 가능성이 있다. 기존에 있는 파이프라인 기업이나 금융 기업들이 깜짝 놀랄 수밖에 없는 개인 대 개인의 지갑으로 송금이 되고 바꿔 쓰는 게 된다. 그러다 보니 기존 망은 다 폐기가 되는 게 아닌지 의심하기도 한다. 단기적으로 예측해 본다고 하면 일순간에 기존의 신뢰 기반 송금 결제 시스템이 바뀔 수는 없을 것이다. 다만 기존의 시스템이 가진 맹점이 제거될 가능성은 크다. 예를 들어 거래 소요 시간, 수수료, 또 거쳐야만 하는 복잡한 시스템의 경로 등과 같은 것들이 스테이블코인으로 일순간에 다 사라질 수 있다. 매우 혁신적이기도 한 이러한 특징 때문에 혁신을 기다렸던 시장 안에서는 급속하게 팽창되고 대체될 가능성은 아주 크다.

또 다른 기대도 있다. 시장은 아주 높은 수준의 신뢰를 필요로 하는 것들이 있을 수도 있고 관행에 의해서 지켜야 할 것들이 존재하기도 한다. 이 모든 것들이 빠르게 대체될 수는 없고 병행적으로 존재할 가능성이 크다. 그래서 한동안 관행과 혁신이 우리 시장에 함께 존재할 것이다. 지금 가장 많이 놀라서 준비하고 계신 분들이 신용카드사 담당자일 것이다. 그분들은 급하게 졸속으로 무엇인가 대비책을 만들어 시장 참여를 시도하다가 일이 어긋나는 것을 경계해야 한다. 조금 더 여유를 갖고 차분히 대응해야 한다. 정말로 그 쓰임새가 있는 시장과의 결합을 통해서 지킬 수 있는 기존의 가치는 지키고 또 혁신할 것은 혁신하는 것을 병행적으로 수행해야 한다.

여러 대의 마차를 붙인다고 열차가 되는 것은 아니다. 스테이블코인도 금융권, 카드사, 시스템 등을 잘못 운영하면 무용지물이 될 수 있다. 다행히도 다급하긴 하나 어느 정도 시간의 여유는 있다. 결국 스테이블코인이 장기적으로 시장에 안착하고 지속가능성을 유지하려면 그것의 쓰임새와 사용이 되는 시장의 구체적인 영역을 발견해 내야만 한다. 그래서 기존의 관행이나 업무 또는 생활을 이 스테이블코인을 통해서 개선해 주고 조금 더 윤택해지도록 하는 게 중요하다. 때로는 새로운 부가가치를 얻어낼 수 있는 구조들을 만들어내는 것이 핵심이기 때문이다. 그래서 다양한 시도가 정말 중요하다.

이미 어떤 형태의 비즈니스 구조를 결합해서 생활 개선을 하고 생태계를 조성할 수 있을 것인가를 고민해 온 사람들이 너무나 많다. 스테이블코인이라고 하는 콘셉트와 웨이브를 딱 만나는 순간 '이거다!'라고 느끼는 사람들이 사실 너무 많다. 그러면 이런 사람들한테 어떻게 기회를 줄 수 있을까? 이러한 사람들의 욕망을 어떻게 자극해서 비즈니스가 성사되고 생태계가 조성되고 지속가능성을 얻어서 원화 기반 스테이블코인이 하나의 세력으로 등장할 수 있을까? 그래서 외국에서, 특히 미국에서 물밀듯이 들어오는 외화 기반 스테이블코인에 방어할 우리의 진지를 구축할 수 있는가는 매우 중요한 과제다.

스테이블코인과 결합할 비즈니스는 무엇이 있는가

예를 들어 탄소 크레딧과 관련된 다양한 비즈니스가 아주 오랫동안 전개되었다. 사실 지금도 굉장히 성숙해 가고 있는 비즈니스 영역이다. 이 기후 테크라는 것은 핀테크와 쌍둥이 같은 것 중 하나다. 그런데 만약 거기에 스테이블코인을 적용하면 딱 맞춰지는 것들이 있다. 그래서 그 부분은 지금 실증적으로 다른 시장 내에서 크게 활동하는 기업들과 제휴하면서 움직이는 시도가 진행 중이다.

또 하나는 토큰증권과 관련한 결합 비즈니스도 있다. 스테이블코인보다 조금 더 먼저 주목받았던 영역이다. 지금도 계속 논의되고 있는데 토큰증권에서는 발행해야 할 물건 자체를 어떻게 발굴해 낼 것인가도 중요한 이슈이기도 하지만 투자 방식에 대해서도 굉장히 어려운 이슈들이 있다. 그래서 스테이블코인이 결합되면 개인들이 토큰증권에 참여하고 그로부터 얻을 수 있는 다양한 이익에 대한 분배나 원리금에 대한 상환 등 다양한 계약 조건을 블록체인 기반에서 스마트 콘트랙트로 유지할 수 있다. 따라서 훨씬 더 투명하고 신뢰도가 높은 형태의 토큰증권 발행과 운영이 가능한 구조가 나올 수도 있다.

우리나라는 스테이블코인에 대한 충분한 훈련이 돼 있다. 가령 온누리 상품권도 있고 지역화폐도 있고 예전에 실패했던 제로페이도 있었다. 이런 것들이 원화를 기반으로 해서 지역경제에 활용됐다. 그만큼 한국인은 상당히 응용에 강한 민족이다. 이런 면에서 우리나라로서는 스테이블코인과 관련해 엄청난 기회가 주어진 셈이다. 온누리 상품권이나 다양한 형태의 선불 충전식 서비스는 공급자이든 사용자이든 간에 큰 경험으로 남아 있다. 그런데 우리가 아직 경험하지 못한 것이 일부가 있어서 상상력을 자극한다.

스테이블코인은 이러한 경험과 함께 또 다른 장점이 있어 생태계 조성에 유리하다. 스테이블코인의 경우에는 기존의 그런 상품권이나 선불 충전 방식의 서비스 구조와 다르다. 바로 신뢰와 투명성이 다르다. 앞서 말했듯이 스테이블코인은 블록체인이라는 기술을 기반으로 하기 때문에 스마트 콘트랙트가 이루어진다. 발행과 유통 등의 모든 정보에 대한 공개와 투명성이 매우 실시간으로 이루어진다. 투명성은 이전에 존재했던 선불 충전식 지불 결제 구조에서는 존재하지 않았던 것이다. 매우 투명하지 못했다. 그래서 다양한 문제가 발생했다. 예컨대 시장에서 상당히 낮은 가격에 할인 유통되는 바람에 발행하는 회사들이 여러 가지 좋지 않은 조건에 놓이기도 했다.

이제는 이러한 잘못된 관행을 뛰어넘어서 새로운 유형의 지불 결제, 송금, 유통 등의 구조로 갈 수 있는 굉장히 좋은 기회를 맞이했다. 과거의 경험, 새로운 기술, 새로운 신뢰 기반의 기술이 결합하면 사용자 인터페이스 서비스의 수준이 대단히 높은 한국이기 때문에 세계 어느 나라보다도 훨씬 빠르게 시장을 창출하고 생태계를 조성하는 데 앞서 나갈 수 있을 것이다.

스테이블코인은 기존 은행엔 기회인가 위협인가

새로운 시스템들이 나오면 기존 은행들로서는 기회일까? 아니면 위협일까? 사실 한국은행을 중심으로 해서 이미 약 5년 전부터 중앙은행 디지털 화폐CBDC에 대한 실험을 지속적으로 해왔다. 얼마 전까지는 한강 프로젝트를 통해서 사용성 테스트까지도 진행한 바가 있다. 그런데 최근에는 상황이 바뀌었다. 미국의 지니어스 법안과 함께 통과된 중앙은행 디지털 화폐 발행 금지에 대한 부분은 중앙은행에서 디지털 화폐를 발행하지 못하도록 했다. 중앙은행이나 기존 금융기관이 이러한 시장을 주도하기에는 창의력이나 융통성 측면에서 시장이 스스로 작동하는 원리보다는 경쟁력에서 떨어질 것으로 판단한 것이다. 그래서 시장에 맡겨놓자는 의미로 이해하는 것이 타당하다. 그게 일면 타당성이 있는 이유는 유럽연합이나 일본에서도 유럽연합의 가상자산 규제 기본법안 미카MiCA나 일본의 자금결제법 등으로 은행 중심의 스테이블코인 육성 정책을 나름대로 추구했다. 그리고 실제로 시도도 몇 건 했다. 그러나 사실상 시장 안착은 실패했다는 게 대부분의 평가다. 좀 더 시간을 지켜보면 어떨지는 모르겠으나 스테이블코인이 어떤 기획으로 발행한다고 되는 것은 아니다. 그것이 시장 내에서 작동할 수 있도록 하는 메커니즘, 설계, 작동, 생태계 조성 등이 매우 중요하다.

우리나라 은행 같은 경우 아무래도 수수료와 같은 전통적인 수익 기반이 허물어질 수 있다는 것 때문에 위기의식을 느끼는 것은 당연하다. 기존 은행들은 이러한 문제에 대응해야만 한다. 가령 상상력을 발휘해 보면 스테이블코인이라고 하는 디지털 화폐 시장이 따로 생겨나고 기존의 자본시장과 다르게 원래 은행이 하는 가장 핵심적인 기능 중 하나인 신용 창출 기능이 디지털 화폐의 시장 내에서 충분히 존재할 수 있다는 것이다. 이는 은행으로서는 매우 심각한 위협 요소가 되는 것은 분명하다. 그러면 은행은 참여할 수밖에 없는 환경이 만들어지는 것이다.

은행의 참여 방식은 크게 두 가지로 이루어질 가능성이 크다. 첫째, 은행이 직접 스테이블코인을 발행하면서 시장을 조성하는 방법이다. 둘째, 시장 참여자 중 다양한 생태계 안에서 활동하면서 스테이블코인에 대한 전략을 추구하는 기업 또는 그룹들과 결합하는 방법이다. 그런데 이 두 가지 방법은 병행할 수 있다. 단지 한 가지만 선택해야 하는 게 아니다. 자체적으로 발행하는 부분도 당연히 고민하고 다양한 시장에서 활동하는 플레이어들과 전략적 제휴를 어떻게 추진할 것인가에 대한 부분을 함께 고민하는 것이 필요하다.

원화 스테이블코인 발행사 자본금은 얼마가 적정할까

원화 스테이블코인 발행과 관련하여 은행권이나 관련 법안을 봤더니 자본금 기준이 5억 원 혹은 최근에는 10억 원이라고 한다. 이 규모의 자본금이 통화를 만들어내는 발행처로서 합당한지 의문이다. 혹자는 창의력이나 융통성과 혁신을 위해서는 자본금 기준을 좀 더 낮춰야 하는 게 아니냐고 반문한다. 반면에 다른 쪽에서는 신뢰를 위해서 더 늘려야 하는 게 아니냐고 주장한다.

사실 자본금 5억 원 또는 10억 원이라고 하는 규정은 플랫폼과 생태계 구축의 초기 자금 정도일 것이다. 스테이블코인은 근본적으로 발행 회사가 자기자본을 통해서 발행하는 것이 아니고 사용자들의 의뢰에 따라서 발행하는 것이다. 예를 들어 100만 원 정도 스테이블코인이 필요하다면 그 돈을 예치하고 예치한 만큼 발행해 주는 것이다. 그래서 전체 발행량 또는 필요한 준비금의 연관 관계 안에 자본금 요건이 직접 개입하지는 않는다. 자본금의 규모가 발행량을 규정하는 데 핵심 근거는 될 수 없다. 다만 그 플랫폼이 영속할 수 있는가의 이슈가 중요하다. 과연 이러한 플랫폼을 만들고 생태계를 조성한 후에 안정적으로 시스템을 일정한 기간에 유지하고 운영할 수 있느냐가 관건이다. 그런 면에서 자본금 요건이라는 건 상당히 중요하다.

자본금 요건도 중요하지만 그 후 그 기업이 활동을 시작하고 난 다음부터는 재무적 건전성이 훨씬 더 중요하다. 이 기업은 영속 기업이냐 지속가능한 기업이냐, 아니면 시간이 오래 지나면 점점 더 쇠퇴할 기업이냐 등이 훨씬 더 중요한 판단의 요소가 될 수 있다. 그래서 자본금 요건은 5억 원 또는 10억 원이 결정적인 변수는 될 수는 없을 것이다. 특히 스테이블코인의 특성 중 하나는 이용자가 본인이 갖고 있던 스테이블코인을 원화로 환전해달라고 요청하면 즉시 환전하는 체계를 갖추는 것이다. 그러면 그 발행사가 설령 파산한다고 하더라도 스테이블코인 이용자가 떠안을 리스크는 비교적 낮다. 블록체인상의 스마트 콘트랙트를 통한 안정적인 실행 구축, 제도적인 규정, 법 등을 통해 메커니즘을 갖춰 놓기만 한다면 고객 리스크는 적을 수 있다.

스테이블코인의 사용처를 어떻게 만들어낼 수 있을까

세상에서 가장 좋은 플랫폼은 한글이라는 말이 있다. 플랫포머는 한글을 만들었을 뿐인데 사용자들이 서로 콘텐츠를 만들고 상호 교류하고 있다. 그런데 한글은 어떻게 성공했을까? 세종대왕이 한글을 행정기관에서 다 쓰게 했기 때문이라고 한다. 이처럼 만드는 것도 중요하지만 어떻게 사용할 것이냐가 가장 중요하다. 그렇다면 스테이블코인의 다양한 사용처는 어떻게 만들어낼 수 있을까?

우리는 이러한 플랫폼이 더 광범위하게 적용될 수 있도록 해본 경험이 있다. 예를 들면 신용카드 같은 경우다. 과거에는 대부분 식당에서 현금으로 결제를 많이 했다. 그런데 결제가 신용카드로 확 바뀌게 된 배경은 다양한 형태의 세제 혜택 때문이다. 또한 정부는 투명한 결제와 소상공인들의 매출 구조 등을 통한 또 다른 형태의 세수를 확보할 수 있게 됐다. 그래서 급속하게 확산시킬 수 있었다. 스테이블코인도 마찬가지다. 스테이블코인을 방어적 태도로 주권을 지키기 위한 것으로 본다면 국가는 당연히 확산에 대해 고민해야 한다. 어떠한 방식으로 여기에 참여하는 사람들한테 이익을 제공할 것인가를 심도 있게 고민해야 하는 것이다.

지금 시기적으로 굉장히 중요하다. 벌써 경제계에서는 스테이블코인과 관련한 움직임이 활발하다. 이미 기업마다 테스크포스팀TF을 만들었다는 이야기가 많이 나오고 있다. 이제 국가도 적극적으로 나서야 하지 않을까.

스테이블코인은 투자 대상이 아닌 유틸리티 기능 도구다

지금 스테이블코인이 핫하니까 개인들에게는 부를 축적할 기회가 되는지가 큰 관심사다. 사실 스테이블코인은 변동성이 없다. 새로운 트렌드를 투자의 한 측면으로 이해하려는 분들은 우선 스테이블코인은 가치 변동 체계가 전혀 없기 때문에 그 스스로 투자 대상이 될 수가 없다는 것을 알아야 한다. 그보다 스테이블코인을 사서 내가 실생활에서 활용한다는 유틸리티 기능의 도구로서 이해하는 것이 필요하다.

스테이블코인을 하나의 투자처로 보는 것은 어울리지 않는다. 하지만 스테이블코인을 발행하고 플랫폼을 만들고 생태계를 조성하려는 기업들에 대해서는 다양한 형태의 시각을 가질 수 있다. 아직 가보지 않은 영역이라서 스테이블코인을 통한 디지털 화폐 생태계 안에서 미래에 비즈니스가 창출될지는 여전히 논쟁거리이고 상상의 영역에 머물러 있는 게 현실이다. 다만 새로운 형태의 변화 시점에는 늘 그에 따르는 금융 시스템이 뒤따라서 발전한다. 그런데 과연 그러한 금융 생태계나 금융 서비스를 누가 손에 쥘 것인지, 또 누가 그것을 통한 다양한 경제적 이득을 얻을지는 지금 판단하기가 매우 어렵다.

스테이블코인은 반드시 참여해야 하는 시대적 흐름이다

스테이블코인과 관련해서 "이거 혹시 Y2K하고 똑같은 거 아니야?"라는 말도 있다. 20세기 말 Y2K와 관련하여 이게 정말 세계적인 사기였는지, 아니면 우리가 너무 대비를 잘해서 그런 일이 벌어지지 않은 것인지 말이 많았다. Y2K는 1999년에서 2000년으로 넘어갈 때 디지털 자릿수가 바뀌면서 세계가 큰 혼란을 겪을 것이라는 뜻으로 사용한 용어다. 실제로 이와 관련하여 전 세계에서 우려와 공포가 쏟아졌다. 각국 정부와 기업도 21세기가 시작되기 몇 년 전부터 아주 많은 대비를 할 수밖에 없었다. 그러나 호들갑을 떤 것처럼 그리 큰일은 일어나지 않았다. 이처럼 스테이블코인도 과장된 이슈라고 말하는 사람들이 있다. Y2K를 두고 혹자들은 몇몇 밴더의 음모였다고 주장하기도 했다. 사실 음모는 아니라고 하더라도 몇몇 밴더가 그걸 통해서 막대한 이득을 얻은 것은 사실이다. 물론 그 이득이라는 것도 매우 일시적인 것에 불과했다.

지금 스테이블코인 논의의 출발과 현재 진행 모습을 놓고 보면 주도하는 세력이 누구냐를 알아야 한다. 사실 각국 정부가 스테이블코인의 정착과 활성화를 고민하고 있다. 그리고 다양한 법안의 마련, 시장 정착, 활성화 등을 시도하는 중이다. 물론 때에 따라서는 이러한 시도조차도 하나의 흘러가는 파도처럼 지나갈 수도 있다. 그러나 그것의 경제적 파급력이 비교적 크지 않을 수도 있지만 지속성은 굉장히 오래 갈 것이다. 가장 강력한 힘을 가진 정부가 주도하는 데다가 다양한 법 제도를 준비해가며 움직이는 것이라서 일회성으로는 끝나지 않을 것이다. 관계된 금융기관이나 기업은 어떤 형태로든 이 파도에 대비할 수밖에는 없다.

미국 정부의 스테이블코인 법안을 보고 카니발라이제이션Cannibalization으로 보는 사람도 있다. 즉 제살깎아먹기라는 것이다. 예를 들어 스위프트망 같은 경우는 미국이 불법 자금 흐름을 파악하거나 아니면 거기서부터 엄청난 수수료를 받아서 국가와 기관의 부에 기여했는데 포기하는 것이기 때문이다. 그만큼 스테이블코인이 절박하게 떠오르고 있다. 미국 정부가 강력하게 밀어붙일 때는 우리도 반드시 참여해야 하는 시대적 흐름이자 커다란 파도로 봐야 하지 않을까.

우리에게 스테이블코인은 외부적 변수이자 변화 요인이다. 그래서 다소 부담스럽고 몸에 맞지 않는 옷을 입는 느낌이 드는 것도 사실이다. 스테이블코인은 시장에서 스스로 성숙하면서 만들어진 생태계가 아니다. 우리는 외부의 움직임들을 보면서 교훈 삼아 만들어가며 정착시키려고 하는 것이다. 그러다 보니 바라보는 의견이 제각각 다르다. 그러나 모두가 공통으로 인식하는 출발점이 있다. 바로 달러 기반 스테이블코인이 우리의 통화 주권이나 경제 주권을 위협할 수 있다는 위기의식이다. 그래서 이와 관련한 우리의 대응이 무엇일까를 현실 속에서 풀어나가 보자는 것이 공통된 과제다.

스테이블코인과 관련하여 이해관계가 좀 다르다 하더라도 공통된 고민을 하고 있다. 서로 합의할 수 있는 영역이 생각보다 많으니 논의를 모아 나가는 게 필요하다. 의미 있는 한국형 원화 기반 스테이블코인이 만들어 국내뿐만 아니라 동남아를 비롯한 전 세계 시장 영역까지도 확대해 나가야 한다. 우리만의 경쟁력 있는 스테이블코인에서의 시장, 제품, 생태계 등을 조성해야 한다. 지금은 스테이블코인과 관련해서 논쟁도 많고 어려움도 많다. 그러나 이런 위기의식을 느끼면서 기회로 전환할 수 있는 계기를 마련해야 한다. 예컨대 스테이블코인에 대한 활발한 협의의 장이 빨리 만들어져서 법과 제도를 갖추어야 한다.

한국은 뛰어난 기업 경쟁력을 갖추고 있다. 그리고 응용 부분에 뛰어난 개발자들도 있다. 스테이블코인은 분명 우리에게도 대단히 큰 기회가 될 것이다. 더 늦기 전에 기회를 잡아야 한다.

목차

추천사 • 4
디지털 자산 시대의 거대한 금융 변화를 통찰한다!
(조화준, KB금융지주 이사회 의장)
스테이블코인이 가져올 새로운 패러다임을 쉽게 푼다!
(김성태, IBK기업은행장)

프롤로그 • 6
스테이블코인 레볼루션, 돈의 질서가 바뀐다

들어가기 전에 • 10
스테이블코인 웨이브에서 기회를 잡자

1장

스테이블코인과 금융 혁명의 시대 • 33

1. **10년 후 한국의 금융질서는 어떻게 바뀔 것인가 • 39**
   한국의 디지털 금융은 거대한 변곡점에 서 있다 • 40 | 원화 스테이블코인의 성패에 한국 금융 미래가 결정된다 • 42

2. **가상자산 시장의 폭발적 성장은 위기가 아닌 기회다 • 44**
   스테이블코인을 비롯한 새로운 금융구조를 준비해야 한다 • 45 | 새로운 금융 패러다임을 만들어갈 주체가 돼야 한다 • 46

3. **테라와 루나 사태는 제도화의 필요성을 보여주었다 • 47**
   스테이블코인의 제도화는 발행사의 역할을 확대시킨다 • 48 | 스테이블코인 생태계에서 신뢰받는 참여자가 돼야 한다 • 50

4. **가상자산은 글로벌 금융 시스템 전반과 연결돼 있다 • 52**
   이미 가상자산과 기존 금융 시스템은 긴밀히 연결돼 있다 • 52 | 스테이블코인 시장 진입 때 위기 대응 전략을 마련해야 한다 • 54

5. 비트코인 ETF 승인은 가상자산의 새로운 전환점이다 • 56

비트코인 ETF 승인 후 스테이블코인의 역할이 주목받았다 • 56 | 디지털 자산 시장 생태계 전체가 다시 설계되고 있다 • 57

6. 미국은 지니어스 법안으로 금융 전쟁을 시작했다 • 59

지니어스 법안은 안전한 시장 진입의 길을 열었다 • 60 | 유럽과 아시아 국가들도 규제 환경을 검토하고 있다 • 61

7. 중국은 디지털 위안화 전략을 가속하고 있다 • 63

스테이블코인 법제화로 미중 금융 패권 전쟁이 치열해졌다 • 63 | 지니어스 법안으로 글로벌 금융 질서 재편이 시작됐다 • 65

8. 금융사와 핀테크업체는 참여자가 돼야 한다 • 67

스테이블코인이 종합 금융 플랫폼으로 떠오르고 있다 • 67 | 금융 기술 혁신을 넘어 정책과 경제 전략의 중심이 됐다 • 69

9. 금융 혁신의 서막과 글로벌 질서의 재편이 시작됐다 • 71

누구나 즉시 송금, 결제, 투자가 가능한 시대가 열린다 • 71 | 금융 서비스가 자동화되고 글로벌로 실시간 운영된다 • 72 | 금융의 주도권이 어디로 향할지 논의와 준비가 필요하다 • 73

10. 한국 금융시장에도 디지털 자산 혁신이 시작됐다 • 74

디지털자산기본법은 한국 금융의 새로운 도전이 될 것이다 • 74 | 원화 스테이블코인은 한국 금융의 새로운 장을 연다 • 76

2장

스테이블코인이 다시 만드는 금융 세계 • 81

1. 스테이블코인은 안정적 가치와 효율성을 제공한다 • 86

스테이블코인은 안전장치가 내재된 자산이다 • 86 | 스테이블코인은 4가지 유형에 따라 활용 분야가 달라진다 • 88

2. 스테이블코인은 글로벌 생태계의 핵심축이 됐다 • 96

디지털 자산을 넘어 글로벌 결제 인프라의 핵심이다 • 96 | 글로벌 채택이 확대되면서 시장 규모가 커지고 있다 • 99

3. 암호화폐와 스테이블코인의 차이점은 무엇인가 • 101

스테이블코인은 암호화폐의 변동성을 해결한다 • 101 | 스테이블코인은 가격 안정성으로 결제와 송금이 가능하다 • 104

4. 스테이블코인의 실전 무대는 거래에서 ESG까지 넓다 • 106

거래에서 자산 토큰화까지 실전에서 다양하게 활용된다 • 106 | 웹3에서 탄소시장까지 다양한 분야로 확장되고 있다 • 109

5. 전통 금융 플레이어들은 어떻게 참여할 것인가 • 113

전통 금융도 네트워크 효과로 경쟁력을 확보할 수 있다 • 113 | 스테이블코인 발행은 컨소시엄 모델이 유리하다 • 116

3장

스테이블코인 생태계와 주요 플레이어 • 121

1. 스테이블코인 생태계에서 누가 무엇을 어떻게 하는가 • 125

스테이블코인의 핵심은 만들고 보장하는 발행사다 • 125 | 스테이블코인 생태계의 지도는 유기적으로 연결돼 있다 • 129

2. 스테이블코인 발행사는 공급자에서 선도자가 되고 있다 • 132

테더, 서클, 리플, 페이팔, 스트라이프는 어떻게 발행했는가 • 133 | JP모건, 비자, 마스터카드, 알리바바는 어떻게 발행했는가 • 147

3. 각국은 어떻게 신뢰성과 안정성을 확보하는가 • 161

유럽연합, 일본, 싱가포르는 어떻게 규제를 하고 있는가 • 161 | 한국은 모든 준비금을 한국은행이 보유 관리할 예정이다 • 163

4. **거래소와 결제 플랫폼은 핵심 허브로서 기능을 한다 • 164**
   거래소와 결제 플랫폼은 실제 사용성을 강화하고 있다 • 165 | 거래소와 결제 플랫폼도 디지털 금융 실험을 추진 중이다 • 167

5. **사용자 개개인의 금융 자산을 직접 운용하게 된다 • 168**
   스마트 콘트랙트와 결합하면 금융 서비스가 자동화된다 • 168 | 사용자의 금융 의사결정 권한이 확대된다 • 170

6. **스테이블코인의 잠재력과 위험을 관리해야 한다 • 172**
   규제기관은 금융 안정과 통화 주권을 지켜야 한다 • 172 | 규제기관은 국제 표준과 국내 법률을 조화시켜야 한다 • 174

7. **스테이블코인은 글로벌 금융 자체를 재편한다 • 176**
   새로운 금융 인프라를 누가 선점할 것인가를 두고 경쟁한다 • 177 | 스테이블코인은 투자 자산을 넘어 실물경제로 침투하고 있다 • 178

8. **글로벌 규제 흐름을 분석하고 로드맵을 세워야 한다 • 180**
   미국은 혁신과 안정성 병행을 목표로 규제를 강화하고 있다 • 180 | 안정성과 통화 주권을 위한 규제 모델을 만들어가고 있다 • 188

9. **기술 제공자들은 누구이고 어떤 역할을 하는가 • 195**
   기술 제공자는 운용과 금융 인프라라는 솔루션을 제공한다 • 196 | 기술 제공자는 금융 네트워크 구축과 관리 역할을 한다 • 197

10. **금융사와 핀테크는 미래 금융 시스템을 준비하고 있다 • 199**
    대형 은행에서 핀테크와 빅테크까지 활용 중이다 • 199 | 스테이블코인 기반 서비스에 전략적 투자가 필요하다 • 201

11. **금융 서비스 혁신과 지급 결제 체계의 개편을 준비한다 • 203**
    한국 은행과 핀테크에서도 발행 모델을 모색 중이다 • 203 | 신뢰와 안정성을 기반으로 한 새로운 금융질서를 설계하고 있다 • 206

4장

금융권 스테이블코인 마스터플랜 • 209

1. **은행은 어떻게 디지털 금융 인프라를 만들 것인가 • 213**
   왜 은행은 스테이블코인을 도입하려 하는가 • 214 | 은행은 발행을 넘어 종합 인프라 전략을 세워야 한다 • 216

2. **은행은 어떻게 디지털 금융 시대에 혁신할 것인가 • 218**
   스테이블코인 운영에 맞게 스스로 재설계해야 한다 • 218 | 조직적 분업을 통해 설계하고 운영하는 것이 중요하다 • 219 | 금융권 스테이블코인은 미래 금융의 핵심 인프라다 • 220

3. **은행 스테이블코인의 성공 조건은 태스크포스팀이다 • 221**
   스테이블코인 태스크포스팀의 목표와 역할은 무엇인가 • 221 | 초기에 브레인스토밍, 시장 분석, 로드맵을 해야 한다 • 222

4. **시장조사와 사례 분석을 통해 발행 전략을 세운다 • 224**
   국내외 시장조사와 사례 분석을 해야 한다 • 224 | 시장조사와 사례 분석은 발행 전략 설계의 핵심이다 • 226

5. **스테이블코인 설계와 발행 구조를 제대로 해야 한다 • 227**
   어떻게 스테이블코인 발행 전략의 설계도를 짤 것인가 • 227 | 발행 구조 완성과 규제기관 허가 전략도 수립해야 한다 • 229

6. **스테이블코인 시스템 구축과 운영을 어떻게 할 것인가 • 230**
   어떻게 스테이블코인 시스템을 설계하고 구축할 것인가 • 230 | 스테이블코인 시스템 구축 후 운영을 어떻게 할 것인가 • 232

7. **스테이블코인 구축 후 글로벌 금융 생태계와 연계한다 • 233**
   글로벌 확산을 위해 각국 규제 차이를 분석해야 한다 • 233 | 기술, 규제, 표준을 아우르는 글로벌 확장 전략이 필요하다 • 234

8. **스테이블코인 발행 후 운영 능력이 성패를 가른다 • 237**
   어떻게 운영 안정성과 글로벌 신뢰를 확보할 것인가 • 238 | 스테이블코인 운영과 시스템을 업데이트해야 한다 • 239

5장

신뢰의 화폐 혁신인 스테이블코인과 블록체인 • 243

1. **블록체인과 스마트 콘트랙트의 신뢰 • 247**
   블록체인의 핵심인 분산원장이 신뢰성을 보장한다 • 248 | 스마트 콘트랙트는 신뢰를 보장하는 핵심 도구다 • 250

2. **블록체인은 안정된 가치를 보장하는 메커니즘이다 • 251**
   블록체인의 공개키 암호화는 안정적 운영을 뒷받침한다 • 252 | 블록체인은 담보와 알고리즘 기반이라 규제 친화 구조다 • 253

3. **디지털 환경에서의 신뢰는 투명성과 신원 확인이다 • 255**
   블록체인의 투명성을 활용해 신뢰를 확보한다 • 257 | 분산 신원 증명은 신원 확인과 개인정보보호를 한다 • 257

4. **스테이블코인은 금융 혁신 촉매제이다 • 259**
   핀테크 서비스에 적용돼 다양한 혁신을 이끈다 • 260 | 공공 및 ESG 경영의 효율성과 투명성을 높이고 있다 • 261

5. **탈중앙화 금융 혁신 플랫폼의 무대가 열렸다 • 264**
   탈중앙화 금융은 코드와 네트워크로 재구성한 실험이다 • 265 | 리도부터 유니스왑까지 탈중앙화 금융의 실험실이다 • 267

6. **스테이블코인의 오늘의 도전은 내일의 기회를 선점한다 • 285**
   코인과 토큰의 특징은 어떻게 다른가 • 286 | 메타버스와 웹3 생태계에서 결제 인프라가 될 수 있다 • 287

6장

인공지능 시대 스테이블코인 은행과 디지털 자산 • 293

1. **스테이블코인 은행은 새로운 금융 생태계를 만든다 • 297**
   목표 운영 모델을 설계하고 전체 로드맵을 수정해야 한다 • 297 | 금융 경험과 신뢰 체계를 근본적으로 바꾸는 시작이다 • 301

2. **전통 금융권의 스테이블코인 혁신은 점진적 이식이다 • 303**
   기존 채널과 분리된 디지털 자산 뱅킹을 설립 운영한다 • 304 | JP모건은 미국 대형 은행 최초로 JPM 코인을 발행했다 • 304

3. **디지털 자산과 인공지능의 결합은 사회까지 재편한다 • 308**
   인공지능과 블록체인으로 자율형 경제가 시작된다 • 308 | 금융권의 역할과 사회적 가치 창출 방식을 재정의한다 • 310

4. **자율형 기계 경제와 블록체인이 새로운 계약을 만든다 • 313**
   블록체인과 인공지능이 자율형 기계 경제를 만든다 • 313 | 새로운 경제 사회적 가치가 만들어진다 • 315

5. **인공지능과 디지털 자산은 신뢰와 규범의 시험대에 있다 • 318**
   자율형 경제 시스템에 관한 법률과 제도가 필요하다 • 318 | 자율형 경제는 기술의 문제가 아니라 사회의 문제가 되고 있다 • 321

에필로그 • 326
스테이블코인 레볼루션은 시작됐다

1장

스테이블코인과 금융 혁명의 시대

　2000년대 초 세계는 인터넷 혁명으로 경제와 금융의 지형이 급격히 변화하고 있었다. 사람들은 집에서, 사무실에서, 혹은 카페에서 인터넷을 통해 상품을 구매하고 은행 계좌 없이도 송금할 수 있는 시대를 맞이하게 되었다. 온라인 결제와 모바일 뱅킹의 편리함은 금융 접근성의 장벽을 낮췄다. 특히 신흥국이나 금융 서비스가 부족한 지역에서는 새로운 희망으로 받아들여졌다.

　하지만 이 새로운 금융 환경에는 여전히 그림자가 드리워져 있었다. 전통 금융 시스템의 한계가 점점 더 명확하게 드러나기 시작했다. 국경을 넘어 송금할 때마다 수수료는 과도하게 높았고 송금 완료까지 걸리는 시간은 며칠씩 걸리기도 했다. 특히 해외에 있는 가족에게 돈을 보내는 이주 노동자들로서는 큰 부담이었다. 또한 소액결제를 포함한 일상 거래에서는 신용카드와 은행 계좌가 필수였기 때문에 금융 서비스 사각지대가 존재했다.

이런 현실에서 사람들은 빠르고 안전하며 비용이 적고 투명한 금융 수단에 대한 욕구를 키워 갔다. 그리고 바로 이 시점에서 비트코인이라는 새로운 개념이 등장했다. 2009년 '사토시 나카모토'라는 가명을 사용하는 익명의 개발자가 제안한 비트코인은 탈중앙화된 디지털 화폐라는 혁신적인 아이디어를 제시했다. 중앙은행이나 금융기관의 통제를 받지 않고도 누구나 안전하게 가치와 거래를 기록할 수 있는 분산원장 기술인 블록체인 기반의 새로운 경제 체계가 세상에 나타난 것이다. 비트코인은 초기에는 주로 기술 커뮤니티와 일부 투자자들 사이에서 관심을 받았다. 하지만 시간이 지나면서 비트코인은 단순한 실험적 기술을 넘어 글로벌 금융의 새로운 가능성을 상징하는 아이콘으로 자리 잡기 시작했다. 사람들은 비트코인이 국경 없는 결제, 은행 없는 금융 서비스, 새로운 투자 수단으로 활용될 수 있다는 가능성에 열광했다.

그러나 현실은 결코 이상적이지 않았다. 비트코인과 같은 암호화폐는 자유롭고 탈중앙화된 특성을 가진 만큼 가격 변동성이 극심했다. 가격이 하루아침에 수십 퍼센트씩 오르거나 내리다 보니 일반적인 상거래와 일상 결제에 적합하지 않았다. 만약 아침에 커피 한 잔을 사기 위해 비트코인으로 결제했는데 점심때 그 가치가 반으로 줄어든다면 소비자는 큰 손해를 볼 수밖에 없다. 상거래와 거래 안정성을 동시에 만족시키기에는 기존 암호화폐의 구조가 충분하지 않았던 것이다. 이러한 한계는 단순히 가격 문제만을 의미하지 않았다. 탈중앙화된 거래 구조는 규제와 법적 보호의 부재라는 문제를 동반했다. 만약 거래 중 문제가 발생하거나 해킹 사고가 발생했을 때 이용자는 중앙 기관의 도움을 받기 어렵고 피해 복구는 거의 불가능에 가까웠다. 전통 금융 시스템에서 제공하는 예금자 보호, 지급보증, 분쟁 조정과 같은 안전망이 디지털 화폐에는 없었다.

하지만 아이러니하게도 이러한 현실적 한계가 오히려 스테이블코인이라는 새로운 혁신을 탄생시키는 계기가 되었다. 사람들은 디지털 화폐의 장점과 기존 금융 시스템의 안정성을 동시에 추구하기 시작했다. 즉 비트코인이 보여준 탈중앙화, 투명성, 글로벌 송금 가능성과 같은 기술적 혁신은 유지하면서 가격 안정성을 확보하고 규제와 법적 안전망을 갖춘 형태의 디지털 화폐가 필요해진 것이다.

이 시점에서 스테이블코인의 아이디어가 탄생했다. 스테이블코인은 법정화폐 또는 안전자산과 1:1로 연동되거나 알고리즘을 통해 가치를 안정화하는 방식을 채택하여 디지털 화폐의 가격 변동성을 극복하고자 했다. 이는 단순한 투자 수단이나 투기적 자산이 아니라 실생활에서 실제 결제와 송금에 사용할 수 있는 안정적인 디지털 화폐라는 점에서 기존 암호화폐와 근본적으로 차별화되었다.

사실상 스테이블코인은 디지털 화폐 혁신의 필연적 진화였다. 기존 금융 시스템이 제공하는 안정성과 법적 보호 장치 그리고 암호화폐가 제공하는 글로벌 결제, 빠른 송금, 중개자 없는 거래의 장점을 결합하는 새로운 금융 모델이 필요했기 때문이다. 사람들은 이제 단순한 돈을 넘어서 신뢰할 수 있고 투명하며 효율적인 디지털 금융 생태계를 원하게 되었다. 스테이블코인은 이러한 요구를 충족시키기 위한 첫걸음이었다.

결국 디지털 화폐의 꿈은 단순한 기술적 상상이 아니라 현실 세계의 금융 문제를 해결하고자 하는 필연적 요구에서 비롯된 것이었

스테이블코인 주요 사건

(2020~2025)

날짜	주요 사건
2020년 7월	은행이 스테이블코인 발행사 준비금 보유 가능(미 연준 지침에 따라 승인)
2020년 12월	스테이블코인 규제 법안 미국 하원 발의
2021년 7월	재닛 옐런 재무장관, 스테이블코인 워킹그룹 구성
2021년 10월	미 상품선물거래위원회CFTC, 테더에 4,100만 달러 벌금 부과
2022년 5월	재닛 옐런, 테라USD(루나) 붕괴 이후 스테이블코인 위험성 강조
2023년 2월	뉴욕금융감독청NYDFS, BUSD 발행 중단 명령(팍소스 대상)
2023년 6월	뉴욕금융감독청NYDFS, 스테이블코인 발행·준비금 관리 지침 발표
2023년 5월	유럽연합EU, 미카MiCA(암호자산시장규제법) 공식 채택
2024년 3월	실리콘밸리은행SVB 붕괴로 유에스디코인USDC 일시적 가치 하락(디페깅) 발생
2024년 7월	싱가포르통화청MAS, 스테이블코인 규제 프레임워크 최종 확정
2024년 12월	유럽연합EU 미카MiCA 법률 발효(적용 시작)
2024년 11월	홍콩금융관리국HKMA, 스테이블코인 규제 프레임워크 협의 종료
2025년 2월	미국 은행이 암호자산을 수탁custody 가능하다는 통화감독청OCC 지침 재확인
2025년 4월	트럼프 2기 행정부, 디지털자산 워킹그룹 출범
2025년 5월	지니어스 법안(스테이블코인 관련 연방 법안) 발의
2025년 6월	지니어스 법안 상원 통과
2025년 7월	지니어스 법안 대통령 서명 및 발효

스테이블코인 시장은 규제 논의(2020~2021) → 법제화(2022~2023) → 제도 정착(2024~2025)으로 진화해왔다. 마침내 2025년 7월 지니어스 법안 발효로 제도권 금융과 디지털 자산이 결합하는 시점을 맞이했다.

다. 흔들리는 현실 속에서 안정성과 신뢰를 더한 새로운 화폐 모델의 필요성이 명확해졌다. 이는 스테이블코인의 탄생과 발전을 가능하게 한 중요한 배경이 되었다.

1
10년 후 한국의 금융질서는 어떻게 바뀔 것인가

글로벌 금융의 변곡점에서 한국은 이제 새로운 선택지 앞에 서 있다. 스테이블코인은 더 이상 먼 나라의 이야기나 일부 투자자의 관심사가 아니다. 미국과 유럽에서 제도화 논의가 이미 본격적으로 이루어지고 있다. 글로벌 금융 질서 속에서 스테이블코인이 하나의 축으로 자리 잡으면서 한국 역시 새로운 선택지 앞에 서게 되었다. 한국은 이미 테라·루나 사태를 통해 '제도 없는 실험'이 어떤 파국을 가져오는지 경험한 바 있다. 그렇다고 더 이상 스테이블코인을 무시할 수도 무작정 배척할 수도 없다. 문제는 그것을 어떻게 제도화하고 어떤 생태계 위에 올려놓느냐이다.

최근의 국내 흐름을 살펴보면 스테이블코인은 금융권의 논의 수준을 넘어 빅테크 기업들의 합종연횡 속으로 들어왔다. 특히 네이버와 두나무의 합병 소식은 업계 전체를 뒤흔들었다. 국내 최대 인터넷 플랫폼과 최대 가상자산 거래소가 결합한다는 것은 단순한 사업 확장이 아니다. 그것은 한국의 디지털 금융 판도 자체를 바꿀 수 있는 사건이다. 동시에 스테이블코인을 매개로 생활 금융과 자산시장을 연결하려는 거대한 실험의 시작이다. 여기에 카카오를 비롯한 경쟁 플랫폼의 움직임까지 더해지면서 지금까지와는 전혀 다른 차원의 플랫폼 전쟁, 즉 '스테이블코인 전쟁'의 초입에 들어섰다.

한편 제도적 환경도 빠르게 변화하고 있다. 디지털자산기본법 제정 논의가 진전을 보이면서 원화 기반 스테이블코인을 어떻게 설계하고 관리할 것인가 하는 문제가 금융위원회와 한국은행의 손에 달리게 되었다. 단순히 새로운 금융상품을 도입하는 차원을 넘어 원화의 통화 주권을 디지털 시대에 어떻게 지킬 것인가라는 국가적 과제와 직결된 문제다. 글로벌 금융의 격전지에서 원화 스테이블코인이 자리를 잡는다면 그것은 한국 금융의 위상과 직결된다. 반대로 준비 없는 도입은 또 다른 금융 위기를 불러올 수 있다.

이제 한국의 스테이블코인 논의는 단순한 제도와 기술의 문제가 아니다. 플랫폼 기업의 전략, 금융당국의 규제, 글로벌 시장의 변화가 서로 얽혀 만들어내는 복잡한 교차점이다. 우리는 그 속에서 스테이블코인이 한국 사회에서 어떤 모습으로 자리 잡을지 그리고 그 선택이 앞으로 10년의 금융질서를 어떻게 바꿀지를 냉정하게 바라봐야 한다.

한국의 디지털 금융은 거대한 변곡점에 서 있다

한국 디지털 금융의 지형도는 지금 거대한 변곡점에 서 있다. 가장 상징적인 사건은 네이버와 두나무의 합병이다. 네이버는 검색,

콘텐츠, 커머스와 간편결제를 아우르는 한국 최대의 인터넷 플랫폼 기업이다. 두나무는 업비트를 중심으로 한 국내 최대 가상자산 거래소를 운영하는 사업자다. 이 두 축이 결합한다는 것은 단순한 기업 간 합병 이상의 의미를 지닌다. 그것은 곧 디지털 자산과 전통적 인터넷 플랫폼이 본격적으로 결합하여 스테이블코인을 매개로 한 새로운 금융과 콘텐츠 생태계가 형성되는 신호탄이다.

네이버는 이미 네이버페이와 웹툰, 웹소설, 쇼핑 등 방대한 디지털 생활 플랫폼을 구축하고 있다. 두나무가 가진 블록체인 기술과 가상자산 거래 인프라가 결합하면 네이버의 서비스 전반에 스테이블코인 기반 결제와 보상이 스며들 수 있다. 예컨대 웹툰을 결제할 때 원화 대신 원화 연동 스테이블코인을 사용하거나 창작자에게 스테이블코인으로 정산이 이뤄지는 구조가 가능하다. 이는 창작자의 해외 팬덤에게도 동일하게 적용될 수 있어 글로벌 송금과 결제 문제를 동시에 해결할 수 있다. 스테이블코인이 단순한 결제 수단을 넘어 글로벌 콘텐츠 유통과 금융 혁신의 연결고리가 되는 것이다.

이 흐름은 단순히 새로운 결제 방식을 추가하는 것이 아니다. 네이버와 두나무는 합병을 통해 '국민 플랫폼'이자 '국민 거래소'의 지위를 동시에 거머쥔다. 검색, 커머스, 콘텐츠라는 생활 인프라와 가상자산 금융 인프라가 결합하면서 한국에서 스테이블코인은 더 이상 일부 투자자들의 자산이 아니라 일상 금융의 기본 단위로 전환될 가능성이 열린다. 나아가 이는 해외 빅테크 기업이 주도하는 스테이블코인 경쟁에서 한국이 독자적인 전략을 마련하는 계기로 작용할 수 있다.

원화 스테이블코인의 성패에 한국 금융 미래가 결정된다

네이버와 두나무 합병이 던진 충격은 금융시장 전체로 퍼져 나가고 있다. 특히 주목할 점은 원화 기반 스테이블코인 실험이다. 한국은 이미 디지털자산기본법 제정을 통해 제도적 토대를 마련하기 시작했다. 금융위원회와 한국은행은 통화 주권과 금융 안정성을 동시에 지켜야 한다는 이유로 원화 스테이블코인 도입에 매우 신중하면서도 전략적인 접근을 취하고 있다. 미국과 유럽이 달러와 유로 기반 스테이블코인의 제도화를 통해 글로벌 시장을 주도하려는 상황에서 한국 역시 원화 기반의 디지털 자산 모델을 구상하지 않을 수 없는 것이다.

원화 스테이블코인의 의미는 단순히 '안정적인 디지털 자산'을 넘어선다. 그것은 한국 경제가 글로벌 금융망 속에서 자국 통화를 어떻게 지켜낼 것인가 하는 문제와 직결된다. 만약 원화 스테이블코인이 제도적으로 안정성과 투명성을 확보한다면 해외 송금, 크로스보더 결제, 무역 금융 등에서 원화의 위상을 높일 수 있다. 반대로 제도적 준비 없이 시장에 맡겨진다면 테라·루나 사태와 같은 부작용이 재현될 가능성도 배제할 수 없다. 결국 원화 스테이블코인은 한국 금융의 실험대이며 동시에 국제 금융질서 속에서 한국의 위치를 결정할 중요한 변수가 되고 있다.

또한 이 과정에서 카카오와 같은 경쟁자들의 움직임도 주목된다. 카카오는 카카오뱅크, 카카오페이, 카카오톡이라는 생활형 플랫폼을 기반으로 이미 금융과 커뮤니케이션, 콘텐츠를 아우르는 거대한 생태계를 운영 중이다. 네이버와 두나무가 스테이블코인을 축으로 한 금융 혁신을 추진한다면 카카오 역시 이에 맞설 새로운 카드가 필요하다. 결국 한국의 스테이블코인 시장은 단순히 금융 규제의 문제가 아니라 네이버와 카카오라는 빅테크 플랫폼의 패권 경쟁 무대가 되고 있다.

이러한 경쟁 구도는 단기적으로는 불확실성을 키울 수 있다. 하지만 장기적으로는 한국형 디지털 금융 모델의 발전을 촉진할 수 있다. 시장과 기술 그리고 제도의 삼박자가 맞아떨어지면 한국은 글로벌 빅테크와 경쟁할 수 있는 독자적 디지털 금융 인프라를 확보하게 된다. 그러나 제도의 속도가 시장을 따라가지 못하거나 빅테크 기업의 이해관계가 과도하게 반영된다면 스테이블코인은 금융 안정성이 아닌 투기적 자산으로 다시 퇴행할 위험도 있다. 결국 한국형 스테이블코인 실험은 기술, 제도, 시장의 균형을 어떻게 맞출 것인가에 달려 있다. 그 성패에 따라 한국 금융의 미래 좌표가 결정될 것이다.

2
가상자산 시장의 폭발적 성장은 위기가 아닌 기회다

2020년 전 세계는 예기치 못한 전염병인 코로나19의 충격 속으로 빠져들었다. 공항과 거리에는 사람의 발걸음이 사라지고 기업과 금융기관은 재택근무와 원격 운영체제로 급격히 전환했다. 전통 금융시장 또한 순식간에 혼란에 빠졌다. 증권시장은 급락을 거듭했고 채권과 외환시장도 이전과 다른 변동성을 보여주었다. 금융시장의 변동성은 단순한 투자 환경의 어려움을 넘어 실물 경제와 연결된 금융 시스템의 취약성을 적나라하게 드러냈다.

　이 와중에 가상자산 시장도 예외는 아니었다. 초기에는 혼란 속에서 비트코인과 이더리움 같은 대표 가상자산의 가격이 급락하며 많은 투자자가 공포에 휩싸였다. 그러나 곧 상황은 전환점을 맞이했다. 글로벌 기관 투자자가 시장에 본격적으로 진입하면서 스테이블코인을 포함한 가상자산 시장은 폭발적인 성장을 경험했다. 단순한 투자 수단을 넘어 금융 안전판, 결제 수단, 자산관리 도구로서 가상자산의 가능성이 주목받기 시작한 것이다.

스테이블코인을 비롯한 새로운 금융구조를 준비해야 한다

특히 스테이블코인의 성장은 주목할 만하다. 2020년 3월부터 2022년 3월까지 불과 2년 동안 스테이블코인의 시가총액은 약 26배나 증가했다. 이 시기 동안 법정화폐 담보 기반 스테이블코인은 안정성과 신뢰를 바탕으로 시장을 주도했다. 동시에 가상자산 기반 및 무담보 스테이블코인도 대량으로 발행되며 선택지를 확장했다. 관련 코인의 종류는 2020년 13종에서 2021년에는 40종으로 급격히 늘어났다. 투자자와 금융기관 입장에서는 안정성과 유동성을 동시에 제공하는 스테이블코인이 매력적인 도구로 부상한 것이다.

시장점유율을 보면 2022년 4월 기준으로 법정화폐 기반 스테이블코인이 전체 시장의 약 77%를 차지하며 여전히 주류로 자리 잡았다. 그러나 무담보 스테이블코인과 가상자산 담보 기반 스테이블코인이 각각 13%와 9%를 차지하며 새로운 실험과 혁신의 가능성을 보여주었다. 이러한 구조적 변화는 단순히 시장 규모의 증가만을 뜻하지 않는다. 금융의 본질적인 패러다임 전환을 의미한다. 안정적인 화폐와 디지털 자산이 결합하면서 금융거래의 시간과 공간 제약이 허물어지고 글로벌 지급 결제망에 직접 연결될 가능성이 열렸다.

금융사와 은행의 실무 담당자 입장에서 이러한 변화는 동시에 경각심과 기회를 동반한다. 금융 위기는 예측할 수 없지만 디지털 자산과 스테이블코인은 금융시장의 안정성과 혁신을 동시에 추구할 수 있는 수단으로 자리 잡을 수 있다. 그러나 기술, 규제, 운영과 리스크 관리가 적절히 결합하지 않는다면 잠재적 위험은 오히려 금융사와 이용자 모두에게 부담으로 돌아온다. 팬데믹 이후 금융기관들은 전통적인 리스크 모델을 재검토하고 디지털 자산과 스테이블코인을 포함한 새로운 금융 구조를 이해하고 준비하는 것이 생존과 경쟁력 확보에 필수라는 점을 절감하게 되었다.

새로운 금융 패러다임을 만들어갈 주체가 돼야 한다

2020년 3월의 충격과 이후 2년간의 급격한 성장 과정은 금융시장과 디지털 자산 생태계에 대한 중요한 교훈을 남겼다. 그러면서 스테이블코인은 단순한 투자 대상이 아니라 금융 안정성과 혁신을 동시에 추구할 수 있는 새로운 도구로 부상했다. 글로벌 기관과 개인 투자자가 주목하게 된 이유가 여기에 있다. 동시에 한국 금융사, 정책 담당자, 핀테크 기업들도 이러한 글로벌 흐름을 예의 주시하며 향후 금융 시스템 내에서 스테이블코인이 어떤 역할을 할 수 있고 어떤 준비와 전략이 필요한지를 고민하기 시작했다.

금융 위기의 경험과 디지털 자산의 급성장은 우리에게 명확한 메시지를 전달한다. 안정성과 혁신은 상호 보완적이며 준비된 금융사만이 이 새로운 기회를 전략적으로 활용할 수 있다는 사실이다. 그리고 그 준비의 첫 단계는 스테이블코인의 구조, 성장 배경, 글로벌 트렌드를 깊이 이해하고 실무와 전략 차원에서 현실적인 계획을 수립하는 것에서 시작된다. 이제 금융사는 단순한 관망자가 아니다. 새로운 금융 패러다임을 만들어갈 적극적 주체로서 역할을 고민해야 하는 시대에 접어들었다.

3
테라와 루나 사태는 제도화의 필요성을 보여주었다

2022년 5월은 스테이블코인 역사에서 잊을 수 없는 해로 기록된다. 당시 금융과 기술의 경계에서 큰 기대를 모았던 테라·루나 프로젝트는 한편으로는 디지털 화폐 혁신의 가능성을 보여주었지만 다른 한편으로는 그 기반이 얼마나 취약할 수 있는지를 극명하게 드러냈다.

테라는 알고리즘 기반 스테이블코인으로 설계되었다. 기존의 법정화폐 담보형 스테이블코인이 실제 현금이나 국채 같은 준비금을 통해 안정성을 확보했다면 테라는 암호화폐 루나와의 연동을 통해 가격을 유지하는 새로운 방식을 시도했다. 이 아이디어는 처음에는 혁신적이었고 시장은 큰 기대를 걸었다. 스테이블코인의 가격이 1달러를 중심으로 자동 안정화되는 구조는 기술적 도전이면서 동시에 새로운 금융 가능성을 보여주었다.

그러나 문제는 바로 시장의 신뢰와 수요였다. 2022년 기준금리 인상과 글로벌 경제 불안은 암호화폐 시장 전반의 약세 속에서 테라의 가격은 서서히 흔들리기 시작했다. 루나와의 알고리즘 연동은 시장 변동성에 민감했고 투자자들이 테라를 대규모로 매도하기 시작하자 스테이블코인의 가치가 급격히 하락했다. 이 과정에서 루나 역시 가치가 폭락하며 두 코인은 사실상 제 기능을 상실했다. 결국 일주일 만에 가격이 99.99% 폭락하여 하루아침에 수십억 달러가 증발했고 많은 투자자가 큰 손실을 보았다.

스테이블코인의 제도화는 발행사의 역할을 확대시킨다

테라·루나 사태는 단순한 기술 실패가 아닌 스테이블코인 시장의 구조적 문제를 여실히 보여주었다. 가상자산에 대한 신뢰 저하를 가져왔고 테라와 같은 무담보 스테이블코인의 가치는 거의 소멸되고 그 외 스테이블코인도 시가총액 20% 이상 줄었다. 준비금 없는 알고리즘 스테이블코인은 단기적으로는 가능성을 보여줄 수 있지만 시장 불안과 심리적 공포에는 취약할 수밖에 없다는 사실이 명확히 드러났다. 또한 글로벌 규제 체계가 부재한 상태에서 발생한 사건이라는 점에서 규제와 제도화의 필요성이 절실히 주목받았다.

이 사건 이후 각국의 금융당국은 스테이블코인 안정성 확보와 투자자 보호를 위한 제도화 논의를 본격화했다. 미국은 지니어스 법안GENIUS Act을 통과시키며 지급 결제형 스테이블코인의 정의, 1:1 준비금 보유, 월별 감사, CEO 인증 의무 등 법적·제도적 안전망을 규정했다. 유럽과 아시아 주요국도 스테이블코인 발행과 운영에 대한 규제 원칙을 마련하며 시장 참여자들이 안정성과 투명성을 확보

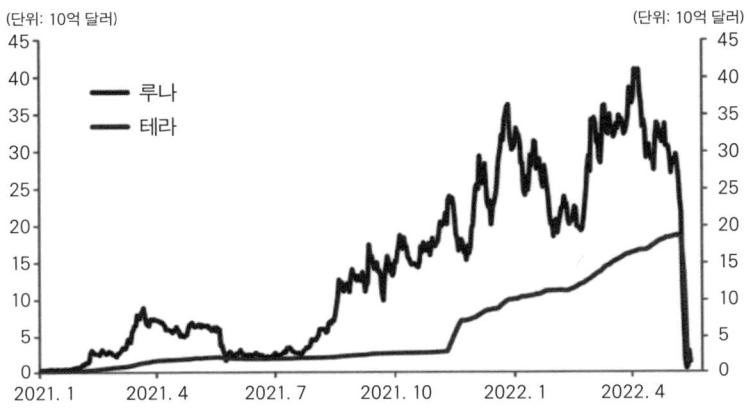

테라와 루나의 시가총액 그래프

그래프의 급락 구간은 2022년 5월 7~12일 사이로 테라UST가 달러 페깅(1달러)을 잃고 루나 가격이 99% 이상 폭락했다.

하도록 요구했다. 테라·루나 사태가 보여준 시장 실패의 교훈을 제도적 장치로 보완하려는 움직임이었다.

제도화의 필요성은 단순히 투자자 보호에 국한되지 않는다. 스테이블코인이 실생활 금융 서비스, 글로벌 송금, 결제 수단으로 자리 잡기 위해서는 가격 안정성과 법적 신뢰가 필수다. 준비금 1:1 보유, 외부 감사, 상환 가능성 보장은 이용자가 언제든 안전하게 현금으로 전환할 수 있음을 보장한다. 이는 스테이블코인이 기존 금융 시스템과 원활하게 통합될 수 있는 전제 조건이다.

또한 제도화는 발행사의 역할을 확장시키는 계기가 된다. 단순한 발행과 거래를 넘어 예치, 대출, 자산관리와 같은 종합 금융 서비스 제공이 가능해진다. 그리고 글로벌 지급 결제 허브로서 스테이블코인의 잠재력이 현실화된다. 테라·루나 사태가 보여준 알고리즘 기반 모델의 위험성은 제도적 안전망과 기술적 안정화 장치가 결합할

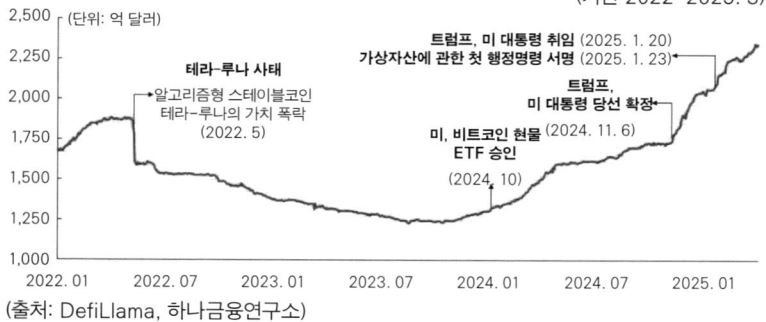

때만이 스테이블코인이 금융 혁신을 지속적으로 수행할 수 있음을 증명했다.

스테이블코인 생태계에서 신뢰받는 참여자가 돼야 한다

한국 금융시장에서도 이 사건은 깊은 울림을 주었다. 한국은행과 주요 은행 그리고 핀테크 기업들은 스테이블코인 발행과 운영의 안전성을 확보하기 위한 논의를 본격화했다. 민간 발행이 사실상 불가능한 현재 중앙은행 발행 원화 스테이블코인의 필요성이 강조되고 있다. 그리고 글로벌 규제 흐름과 금융 안정성 확보를 동시에 고민하는 전략이 마련되고 있다. 단순히 국내 금융 시장을 보호하는 차원을 넘어 한국이 글로벌 스테이블코인 생태계에서 신뢰받는 참여자로 자리매김하는 전략적 선택이다.

결국 테라·루나 사태는 디지털 자산의 현실과 한계 그리고 제도화의 필요성을 명확히 보여주는 사건으로 기록된다. 기술 혁신만으로는 안정성을 담보할 수 없다. 디지털 화폐는 법적·제도적 장치와 결합할 때 금융 혁신을 지속적으로 수행할 수 있다. 이 사건은 금융과 기술, 규제와 시장, 투자자와 발행사가 상호작용하며 신뢰와 안전성을 기반으로 한 새로운 금융 질서를 만들어가야 함을 강력히 경고하고 있다.

스테이블코인이 꿈꾸는 글로벌 지급 결제 혁신, 금융 서비스 혁신, 그리고 개인과 기업 중심의 금융 주권 실현은 단순한 기술적 도전이 아니다. 그것은 테라·루나가 보여준 실패의 교훈 위에 제도와 신뢰를 쌓아 올리는 과정이다. 이 과정을 통해야만 미래 금융의 안정성과 혁신을 동시에 달성할 수 있다. 금융 혁신을 향한 여정은 이제 막 시작되었으며 테라·루나 사태는 그 여정에서 가장 강력한 경고등으로 남게 되었다.

4
가상자산은 글로벌 금융 시스템 전반과 연결돼 있다

　2022년 11월에 글로벌 가상자산 시장은 예기치 못한 충격으로 흔들렸다. 대표적인 가상자산 거래소 FTX의 파산 소식이 전 세계 금융시장에 퍼지자 투자자와 금융기관 모두가 숨을 죽였다. FTX는 한때 혁신과 신뢰를 상징하며 가상자산 시장의 성장과 유동성을 견인하던 플랫폼이었다. 하지만 내부 운영상의 문제, 과도한 레버리지, 투명성 결여가 겹치면서 순식간에 붕괴가 현실이 되었다. 그 충격파는 스테이블코인 시장과 글로벌 금융 시스템 전반에 확산되었다.

이미 가상자산과 기존 금융 시스템은 긴밀히 연결돼 있다
　FTX 파산의 여파는 단순한 거래소의 실패를 넘어 가상자산 생태계의 신뢰 기반을 뒤흔들었다. 투자자들은 안전자산으로 여겼던 스테이블코인을 포함한 가상자산을 대거 매도하기 시작했고 시장 내 유동성이 급격히 축소되었다. 그 결과 스테이블코인의 가치 안정성이 흔들리면서 실제로 일부 스테이블코인 발행량이 감소하고 매도 압력이 연쇄적으로 확대되었다. 이전까지 상대적으로 안정적이라 여겨졌던 법정화폐 담보 기반 스테이블코인조차 시장 참여자의 불안 심리를 아주 차단할 수 없었다.

이어 2023년 3월에는 미국의 실리콘밸리은행SVB이 파산하면서 금융 충격은 또 한 번 증폭되었다. 실리콘밸리은행은 스타트업과 테크기업 예치금의 약 51%를 보유하며 혁신기업 금융의 핵심 허브 역할을 해왔다. 그러나 급격한 금리 상승과 자산 운용의 실패 그리고 예금주의 대규모 인출 요청이 맞물리면서 순식간에 붕괴했다. 실리콘밸리은행 파산 소식은 가상자산과 스타트업 생태계 전반에 불안을 확산시키며 스테이블코인 시장에도 직격탄을 날렸다. 투자자들은 더 이상 안전하게 자산을 보호할 수 없다는 불안을 느끼고 매도세가 폭발적으로 증가했다.

이 과정에서 실버게이트캐피털과 시그니처뱅크 또한 연쇄적으로 파산하면서 스테이블코인 시장 전체가 위축되는 결과가 나타났다. 실버게이트캐피털은 가상자산 거래소와 핀테크 기업의 주요 금융 파트너였다. 시그니처뱅크 역시 가상자산과 스타트업 금융에 깊이 관여한 은행이었다. 이들의 파산은 단순한 개별 사건이 아니라 가상자산과 스테이블코인이 기존 금융 시스템과 얼마나 긴밀히 연결되어 있는지를 드러낸 것이었다. 글로벌 투자자와 금융기관은 그제야 디지털 자산과 전통 금융 간 상호 연결의 리스크를 직면하게 되었다.

이번 사건은 스테이블코인이 단순히 디지털 자산의 '안전판'이 아니라 현실 세계 금융 시스템과 밀접하게 연결되어 있음을 보여주었다. 스테이블코인의 담보와 유동성, 발행사의 안정성, 거래소와 금융기관 간 네트워크가 균열되면 단일 사건이 전체 시장에 연쇄적 충격을 줄 수 있다는 점이 명확하게 드러났다. FTX, 실리콘밸리은행, 실버게이트, 시그니처뱅크 파산은 단순히 기업의 실패가 아니다. 스테이블코인 시장 전체의 취약성을 보여주는 경고였다.

스테이블코인 시장 진입 때 위기 대응 전략을 마련해야 한다

이러한 일련의 사태는 금융사, 정책 결정자, 규제기관에 중요한 교훈을 남겼다. 디지털 자산의 성장 속도는 기존 금융 규제와 리스크 관리 체계가 따라잡기 어려울 정도로 빠르며 스테이블코인은 법정화폐 담보 기반이라고 절대적으로 안전하지 않았다. 금융사와 은행은 스테이블코인 발행과 운용을 고려할 때 단순한 담보 비율이나 유동성 확보를 넘어 글로벌 금융사와 핀테크 기업이 설계한 안정성 모델, 실시간 모니터링, 스트레스 테스트, 그리고 법적·규제적 대비까지 포괄적으로 준비해야 한다는 것을 알았다.

한국 금융사와 정책 결정자에게도 시사점은 크다. 글로벌 사건이 한국 시장에 직접적인 영향을 미치지 않았더라도 스테이블코인과 가상자산이 글로벌 금융망과 연결되어 있다는 사실은 무시할 수 없다. 따라서 한국 금융사와 핀테크 기업은 FTX·실리콘밸리은행 사례를 통해 발행 준비와 리스크 관리 체계를 사전에 점검하고 스테이블코인 시장에 진입할 경우 예상치 못한 위기 상황에서도 안정적으로 대응할 수 있는 전략을 마련해야 한다.

FTX와 실리콘밸리은행의 파산은 단순한 금융 사건을 넘어 디지털 자산과 스테이블코인 시장의 성숙을 위한 필연적 학습 과정이었다. 스테이블코인은 여전히 금융 혁신의 중요한 도구다. 글로벌 금융사와 은행, 핀테크 기업이 이 기회를 전략적으로 활용할 수 있는 핵심 자산이 될 수 있다. 다만 그 과정에서 안전성과 신뢰, 규제 준수와 리스크 관리를 결합하지 못한다면 언제든지 또 다른 '연쇄 붕괴'가 발생할 수 있다는 사실을 분명히 보여주었다.

5
비트코인 ETF 승인은 가상자산의 새로운 전환점이다

　2024년 1월이 되자 가상자산 시장에 새로운 활기가 돌기 시작했다. 미국 증권거래위원회SEC가 마침내 비트코인 상장지수펀드 ETF를 승인하면서 오랫동안 기다려온 기관 투자자와 개인 투자자들이 시장에 대거 유입되기 시작한 것이다. 이는 단순한 상품 승인 이상의 의미가 있다. 지난 수년간 비트코인은 투자자 사이에서 '디지털 금'으로 불리며 주목받아 왔지만 제도권 금융과 연결되지 못한 채 변동성과 규제 불확실성 속에서 성장해 왔다. 그간의 불안과 우려가 미국 증권거래위원회의 승인이라는 제도적 신뢰로 상당 부분 해소되자 시장에는 새로운 전환점이 만들어진 것이다.

비트코인 ETF 승인 후 스테이블코인의 역할이 주목받았다

　비트코인 ETF 승인은 그간의 불안을 넘어 시장에 제도적 신뢰를 제공했다. ETF는 단순히 비트코인을 투자 대상으로 삼는 것이 아니라 전통 금융 시스템의 감시와 규제 틀 안에서 거래될 수 있다는 점에서 의미가 크다. 미국 증권거래위원회의 승인으로 비트코인은 이제 단순한 투기적 자산을 넘어 제도권 금융 상품으로 자리 잡게 되었다. 이는 기관 투자자들의 대규모 진입을 촉진했으며 자연스럽게 개인 투자자들의 참여까지 확대시키는 계기가 되었다.

이 과정에서 스테이블코인의 역할도 새롭게 주목받았다. 기관 투자자들은 자산 운용과 거래 과정에서 현금처럼 활용할 수 있는 안전한 디지털 통화를 필요로 한다. 비트코인 ETF로 인해 시장 참여가 급격히 늘면서 자산 배분과 거래 안정성을 확보하기 위한 수단으로 스테이블코인이 다시 주목받게 된 것이다. 시가총액 기준 스테이블코인의 상승세는 바로 이러한 시장 참여자들의 수요와 연결된다. 비트코인 ETF 승인 이전까지 하락세와 불확실성을 경험했던 스테이블코인은 이제 시장의 안정성을 뒷받침하는 역할을 하며 동시에 디지털 자산 생태계의 신뢰성을 높이는 기여를 하고 있다.

디지털 자산 시장 생태계 전체가 다시 설계되고 있다

미국 증권거래위원회의 승인은 단순히 미국 시장에만 영향을 미친 것이 아니다. 글로벌 가상자산 시장 전체가 이 신호를 주목했다. 각국 금융사와 투자자들은 제도권 금융과 디지털 자산의 연결 가능성을 재평가하기 시작했다. 특히 스테이블코인을 활용한 거래, 결제, 자산 운용이 글로벌 차원에서 활발히 논의되면서 디지털 자산 시장 전체의 구조적 안정성과 유동성 확보 전략이 다시 설계되는 계기가 되었다.

또한 이번 승인은 금융사, 은행, 핀테크 기업에도 중요한 시사점을 제공한다. 전통 금융권 입장에서는 비트코인을 직접 보유하지 않고도 ETF를 통해 디지털 자산에 참여할 수 있는 구조가 생겼다. 이는 곧 스테이블코인을 포함한 디지털 자산 생태계의 인프라 구축 필요성을 강조하는 신호이기도 하다. 금융사 내부에서 스테이블코인을 안전하게 운용하고 고객에게 안정적인 투자 수단을 제공하기 위해서는 ETF와 연계한 자산 운용 전략, 담보 관리, 리스크 모니터링 체계가 필수적이다.

한국 금융권 역시 이 소식에 촉각을 곤두세우고 있다. 미국 시장에서의 제도권 진입이 전 세계 투자자들에게 신호를 보내면서 한국 금융사와 핀테크 기업들은 국내 규제 환경 내에서 스테이블코인과 디지털 자산 활용 전략을 재정비하기 시작했다. 특히 기관 투자자 중심의 상품 설계, 시장 참여 확대, 그리고 디지털 자산 기반 결제와 거래 안정성 확보 방안이 적극적으로 논의되고 있다. 이는 단순히 투자 수단으로서의 스테이블코인을 넘어 한국 금융시장이 글로벌 디지털 자산 시장과 연결되는 중요한 발판이 될 것으로 기대된다.

2024년 1월의 비트코인 ETF 승인 사건은 단순한 금융상품 출시가 아니다. 디지털 자산 시장의 제도권 진입과 신뢰 회복 그리고 스테이블코인의 재부상이라는 복합적 흐름을 만들어낸 사건이다. 스테이블코인은 여전히 시장 안정성을 뒷받침하며 동시에 금융 혁신의 핵심 수단으로 자리 잡아가고 있다. 시장 참여자들은 이 흐름을 통해 안정성과 신뢰를 확보하면서 디지털 자산 생태계를 보다 지속 가능하게 발전시키는 방향으로 나아갈 수 있게 되었다.

6
미국은 지니어스 법안으로 금융 전쟁을 시작했다

　2025년 7월에 금융과 기술의 교차점에서 역사적인 순간이 연출되었다. 도널드 트럼프 대통령이 백악관에서 열린 서명식에서 지니어스 법안GENIUS Act에 서명하며 미국은 사상 처음으로 연방 차원의 스테이블코인 법제를 갖추게 되었다. 이날 서명식에서 트럼프 대통령은 "지니어스 법안은 달러를 담보로 한 스테이블코인의 엄청난 가능성을 확고히 한다. 어쩌면 이것은 인터넷 탄생 이후 금융 기술에서 일어난 가장 위대한 혁명일 수 있다."고 언급했다. 이 말은 금융 역사에서 새로운 장이 열렸음을 의미한다.
　그간 스테이블코인은 성장 속도에 비해 제도적 틀이 부족하다는 비판을 받아왔다. 전 세계적으로 가상자산이 빠르게 확산되면서 스테이블코인의 중요성이 높아졌지만 은행과 투자자 입장에서는 법적 안정성이 확보되지 않으면 적극적인 시장 참여가 어렵다는 현실이 있었다. 지니어스 법안 서명은 바로 이러한 공백을 채우는 계기다. 법안은 달러를 담보로 하는 스테이블코인을 연방 차원에서 규제하고 투자자 보호와 시장 안정성을 동시에 확보하는 내용을 담고 있다.

지니어스 법안은 안전한 시장 진입의 길을 열었다

법안의 서명은 단순한 제도화 이상의 의미가 있다. 스테이블코인은 이제 단순히 디지털 화폐나 투자 수단이 아니라 제도권 금융과 연결되는 공식적인 금융상품으로 인정받게 되었다. 이는 기관 투자자와 대형 금융사, 핀테크 기업에 '시장 진입과 확장'이라는 명확한 신호를 제공한다. 그동안 각종 규제 불확실성 때문에 주저했던 금융사와 기업들은 이제 전략적 계획을 구체화할 수 있게 되었다. 실제로 지니어스 법안이 통과되자마자 여러 글로벌 금융사는 스테이블코인 기반 결제, 투자, 송금 서비스를 본격적으로 검토하기 시작했다.

이 법안은 스테이블코인이 단순히 가격 안정성을 확보하는 도구에 그치지 않는다. 금융 혁신의 촉매제가 될 수 있다는 점을 명확히 했다. 트럼프 대통령이 강조한 '금융 기술 혁명의 시작'이라는 표현은 과장이 아니다. 달러를 담보로 한 스테이블코인은 미국 내 금융 시장뿐 아니라 글로벌 결제망, 디지털 자산 생태계, 심지어 중앙은행 디지털 화폐CBDC 논의에도 직접적인 영향을 미친다. 법제화 이전까지 스테이블코인은 다양한 위험에 노출되어 있었고 그 결과 몇 차례 시장 충격을 경험했다. 하지만 이번 제도적 틀은 이러한 위험을 체계적으로 관리할 수 있는 기반을 제공한다.

특히 금융사 실무 부서의 관점에서 이번 법안은 의미가 크다. 은행이나 핀테크 기업이 스테이블코인을 발행하거나 운용하려면 내부 인프라와 전문 인력을 갖추는 것이 필수다. 그러나 지금까지는 관련 경험이 부족하고 기술적·규제적 혼란 속에서 무엇부터 시작해야 할지 감이 잡히지 않는 경우가 많았다. 지니어스 법안은 이러한 혼란 속에서 명확한 지침을 제시하고 규제 당국과의 협력을 통해 안전하게 시장에 진입할 수 있는 길을 열었다. 이는 실무 부서가 장기적 전략과 인프라 구축 계획을 세우는 데 실질적인 기준점이 된다.

법안의 또 다른 핵심 포인트는 스테이블코인의 안정성과 신뢰성을 높이는 것이다. 달러를 담보로 하는 구조, 규제기관의 감독, 투자자 보호 장치, 투명한 회계와 보고 의무 등은 스테이블코인이 기존 금융 시스템 내에서 신뢰받는 자산으로 자리 잡게 하는 핵심 요소다. 시장 참여자 입장에서는 이제 '안전한 디지털 통화'라는 인식이 강화되며 이는 스테이블코인의 활용 범위 확대와 시가총액 증가로 이어질 수 있다.

유럽과 아시아 국가들도 규제 환경을 검토하고 있다

지니어스 법안의 서명은 글로벌 금융 시장에도 파장을 불러일으켰다. 유럽과 아시아 등 주요 국가들은 미국의 제도적 움직임을 주목하며 자국 내 규제 환경을 재검토하고 있다. 특히 한국 금융권은 미국 사례를 참고하여 스테이블코인 관련 정책과 인프라 전략을 더 구체화하는 움직임을 보인다. 은행과 핀테크 기업들은 미국처럼 제도권 금융과 스테이블코인의 연계를 강화하면서 고객 신뢰를 확보

지니어스 법안 서명 후 비트코인 등 주요 가상자산 상승
(2025. 7. 19 기준)

#	이름		가격	90일 %	최근 90일
1	비트코인 BTC	구매하기	₩159,834,130.87	▲11.97%	
2	이더리움 ETH	구매하기	₩6,266,506.29	▲82.81%	
3	리플 XRP	구매하기	₩4,148.49	▲40.76%	
4	테더 USDT	구매하기	₩1,386.35	▲1.49%	
5	BNB BNB	구매하기	₩1,274,366.53	▲43.96%	
6	솔라나 SOL	구매하기	₩324,753.96	▲61.02%	
7	USDC USDC	구매하기	₩1,385.71	▲1.47%	
8	도지코인 DOGE	구매하기	₩371.11	▲60.65%	

(출처: coinmarketcap.com)

하고 글로벌 경쟁력을 높이기 위한 내부 준비에 착수했다.

 2025년 7월의 지니어스 법안 서명은 스테이블코인을 둘러싼 제도적 불확실성을 해소하고 디지털 자산과 전통 금융의 결합을 현실로 만든 역사적 사건이다. 단순히 법안을 통과시키는 것을 넘어 금융 혁신의 가능성을 구체화하고 글로벌 금융 생태계 속에서 미국이 선도적 역할을 할 기반을 마련했다. 트럼프 대통령의 말대로 달러를 담보로 한 스테이블코인은 단순한 화폐의 영역을 넘어 금융 기술 혁명의 중심에 서게 되었다. 향후 글로벌 금융 시스템과 디지털 자산 생태계의 판도를 바꾸는 중요한 기폭제가 될 것이다.

7
중국은 디지털 위안화 전략을 가속하고 있다

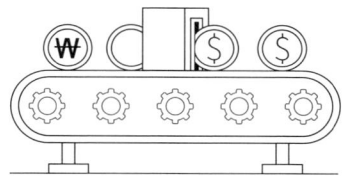

미국에서 연방 스테이블코인 법안이 서명되자 글로벌 금융 시장에는 새로운 긴장과 기대가 동시에 퍼져 나갔다. 특히 중국의 반응은 단순한 관심을 넘어 전략적 경계로 이어졌다. 중국은 이미 중앙은행 디지털 화폐인 디지털 위안화 발행과 테스트를 통해 중앙은행 디지털 화폐 시장을 선점하려는 계획을 오래전부터 추진해 왔다. 미국이 법안을 통해 민간 스테이블코인과 글로벌 지급 결제 혁신을 제도화하자 중국은 자신들의 디지털 위안화 전략을 더 가속화하고 강화할 필요가 있다는 현실을 직시했다.

스테이블코인 법제화로 미중 금융 패권 전쟁이 치열해졌다

중국인민은행은 즉각적으로 관련 부처와 협력을 강화하며 디지털 위안화의 국제화와 활용 확대를 재점검했다. 특히 중국은 미국의 연방 법안을 분석하며 글로벌 지급 결제 주도권 경쟁에서 뒤처지지 않기 위한 전략적 대응을 시작했다. 미국이 규제와 안정성을 기반으로 민간 스테이블코인을 제도화한다면 중국은 국가 주도형 디지털 화폐를 통해 자국 금융망과 국제 무역 결제에서 영향력을 확대할 수 있다. 이러한 움직임은 단순한 정책적 대응이 아니라 글로벌 금융 패권을 둘러싼 새로운 냉전적 경쟁 구도를 예고했다.

미국과 중국의 움직임은 단순히 양국 간 경쟁에 그치지 않았다. 유럽연합, 일본, 싱가포르 등 주요 금융 선진국과 도시국가들은 양국 사례를 자세히 관찰하며 자국 전략을 조정하기 시작했다. 유럽은 특히 유로 연동 스테이블코인의 제도적 프레임워크를 준비하며 미국과 중국의 경쟁 속에서 유럽 금융권의 영향력을 지키려는 노력을 강화했다. 일본과 싱가포르도 각자의 규제 틀 안에서 디지털 지급 결제와 스테이블코인 활용 전략을 가다듬으며 글로벌 금융 혁신에 자국이 주도적으로 참여할 수 있는 길을 모색했다.

한편 미국의 법안은 글로벌 기업과 투자자에게도 명확한 신호를 주었다. 페이팔, 코인베이스, 마스터카드, 비자 등 글로벌 핀테크 기업들은 미국 내 규제 준수를 최우선 전략으로 삼으며 이를 통해 글로벌 시장에서도 신뢰도와 경쟁력을 확보하고자 했다. 이 과정에서 아시아, 유럽, 중동 지역 기업들도 미국 규제를 기준으로 자국 시장 진입 전략과 서비스 설계를 재조정하게 되었다.

중국과 전 세계가 미국 스테이블코인 법안에 주목하는 또 다른 이유는 시장 안정성과 투자자 보호다. 테라·루나 사태 이후 디지털 화폐 시장은 여전히 변동성이 높고 불확실성이 큰 영역으로 인식되고 있다. 미국의 법안은 준비금 보유, 투명성 확보, 법적 상환 보장 등 최소한의 안전장치를 마련하며 이를 통해 글로벌 투자자들에게 신뢰를 제공했다. 이에 중국과 다른 국가들은 자국 발행 디지털 화폐와 민간 스테이블코인의 법적·제도적 안정성을 더욱 강화하며 자국 금융 시스템의 안정성과 글로벌 경쟁력 확보를 동시에 추진하게 되었다.

지니어스 법안으로 글로벌 금융 질서 재편이 시작됐다

글로벌 공급망과 무역 결제 측면에서도 파장이 일어났다. 미국의 법안은 스테이블코인이 국제 송금, 결제, 무역 금융에서 효율적 수단으로 자리 잡을 가능성을 높였다. 중국을 포함한 다른 국가들은 이에 대응해 국제 무역 결제에서 자국 통화의 디지털 활용을 확대하며 자국 기업이 글로벌 거래에서 불리하지 않도록 준비하고 있다. 이러한 움직임은 단순한 금융 정책을 넘어 글로벌 경제와 무역의 디지털 전환을 가속하는 요인으로 작용하고 있다.

한편 미국 법안의 국제적 영향력은 스테이블코인과 디지털 화폐 시장의 규제 조화라는 새로운 과제를 만들어냈다. 각국의 중앙은행과 규제기관은 자국 내 규제와 국제 표준 간 균형을 고민하며 글로벌 금융 안정성을 유지하기 위한 협력 방안을 모색하고 있다. 국제통화기금IMF, 세계은행, 국제결제은행BIS 등 글로벌 금융 기구들은 미국 법안을 참고하며 스테이블코인과 디지털 화폐의 국제 규제 틀 마련에 나서고 있다.

미국 트럼프의 법안은 단순한 국내 규제의 의미를 넘어 글로벌 금융 질서 재편과 디지털 화폐 경쟁의 시작점이 되었다. 중국과 다른 국가들의 대응, 글로벌 기업들의 전략 재조정, 국제기관의 규제 논의 등 모든 움직임은 미국 법안이라는 기준점에서 촉발되었다. 스테이블코인은 더 이상 실험적 자산이 아니라 국가 전략과 글로벌 금융 경쟁의 핵심 요소로 자리 잡았다. 이 변화는 앞으로 수년간 금융 시스템과 경제 구조에 깊은 영향을 미칠 것이다.

미래의 금융시장은 이제 단순한 국경 내 경쟁이 아니라 글로벌 디지털 화폐와 스테이블코인 중심의 복잡한 경쟁과 협력의 장이 될 것이다. 미국과 중국 그리고 다른 주요국들의 움직임은 이러한 경쟁 구도의 시작을 알리며 글로벌 금융사와 핀테크 기업, 투자자 모두에게 신뢰, 규제, 혁신이라는 삼박자를 동시에 고려한 전략적 판단을 요구하고 있다.

8
금융사와 핀테크업체는 참여자가 돼야 한다

 스테이블코인은 금융 시스템의 패러다임을 바꾸는 흐름이 되고 있다. 이러한 변화의 중심에서 글로벌 금융사와 핀테크 기업들은 단순한 관망을 넘어 적극적인 참여와 전략적 대응을 시작하고 있다. 이들의 관심과 움직임은 디지털 자산이 단순한 투자 수단이 아니라 결제, 송금, 자산관리, 금융 서비스 전반을 혁신하는 핵심 도구임을 입증한다.

스테이블코인이 종합 금융 플랫폼으로 떠오르고 있다
 미국을 비롯한 글로벌 금융 시장에서는 이미 움직임이 가시화되었다. 예를 들어 씨티Citi와 뱅크오브아메리카BOA와 같은 대형 은행들은 스테이블코인 기반의 지급 결제 인프라 개발에 박차를 가하고 있다. 이들은 기존의 금융망을 넘어 블록체인과 디지털 화폐를 활용한 글로벌 송금과 결제 혁신을 모색하고 있다. 월드와이드 결제망인 스위프트가 여전히 중심을 잡고 있지만 스테이블코인을 활용하면 중개자 없이 더 빠르고 저렴한 국경 간 송금이 가능해진다. 이는 전통 금융이 가진 속도와 비용의 한계를 뛰어넘는 새로운 가능성을 제시한다.

핀테크 기업들은 이러한 변화의 선두에 서 있다. 페이팔, 스트라이프Stripe, 코인베이스Coinbase 등은 이미 스테이블코인을 활용한 결제와 자산관리 서비스를 상용화하고 있으며 기존 금융사와는 다른 방식으로 시장에 접근하고 있다. 페이팔은 사용자 계정을 통해 스테이블코인을 직접 관리하고 글로벌 송금과 결제를 지원하는 플랫폼을 제공하며 이용자 경험 중심의 혁신을 강조한다. 코인베이스는 거래소 기반 생태계를 확대하며 스테이블코인과 디지털 자산을 금융 서비스 전반에 연결시키고 있다.

흥미로운 점은 전통 금융과 핀테크의 협업이다. 글로벌 은행들은 단독으로 디지털 자산 혁신을 추진하기보다 핀테크 기업과의 전략적 제휴를 통해 기술력과 시장 접근성을 결합하고 있다. 예를 들어 은행은 준비금 운용, 금융 규제 준수, 리스크 관리라는 강점을 제공하고 핀테크는 블록체인 기술과 사용자 경험 설계라는 차별점을 제공한다. 이러한 협업은 스테이블코인이 단순한 결제 수단을 넘어 종합 금융 서비스 플랫폼으로 발전할 수 있는 토대를 마련한다.

한국 금융시장 역시 이 흐름에서 예외가 아니다. 한국의 주요 은행과 핀테크 기업들도 스테이블코인과 디지털 자산 서비스 개발에 주목하고 있다. KB국민은행, 신한은행 등은 디지털 자산 사업부를 신설하거나 중앙은행 디지털 화폐 기반 파일럿 프로그램에 참여하며 법정화폐와 디지털 자산의 연계를 준비하고 있다. 또한 토스, 카카오페이, 뱅크샐러드 등 핀테크 기업들은 사용자 친화적 스테이블코인 결제 및 자산관리 서비스를 검토하거나 시범 서비스를 운영하며 금융사와 협업을 통한 시너지 창출을 모색하고 있다. 한국 금융사와 핀테크 기업의 움직임은 단순한 기술 도입에 머물지 않는다. 금융 서비스 혁신과 글로벌 경쟁력 확보라는 전략적 목표와 연결되어 있다.

금융 기술 혁신을 넘어 정책과 경제 전략의 중심이 됐다

금융사와 핀테크가 스테이블코인에 주목하는 이유는 명확하다. 첫째, 스테이블코인은 글로벌 송금과 결제를 혁신할 수 있게 한다. 기존 금융망에서는 수수료와 처리 속도의 한계로 어려웠던 국경 간 송금을 실시간·저비용으로 처리할 수 있다. 둘째, 스테이블코인은 사용자 중심의 금융 서비스 구현을 가능하게 한다. 급여 일부를 자동 저축하거나 자산 일부를 투자로 전환하는 조건부 결제, 기후·날씨 정보에 따른 자동 결제 등 프로그래머블 머니programmable money 시대를 현실화할 수 있다. 셋째, 스테이블코인은 글로벌 금융 주권과 경쟁력 확보의 핵심 도구다. 국가와 기업 모두 디지털 지급 결제 시장에서 주도권을 확보하기 위해 발 빠르게 움직이고 있다. 이는 단순한 금융 기술 혁신을 넘어 정책과 경제 전략의 중심으로 떠오르고 있다.

또한 스테이블코인은 기존 금융시장과의 통합을 통해 새로운 질서를 만들어가고 있다. 은행은 준비금 관리와 규제 준수를 담당하고 핀테크는 사용자 경험과 기술적 혁신을 담당하며 거래소와 결제 플랫폼은 시장 유동성과 접근성을 제공하는 구조가 형성되고 있다. 이러한 상호 협력과 통합은 스테이블코인이 단순한 디지털 자산이 아니라 글로벌 금융 생태계의 핵심 인프라로 자리 잡는 기반이 된다.

금융사와 핀테크의 주목은 단순한 관심을 넘어 실질적 행동과 전략적 준비로 이어지고 있다. 글로벌 금융사들은 블록체인 기반 결제 인프라 구축과 준비금 운용과 규제 준수에 집중하며 핀테크 기업들은 사용자 경험 혁신과 디지털 자산 서비스 확장을 주도한다. 한국 금융시장 역시 이러한 글로벌 흐름에 발맞추어 제도적 안전성과 혁신적 서비스 모델을 동시에 고려하며 스테이블코인 생태계 참여 전략을 구체화하고 있다.

스테이블코인이 금융 혁신의 핵심으로 자리 잡는 과정에서 금융사와 핀테크의 역할은 단순히 기술적 구현을 넘어서 신뢰, 안정성, 그리고 글로벌 경쟁력 확보를 연결하는 중요한 축이 된다. 테라·루나 사태가 보여준 시장 실패와 불확실성은 금융사와 핀테크 모두에게 강력한 경고이자 스테이블코인 기반 금융 혁신의 필요성을 명확히 인식하게 만든 계기가 되었다. 이제 남은 과제는 규제 준수, 기술 혁신, 글로벌 협력을 동시에 달성하며 스테이블코인을 통해 금융의 미래를 현실로 만들어가는 것이다.

9
금융 혁신의 서막과
글로벌 질서의 재편이 시작됐다

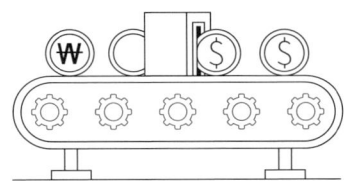

스테이블코인은 실험적 자산이나 투자 수단이 아닌 금융 시스템의 새로운 핵심축으로 자리 잡는 길목에 서 있다.

누구나 즉시 송금, 결제, 투자가 가능한 시대가 열린다

먼저 스테이블코인은 금융 서비스의 접근성과 효율성을 근본적으로 바꾸고 있다. 과거에는 은행 계좌가 없거나 신용 기록이 부족한 사람들은 금융 시스템에서 소외될 수밖에 없었다. 그러나 스테이블코인을 기반으로 한 디지털 지급 결제 인프라가 확산되면 국경과 은행의 장벽을 넘어 누구나 즉시 송금, 결제, 투자가 가능한 시대가 열린다. 예를 들어 농촌 지역 소규모 상점이나 해외 노동자 송금에서도 스테이블코인은 중개자 없이 더 빠르고 저렴한 결제 수단으로 기능하며 금융 사각지대를 해소한다.

또한 스테이블코인은 프로그래머블 머니 시대를 예고하고 있다. 단순히 송금과 결제에 국한되지 않고 조건부 결제, 자동 자산관리, 실시간 투자 전략 실행 등 개인화된 금융 경험이 가능해진다. 예컨대 사용자는 급여의 일부를 자동으로 저축하고 일부를 주식이나 채권에 투자하며 날씨나 환율 변동에 따라 계약금을 자동 결제하는 등 기존 금융에서는 상상하기 어려웠던 금융 자동화의 신세계를 경험하게 된다. 이는 단순히 편리함을 넘어 금융 주권과 소비자 중심 경제로의 전환을 의미한다.

금융 서비스가 자동화되고 글로벌로 실시간 운영된다

글로벌 금융사와 핀테크 기업들도 스테이블코인에 주목하는 이유는 명확하다. 미국, 중국, 유럽을 비롯한 주요 국가들은 이미 디지털 화폐와 스테이블코인의 제도화와 법제화를 추진하며 금융 패권 경쟁을 벌이고 있다. 글로벌 은행들은 스테이블코인을 활용한 결제와 자산 운용 전략을 검토하며 핀테크 기업들은 빠르고 신뢰성 높은 서비스 제공을 위해 핵심 인프라로 채택하고 있다. 페이팔, 비자, 마스터카드, 코인베이스 등은 이미 스테이블코인을 기반으로 한 송금, 결제, 자산관리 서비스를 확장하고 있다. 이러한 움직임은 글로벌 금융 혁신의 속도를 가속시키고 있다.

스테이블코인의 미래를 결정할 핵심 요소 중 하나는 규제와 신뢰다. 테라·루나 사태와 같은 실패는 이용자 보호와 금융 안정성 확보의 필요성을 극명하게 보여주었다. 이에 따라 각국 정부와 규제 기관은 스테이블코인의 준비금 관리, 투명성, 법적 상환 보장을 핵심 규제로 설정하며 글로벌 금융 시장에서의 신뢰 구축에 나서고 있다. 규제가 명확해지면서 스테이블코인은 단순한 투자 상품을 넘어 금융 혁신을 촉진하는 안전한 인프라로 자리매김할 수 있다.

기술적 측면에서도 스테이블코인의 미래는 밝다. 블록체인, 스마트 콘트랙트, 인공지능 기반 금융 에이전트의 결합은 디지털 자산과 전통 금융을 융합할 수 있게 한다. 예치, 대출, 자산관리, 보험, 결제 등 다양한 금융 서비스가 스테이블코인을 기반으로 자동화되고 전 세계적으로 실시간 운영할 수 있다. 이는 곧 금융시장의 효율성, 투명성, 접근성을 동시에 높이는 결과를 낳는다.

금융의 주도권이 어디로 향할지 논의와 준비가 필요하다

한편 스테이블코인은 단순히 금융 혁신을 위한 도구에 그치지 않는다. 그것은 글로벌 경제 질서의 재편을 예고한다. 중앙은행 디지털 화폐와 민간 스테이블코인이 공존하며 국제 송금, 무역 결제, 금융 투자 등에서 경쟁과 협력을 동시에 촉발한다. 이러한 변화는 국가, 기업, 개인 모두에게 새로운 전략적 판단을 요구하며 금융의 주도권이 어디로 향할지에 대한 지속적 논의와 준비를 필요로 한다.

스테이블코인의 미래는 금융 혁신의 서막이다. 규제, 기술, 글로벌 협력과 경쟁 속에서 금융의 속도, 신뢰, 효율성을 재정의하며 전통 금융과 디지털 경제를 연결하는 핵심 매개체가 될 것이다. 개인, 기업, 국가가 모두 이 새로운 흐름에 적응하고 전략을 세우는 순간 금융 혁신은 단순한 변화가 아니라 새로운 시대의 표준으로 자리 잡게 될 것이다.

10
한국 금융시장에도 디지털 자산 혁신이 시작됐다

2025년 중반이 되자 한국 금융시장에도 디지털 자산 혁신의 바람이 본격적으로 불기 시작했다. 전 세계가 스테이블코인과 디지털 금융의 제도화를 논의하며 경쟁에 돌입한 가운데 한국 역시 뒤처질 수 없다는 절박한 현실이 금융권과 정책 결정자들 사이에서 공유되었다. 이재명 대통령은 이를 단순한 금융 혁신의 문제가 아닌 통화 주권과 국부 보호의 문제로 명확히 정의했다. 대통령은 "해외로의 자금 유출을 막고 안정성이 확보된 원화 스테이블코인을 제도권 내로 편입시키는 것은 필수적이다."라고 강조하며 국가적 차원의 디지털 자산 정책 방향을 제시했다.

디지털자산기본법은 한국 금융의 새로운 도전이 될 것이다

2025년 6월에 한국 정부는 '디지털자산기본법' 제정을 통해 가상자산과 스테이블코인을 포함한 새로운 금융 자산의 법적 지위를 명확히 규정했다. 법안은 단순히 규제를 강화하는 차원이 아니다. 산업 구조와 소비자 보호 체계를 포괄적으로 설계하는 것을 목표로 한다. 기존 금융 체계와 디지털 자산 생태계를 연결하는 다리 역할을 하며 스테이블코인, 토큰증권STO, NFT 등 신종 디지털 자산을 모두 포함해 제도권 내에서 안전하게 관리될 수 있도록 하는 법적 기반을 마련했다.

이번 법 제정은 해외 사례를 참고했다. 미국에서는 비트코인 ETF, 이더리움 ETF 등 가상자산 기반 금융상품이 제도권 내에서 거래될 수 있는 길이 열리면서 기관과 개인 투자자 모두 시장 참여가 가능해졌다. 한국 정부 역시 향후 비트코인, 이더리움과 같은 주요 가상자산 현물 ETF 거래를 허용하는 방향으로 법 제도를 설계할 가능성이 크다고 발표했다. 이는 한국이 단순히 디지털 금융 기술을 도입하는 수준에 그치지 않고 글로벌 금융시장에서 경쟁력을 갖춘 제도권 디지털 금융 생태계를 구축하려는 의지를 보여주는 신호였다.

금융권의 반응도 즉각적이었다. 은행과 대형 핀테크 기업들은 내부 신뢰성과 통제 인프라를 활용해 원화 기반 스테이블코인 발행과 관련 신사업 선점 전략을 수립하기 시작했다. 국내 은행들은 기존 금융 시스템과 디지털 자산 생태계 간의 연계를 구체화하는 데 집중했다. 내부 시스템 점검과 블록체인 기술 적용 그리고 스테이블코인 운용을 위한 전문 인력 확보에 나섰다. 동시에 핀테크 기업들은 기존 금융사와의 협력을 통해 기술적 기반과 운영 노하우를 확보하며 안정적인 스테이블코인 발행과 서비스 제공을 준비했다.

특히 국내 금융권에서는 제도권 편입을 통한 신뢰 확보가 핵심 전략으로 떠올랐다. 해외에서 발생한 테라·루나 사태, FTX 파산, 실리콘밸리은행 사태 등은 스테이블코인과 가상자산 시장이 제도적 보호 없이 얼마나 취약할 수 있는지를 보여주었다. 이를 교훈 삼아 한국 금융사들은 단순한 시장 참여를 넘어 제도적 안정성과 기술적 신뢰성을 기반으로 한 경쟁력 확보를 목표로 삼았다. 원화 기반 스테이블코인은 단순한 결제 수단이나 디지털 자산이 아니라 국내 금융 시스템의 신뢰와 안정성을 담보하는 중요한 자산으로 자리 잡게 되는 셈이다.

원화 스테이블코인은 한국 금융의 새로운 장을 연다

정부와 금융권의 움직임은 가시적인 변화로 이어졌다. 은행 내부에서는 스테이블코인 발행을 위한 조직 설계, 내부 통제 체계 점검, 블록체인 인프라 구축 계획이 구체화되었다. 핀테크 기업들은 기존 금융사와의 협업 모델을 통해 기술적 검증과 시장 실험을 병행하기 시작했다. 동시에 법적, 규제적 가이드라인이 마련되면서 금융사와 핀테크 기업들은 불확실성 속에서도 장기적 투자와 사업 전략을 설계할 수 있는 환경이 마련됐다.

이 과정에서 금융사 실무 부서의 역할이 점차 중요해졌다. 단순히 스테이블코인을 발행하고 거래를 지원하는 수준에 그치지 않고 내부 통제, 리스크 관리, 고객 보호, 기술 검증 등 실질적 운영 역량을 확보해야 한다. 이를 위해 금융사들은 국내외 전문 기업과 협력하며 스테이블코인 생태계 전반을 이해하고 대응할 수 있는 실무적 역량을 키워 나가기 시작했다.

한국에서의 스테이블코인 도입은 단순한 디지털 화폐 발행이나 금융 혁신을 넘어서 통화 주권과 금융 안정성, 글로벌 경쟁력 확보라는 국가적 과제와 직결되어 있다. 디지털자산기본법과 금융권의 적극적 참여는 스테이블코인이 제도권 금융 안에서 안정적으로 자리 잡을 수 있는 기반을 제공하며 한국이 글로벌 디지털 금융 생태계에서 주도적 위치를 차지할 수 있는 첫걸음이 되고 있다. 이제 원화 기반 스테이블코인은 단순한 기술적 실험이 아니라 국가 금융 체계와 연결된 신뢰 자산으로 한국 금융의 새로운 장을 열어가는 중요한 출발점이 되고 있다.

인사이트 • • •

[한국형 디지털 금융의 분기점]

스테이블코인과 관련해서 한국은 플랫폼 전쟁의 초입에 서 있다. 네이버와 두나무 결합 이슈는 검색, 콘텐츠, 커머스, 페이 등 생활 플랫폼과 업비트 등 거래소와 블록체인 기술 등 가상자산 인프라가 만나 스테이블코인 기반 결제, 정산, 보상을 서비스 전반에 녹여 넣는 신호탄이다. 웹툰과 커머스의 해외 수요까지 연결하면 크로스보더 정산의 효율이 커지고 창작자와 판매자 정산의 원화 연동 스테이블코인 활용도 현실화된다. 자연히 카카오 등 경쟁 플랫폼의 대응이 불가피해지며 스테이블코인은 국민 플랫폼의 일상 결제 단위로 부상할 잠재력을 갖는다.

스테이블코인은 인터넷·모바일 금융 발달과 암호화폐의 태동 그리고 기술혁신이 금융 현실과 맞닿으면서 등장한 가격 안정형 디지털 자산이다. 국경 송금 수수료, 지연, 금융 소외 등 기존 금융의 한계 그리고 비트코인 등 암호화폐의 극심한 변동성과 법적 보호 부재를 극복하기 위해 법정화폐·안전자산에 연동하여 가격 안정성을 확보하는 '스테이블코인'이 2010년대 등장했다. 이것은 블록체인 기반의 투명성, 중개자 없는 빠른 거래, 글로벌 활용성 등 암호화폐의 장점과 실용 화폐로서의 안정성을 접목한 결과다.

2020년 코로나19발 금융위기 속에서 스테이블코인은 투자, 결제, 송금, 자산관리 등 실질적 금융 수단으로 시가총액이 26배로 급성장했고 주로 법정화폐 담보형이 신뢰와 시장을 주도했다. 그러나

2022년 테라·루나 사태에서 알고리즘 무담보형의 취약성과 시장 신뢰 붕괴가 가시화되어 각국 정부는 준비금 확보·외부 감사·상환 의무 등 엄격한 제도화 정책으로 전환했다.

같은 시기 FTX와 실리콘밸리은행 등 대형 거래소·은행 파산은 스테이블코인이 실제로 전통 금융계와 얽혀 '위기 전이의 연결고리'임을 보여주었고 담보, 유동성, 발행사 신뢰 등 리스크 관리가 글로벌 이슈로 부상했다.

2024년 미국 증권거래위원회의 비트코인 ETF 승인과 2025년 트럼프 대통령의 사상 첫 스테이블코인 연방법, 즉 지니어스 법안 서명은 스테이블코인을 공식 금융 상품으로서 투자자 보호, 투명성, 감사 의무 부여 등 제도권 편입을 의미한다. 미국의 표준은 페이팔, 코인베이스, 비자 등 글로벌 기업을 자극했다. 유럽, 중국, 일본 등도 중앙은행 디지털 화폐 및 민간 스테이블코인 경쟁·규제로 가속화되는 등 글로벌 패권 경쟁이 본격화됐다.

이 같은 흐름에서 핀테크와 대형 은행들은 스테이블코인을 활용해 결제·자산관리 등 고객 서비스 혁신을 이끌고 있고 전통 금융과 신기술 결합이 확산되고 있다. 한국 역시 2025년 디지털자산기본법으로 원화 스테이블코인과 신종 자산 법제화·금융권 인프라 혁신을 추진하며 통화 주권, 금융 안정, 글로벌 경쟁력 확보를 목표로 하고 있다.

스테이블코인은 블록체인 기술과 전통 금융이 융합된 글로벌 금융질서 재편의 핵심 인프라로 자리 잡았다. 앞으로 신뢰, 기술력, 제도화, 리스크 관리, 그리고 국가 간 전략적 경쟁이 스테이블코인과 디지털 자산생태계의 미래를 좌우할 것이다.

2장

스테이블코인이
다시 만드는 금융 세계

    스테이블코인은 비트코인이나 이더리움처럼 급등락하는 암호자산의 한계를 보완하며 디지털 금융의 신뢰와 효율성을 동시에 갖춘 새로운 통화로 부상했다. 중앙은행이 발행하지 않는 화폐지만 달러나 금 같은 안전자산에 가치를 연동해 안정성을 확보한다는 점에서 디지털 시대의 '신뢰 화폐'로 불린다.

    전통 금융의 화폐는 중앙은행의 신용을 기반으로 한다. 그러나 블록체인 세계에서는 그 신뢰를 담보해 줄 주체가 없다. 스테이블코인은 바로 이 공백을 메우는 구조다. 법정화폐나 실물자산을 담보로 하거나 알고리즘을 통해 가치를 유지해 디지털 자산의 가격 변동성을 최소화한다. 그 결과 스테이블코인은 디지털 경제의 거래, 결제, 송금, 자산 토큰화의 기반이 되었다. 거래소의 중간 안전자산에서 출발했지만 이제는 글로벌 결제, 기업 간 정산, 해외 근로

자의 급여 송금 등 실생활로 확장되고 있다.

코로나19 이후 비대면 금융이 확산되면서 스테이블코인은 폭발적으로 성장했다. 2025년 기준 글로벌 시가총액은 2,500억 달러를 넘어섰고 암호자산 결제의 3분의 2가 스테이블코인을 통해 이루어진다. 1달러에 고정된 테더와 유에스디코인 USDC은 송금과 결제의 표준으로 자리 잡았고 사용 지갑 수는 1억 개를 돌파했다. 은행 계좌 없이도 지갑만 있으면 전 세계 어디서든 결제가 가능한 접근성과 블록체인 기반의 신속한 처리 속도는 스테이블코인의 가장 큰 경쟁력이다.

시장 성장의 또 다른 요인은 규제의 명확화다. 유럽연합의 가상자산 규제 기본법안과 미국의 지니어스 법안은 스테이블코인을 합법적 디지털 머니로 인정하며 발행자에게 준비금, 공시, 감사 기준을 명시했다. 규제가 명확해지자 기관과 기업의 참여가 확대되었고 스테이블코인은 더 이상 비공식적 실험이 아닌 제도권 금융의 일부가 되었다.

기술적으로도 빠르게 진화하고 있다. 일본의 미쓰비시 UFJ 은행과 미즈호 금융그룹이 추진 중인 프로젝트 팍스 Project Pax는 스테이블코인을 활용해 국가 간 결제를 실시간으로 처리한다. 송금 속도는 기존 대비 수십 배 빨라지고 수수료는 90% 이상 절감된다. 필리핀이나 인도에서는 해외 노동자가 스테이블코인으로 급여를 받아 가족에게 송금하는 사례가 늘고 있다. 이는 금융 포용성과 효율성을 동시에 높이는 혁신이다.

이처럼 스테이블코인은 탈중앙화 금융, 자산 토큰화, ESG 시장에서도 핵심 결제 인프라로 확장되고 있다. 특히 탄소배출권 거래를 블록체인화한 투칸 프로토콜Toucan Protocol과 클리마다오KlimaDAO는 스테이블코인을 통해 국경 없는 지속 가능 금융을 실현하고 있다.

이제 스테이블코인은 단순한 디지털 자산이 아니라 신뢰의 새로운 언어로 진화하고 있다. 중앙은행의 보증 대신 코드와 담보가 신뢰를 대신하고 종이 문서 대신 블록체인이 결제를 확정한다. 금융의 무게 중심은 국가에서 네트워크로 또 은행에서 플랫폼으로 옮겨가고 있다.

1
스테이블코인은 안정적 가치와 효율성을 제공한다

스테이블코인은 암호화폐의 편리함과 디지털 자산으로서의 가능성을 그대로 가지고 있으면서도 가격의 변동성 문제를 해결하고자 한다. 따라서 주요 특징은 '안정성'이다. 이는 중앙은행 발행 화폐(법정화폐)와 비교했을 때 안정적인 가치와 효율성을 제공할 수 있는 큰 장점이 된다.

스테이블코인은 안전장치가 내재된 자산이다

국제결제은행은 스테이블코인을 '법정화폐 또는 기타 안전자산 등에 연계하여 안정적인 가치를 유지하는 것을 목표로 설계된 가상자산'으로 정의하고 있다. 국제결제은행의 설명은 스테이블코인이 단순한 디지털 자산이 아니라 전통 금융과 연결된 안전장치가 내재된 자산이라는 점을 강조한다. 다시 말해 스테이블코인은 법정화폐처럼 신뢰할 수 있는 가치를 지니며 필요할 경우 언제든 현금화할 수 있도록 설계된 디지털 금융 도구라는 의미다.

금융안정위원회FSB와 국제통화기금 역시 비슷한 관점에서 스테이블코인을 바라본다. 이들 기관은 스테이블코인을 '특정한 자산 또는 자산의 집합과 연계하여 안정적인 가치를 유지하도록 도모하는 가상자산'으로 정의한다. 즉 단일 자산에만 의존하지 않고 다양한 자산과 담보를 활용하여 가격 안정성을 높이는 것이 핵심이라는 뜻이다. 이 접근법은 스테이블코인이 금융시장의 변동성과 충격에도 흔들리지 않고 신뢰성을 유지하도록 하는 설계 철학을 보여준다.

미국 대통령 금융시장 실무그룹PWG 또한 스테이블코인을 '법정화폐 또는 그 밖의 준비자산과 연계하여 안정적인 가치를 유지하도록 설계된 디지털 자산'으로 정의하며 실무적인 시각을 덧붙인다. 미국 대통령 금융시장 실무그룹의 정의는 스테이블코인이 단순한 투자 수단이 아니라 금융시장에서 실제로 사용할 수 있는 지급 결제 수단으로 자리매김할 수 있는 구조적 특성을 갖추고 있음을 의미한다.

스테이블코인은 다양한 국제기관이 공통으로 강조하는 바와 같이 안정성을 최우선으로 설계된 디지털 자산이다. 법정화폐, 안전자산, 준비자산 등과 연결되어 언제든지 변환할 수 있고 금융 시스템 내에서 신뢰할 수 있는 가치 저장 수단으로 기능할 수 있다는 점에서 기존 가상자산과 본질적으로 구별된다. 따라서 스테이블코인은 단순한 투자 수단이 아니라 디지털 경제에서 송금, 결제, 금융 상품 거래 등 실생활과 기업 활동 전반에 활용될 수 있는 '실용적 디지털 자산'으로 이해해야 한다.

우리가 흔히 경험하는 '금융의 안정성'은 사실 법정화폐와 중앙은행의 역할 덕분이다. 예를 들어 우리가 알고 있는 달러나 유로 같은 전통적인 화폐들은 중앙은행에서 발행한다. 그 가치는 중앙은행의 정책에 의해 어느 정도 조정된다. 반면 암호화폐의 경우는 이런 조정 시스템이 없기 때문에 시장의 수요와 공급에 따라 가격이 급격하게 변동한다. 예를 들어 비트코인은 한때 가격이 급등했으나 하루 만에 20~30% 이상 급락하는 모습을 보여주기도 했다. 이러한 변동성은 많은 투자자에게 불안감을 안겨주었고 일상적인 거래나 결제에는 불편함을 가져왔다.

그러나 스테이블코인은 주로 법정화폐와 같은 특정 자산과 가치를 연결하여 변동성을 최소화한다. 예를 들어 테더Tether와 같은 스테이블코인은 1테더=1미국 달러USD로 고정되어 있어 가격의 안정성을 보장하려고 한다. 이러한 특징 덕분에 스테이블코인은 디지털화, 속도, 글로벌 거래 가능성 등 암호화폐의 기술적 장점을 그대로 유지하면서 일상적인 금융 거래에서의 실용성을 제공할 수 있다.

스테이블코인은 4가지 유형에 따라 활용 분야가 달라진다

스테이블코인이라고 해서 모두 같은 방식으로 안정성을 유지하는 것은 아니다. 현재 시장에서 인정받는 스테이블코인의 유형은 크게 네 가지로 구분할 수 있다.

첫 번째 유형은 법정화폐 기반 스테이블코인Fiat-collateralized stable-coin이다. 가장 흔하고 널리 사용되는 형태다. 말 그대로 미국 달러, 유로, 원화 등 실제 법정화폐를 담보로 발행되는 코인을 말한다. 예를 들어 테더와 미국 달러 유에스디코인USDC이 대표적 사례다. 이

스테이블코인의 유형

	준거·담보형			알고리즘형
	법화 준거형	가상자산 담보형	상품 준거형	
개요	발행액에 상응하는 준비자산을 담보로 비축함으로써 다른 통화·자산에 준거하는 교환비율을 이행			스마트 콘트랙트 알고리즘으로 토큰 수급을 조율해 가격 유지
가격 준거	법화	법화	상품	법화
준비자산 (담보)	현금성 자산	가상자산	상품	-
비고	준비자산은 현금, 예금, 단기국채, PR 등으로 구성	가상자산의 변동성을 헤지하기 위해 파생상품 등 활용	-	-
사례	테더, 유에스코인 등 (달러)	유에스디에스(다이)	테더 골드(금)	테라-루나코인

(출처: 하나금융연구소)

러한 스테이블코인은 발행된 코인 수만큼 실제 법정화폐를 준비금으로 보유하고 있으며 블록체인상에서 1코인이 1달러에 해당하는 가치를 가지도록 설계되어 있다. 안정성이 높다는 평가를 받는 이유도 여기에 있다. 실제 자산이 뒷받침되기 때문에 가격이 급격하게 하락할 가능성이 작고 거래소와 기관 투자자들 사이에서 신뢰를 구축할 수 있다. 현재 글로벌 스테이블코인 시장에서 법정화폐 기반 코인이 차지하는 점유율은 무려 96.2%로 사실상 시장을 지배하고 있다. 이는 투자자와 기업이 가장 신뢰하는 안정형 스테이블코인이라는 점을 방증한다.

두 번째 유형은 상품 기반 스테이블코인Commodity-backed stablecoin이다. 법정화폐 대신 금, 은, 원유와 같은 실물자산을 담보로 삼아 가치를 유지하는 방식이다. 예를 들어 금 기반 스테이블코인은 발행된 코인 1개가 일정량의 금과 연결되어 있다. 투자자들은 이를 통해 디지털 자산의 편리함과 금의 안정성을 동시에 누릴 수 있다.

상품 기반 스테이블코인은 법정화폐 변동성에서 어느 정도 자유롭고 장기적인 가치 저장 수단으로 활용되기도 한다. 그러나 실물자산을 관리하고 검증하는 과정에서 추가적인 비용과 신뢰 문제가 발생할 수 있다. 따라서 시장점유율 면에서는 법정화폐 기반에 비해 상대적으로 제한적이다.

세 번째 유형은 가상자산 기반 스테이블코인Crypto-collateralized stablecoin이다. 이는 다른 암호화폐를 담보로 발행되는 스테이블코인으로 이더리움이나 비트코인과 같은 디지털 자산을 스마트 콘트랙트에 예치한 뒤 그 가치에 상응하는 스테이블코인을 발행하는 구조다. 대표적인 사례로는 메이커다오MakerDAO의 다이DAI가 있다. 가상자산 기반 스테이블코인은 블록체인 네트워크 안에서 완전히 탈중앙화된 방식으로 운영될 수 있다는 장점이 있다. 하지만 담보로 사용되는 자산 자체가 변동성이 크기 때문에 가격 안정성을 유지하기 위해 일반적으로 과잉 담보over-collateralization 방식을 채택한다. 예를 들어 100달러 상당의 다이를 발행하기 위해 150달러 이상의 이더리움을 담보로 잡는 방식이다. 이러한 설계 덕분에 일정 수준의 안정성은 확보되지만 급격한 시장 변동 시 청산 위험이 존재한다는 점은 투자자가 인지해야 할 요소다.

마지막으로 네 번째 유형은 무담보 스테이블코인Algorithmic or Non-collateralized stablecoin이다. 전통적인 담보 없이 알고리즘과 스마트 콘트랙트를 통해 공급량을 조절함으로써 가치를 유지하는 방식이다. 기본 아이디어는 중앙은행의 통화정책과 유사하다. 시장에서 코인의 가격이 기준 가치보다 상승하면 공급량을 늘려 가격을 낮추고 반대로 하락하면 공급량을 줄여 가격을 끌어올린다. 이론적으로는 매우 혁신적이며 담보를 보유하지 않기 때문에 운영 비용이 낮다는 장점이 있다. 그러나 현실에서는 이 모델의 취약성이 명확히 드러난 사례가 있다. 2022년 5월 테라USD(UST)의 폭락 사태가 대표적이다. 테라USD는 달러와 1:1 가치를 유지하도록 설계된 알고리즘 기반 스테이블코인이었다. 하지만 시장 불안과 루나 토큰과의 연동 구조가 붕괴하면서 순식간에 가치를 잃었다. 이 사건으로 무담보 스테이블코인은 신뢰성을 상실했고 현재 시장에서 사실상 사용이 제한된 상태다. 투자자와 기업은 안정성과 신뢰성을 최우선으로 삼기 때문에 알고리즘 기반 스테이블코인은 재검증과 개선이 필요하다는 평가가 많다.

이처럼 스테이블코인은 유형에 따라 안정성을 유지하는 방식과 위험 요인이 크게 달라진다. 법정화폐 기반은 신뢰성과 안정성을 최우선으로 하는 전통적 접근, 상품 기반은 실물자산과의 연계를 통해 장기적 가치 보존, 가상자산 기반은 탈중앙화와 과잉 담보를 통한 안정성 확보, 무담보는 혁신적 설계와 알고리즘을 통한 가격 조정이라는 특징이 있다. 현재 시장의 흐름을 보면 투자자와 기관은 여전히 안정성이 높은 법정화폐 기반 스테이블코인을 선호한다. 점유율 96.2%라는 압도적인 수치가 이를 증명한다. 한편 무담보 스테이블코인과 같은 혁신적 모델은 가능성과 위험성을 동시에 안고 있으며 향후 기술적 개선과 규제 환경 변화에 따라 시장에서 다시 평가될 여지를 남기고 있다.

스테이블코인의 유형과 선택은 단순한 기술적 문제가 아니다. 투자자 신뢰, 규제 환경, 그리고 디지털 경제에서의 실제 활용 목적과 밀접하게 연결된다. 향후 스테이블코인이 결제, 송금, 디지털 금융 인프라 등 다양한 영역에서 중심적인 역할을 하려면 각 유형의 장단점을 정확히 이해하고 안정성과 신뢰성을 기반으로 한 선택이 필수다. 시장은 이미 법정화폐 기반 스테이블코인을 중심으로 돌아가고 있지만 혁신적 모델의 실험과 발전 가능성 또한 주목할 필요가 있다.

스테이블코인은 단순히 가격 안정성을 지닌 디지털 자산을 넘어 실생활과 금융 인프라에서 점점 더 구체적이고 실질적인 역할을 한다. 국가 간 결제, 소액결제, 디지털 자산 종합 플랫폼, 그리고 개인의 일상 결제와 해외 노동자의 급여 지급 등 다양한 분야에서 활용이 확대되고 있다. 이는 스테이블코인이 기존 금융 시스템과 디지털 자산 생태계를 연결하는 핵심적인 다리 역할을 하고 있음을 보여준다.

먼저 국가 간 지급 결제 영역에서 스테이블코인의 활용이 본격화되고 있다. 전통적으로 국제 송금과 결제는 스위프트와 같은 기존 결제 네트워크를 중심으로 이루어졌다. 하지만 처리 속도와 비용 측면에서 한계가 있었다. 이에 북미, 유럽, 아시아의 주요 상업은행과 중앙은행은 스테이블코인과 기존 법정화폐를 연계한 국가 간 실시간 결제 시스템 구축을 실험하고 있다. 목표는 단순히 디지털 자산을 발행하는 것을 넘어 기존 화폐 시스템과 디지털 자산 간의 상호운용성을 확보하는 것이다. 일본의 사례가 대표적이다. 미쓰비시 UFJ, 미쓰이스미토모, 미즈호 등 일본 3대 금융그룹이 참여한 프로젝트 팍스는 스테이블코인을 활용해 기업 간 국가 간 송금을 효율적으로 처리하는 플랫폼의 프로토타입을 개발했으며 2025년에 상용화를 목표로 하고 있다. 실제로 기업들은 일본 내외에서 스테이블록체인을 통해 송금 속도를 대폭 단축하고 기존 송금 방식 대비 거래 비용을 절감할 수 있을 것으로 기대된다. 이는 스테이블코인이 단순한 투자 수단이 아니라 실물 경제와 연결된 결제 인프라로 자리매김할 수 있음을 보여준다.

스테이블코인 결제와 기존 결제 비교

비교 항목	기존 결제 시스템	스테이블코인 결제 시스템
결제 비용	여러 중개자 및 은행 수수료 발생(국제 송금 평균 6~7%, 카드 2~3%)	블록체인 네트워크 수수료만 부담(보통 몇 센트 또는 수십 원), 중개 수수료 없음
결제 속도	국내 송금: 수 시간에서 1일 국제 송금: 수일 카드: 즉석 승인이나 정산 지연	24시간 실시간, 대부분 수 초에서 수 분 내로 결제 완료, 지리적 제약 없음
확정성	카드 등 일부는 분쟁·취소 가능, 은행 송금은 일정 기간 내 취소 가능	블록체인 특성상 최종결제 확정(불가역성), 취소·분쟁 어려움
글로벌성	특정 국가·지역 제한, 고객신원확인 등 복잡한 절차 필요	인터넷만 있으면 어디서든 송금·결제 가능, 무국적 인프라
투명성	거래 경로 및 수수료 불투명, 폐쇄적 시스템	모든 기록이 공공 장부에 저장되어 투명성 높음, 실시간 검증
확장성	카드 등 기존망은 초당 수만 건도 처리, 안정적·확장 용이	퍼블릭 블록체인은 TPS(초당 트랜잭션) 제한, 일부 체인은 확장성 보완 중
규제	법적 보호, 소비자 안전장치, 자금세탁방지·고객신원확인 등 완비	규제 기준 정립 단계, 일부 발행사는 규제 기능 자체 구현 중
사용 편의성	누구나 쉽게 사용 가능, 실물 결제망 잘 갖춤	기술 진입장벽, 키 분실·오류 위험, 소매 결제 제한적

두 번째로 소액결제와 일상 결제에서 스테이블코인의 채택이 확대되고 있다. 유럽에서는 스테이블코인 관련 규제인 가상자산 규제 기본법안 미카MiCA, Markets in Crypto Assets가 2024년 6월 30일부터 시행되면서 스테이블코인 발행자와 서비스 제공자에 대한 명확한 기준이 제시되었다. 이는 규제를 준수하는 유에스디코인USDC, 유로코인EURC 등 스테이블코인의 도입을 촉진하고, 특히 빈번한 다국적 거래와 일부 국가의 지급 결제 인프라 부족으로 인해 소매 결제 부문에서 활용이 빠르게 전개되고 있다. 온라인 쇼핑, 카페 결제, 모바

일 송금 등 일상적인 거래에서 스테이블코인을 사용하면 변동성이 거의 없는 디지털 자산을 기반으로 즉시 결제를 할 수 있다. 상인은 결제 리스크를 최소화하고 사용자는 해외 송금 수수료 부담 없이 빠르게 결제할 수 있다. 또한 일부 스타트업과 플랫폼은 해외 노동자의 급여를 스테이블코인으로 지급하는 방식을 도입하고 있다. 예를 들어 동남아시아에서 일하는 원격 근로자는 매달 급여를 달러 기반 스테이블코인으로 받아 환율 변동 위험 없이 안정적인 구매력을 확보할 수 있다. 이러한 급여 지급 방식은 특히 전통 금융 접근성이 제한된 지역에서 매우 효율적이며 노동자의 생활 안정에도 직접적인 영향을 준다.

세 번째로 디지털 자산 종합 플랫폼 분야에서도 스테이블코인의 활용이 확대되고 있다. 2025년 2월 미국 중앙증권예탁기관DTCC은 디지털 자산의 전체 라이프사이클을 통합 관리하는 종합 플랫폼 컴포저 엑스ComPoSer X를 공식 출시했다. 이 플랫폼은 디지털 자산의 발행, 유통, 관리, 보고 등 전체 과정을 통합적으로 관리할 수 있는 엔드투엔드end-to-end 솔루션을 제공한다. 스테이블코인은 이 과정에서 핵심적인 역할을 한다. 기업이 자사 증권을 토큰화해 발행할 때 거래 결제와 배당 지급을 안정적으로 수행할 수 있는 수단으로 활용하는 것이다. 기관 투자자는 플랫폼을 통해 디지털 자산 포트폴리오를 관리하고 실시간 거래 내역과 가치 변동을 정확히 파악할 수 있다. 이를 통해 스테이블코인은 단순한 가치 저장 수단을 넘어 디지털 금융 인프라의 핵심 요소로 자리 잡고 있음을 보여준다.

이 밖에도 스테이블코인은 국제 송금, 일상 결제, 급여 지급 등 실생활에서 실제로 사용되며 그 유용성을 입증하고 있다. 국가 간 결

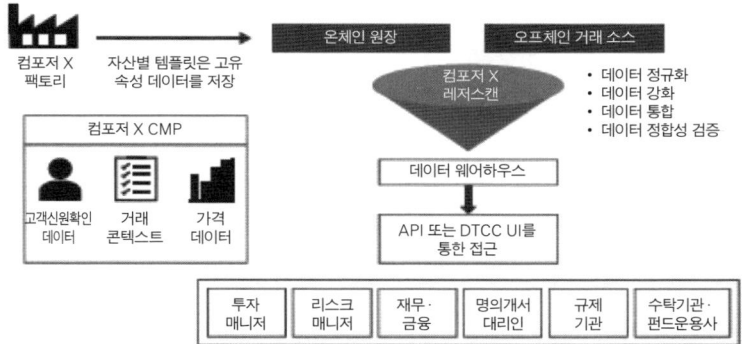

(출처: 미국 중앙증권예탁기관)

제에서는 거래 속도와 비용 효율성을 개선하고 소액결제와 개인 결제에서는 변동성 위험을 제거한다. 해외 노동자 급여 지급에서는 환율 리스크를 낮춘다. 동시에 디지털 자산 종합 플랫폼에서는 발행, 거래, 관리, 보고까지 통합 관리할 수 있어 기관과 개인 모두에게 안정적이고 편리한 금융 환경을 제공한다.

이러한 사례들은 스테이블코인이 단순한 투자 수단을 넘어 실생활과 글로벌 금융 생태계에서 필수적인 결제와 가치 저장 수단으로 자리 잡고 있음을 보여준다. 특히 법정화폐 기반 스테이블코인이 점유율 96.2%로 시장을 지배하는 것은 바로 안정성과 신뢰성을 확보하고 다양한 금융 실무에 적용할 수 있기 때문이다. 스테이블코인은 이제 결제, 송금, 디지털 자산관리뿐만 아니라 일상 금융과 노동자 급여 지급 등 우리의 생활 속까지 깊숙이 스며들며 향후 금융혁신과 글로벌 결제 인프라 변화의 중심에 서게 될 것이다.

2
스테이블코인은 글로벌 생태계의 핵심축이 됐다

스테이블코인은 2014년 등장 이후 디지털 자산 시장에서 안정성과 실용성을 동시에 제공하는 핵심축으로 자리 잡았다. 초기에는 실험적 성격이 강했지만 달러 기반 스테이블코인 테더와 유에스디코인USDC의 시장 지배력은 지속적으로 유지되며 글로벌 금융과 결제 시스템에서 없어서는 안 될 존재로 발전했다. 스테이블코인은 가격 안정성과 실시간 결제 가능성 덕분에 기관, 기업, 개인 투자자 모두에게 매력적인 선택지가 되었다. 최근에는 일상 결제와 국경 간 송금 등 실제 금융 활동에 본격적으로 활용되면서 시장 규모가 빠르게 확대되고 있다.

디지털 자산을 넘어 글로벌 결제 인프라의 핵심이다

2025년 스테이블코인 시장의 글로벌 시가총액은 앞에서 언급

2030년까지 스테이블코인의 잠재성장률

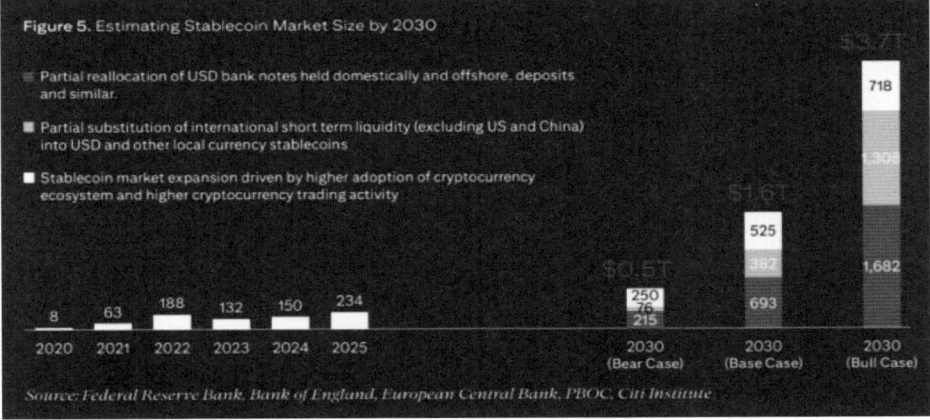

(출처: 씨티은행 산하 연구소)

한 바와 같이 약 2,500억 달러에 달하며 전년 대비 지속적인 성장세를 이어가고 있다. 시가총액 증가와 더불어 스테이블코인을 통한 월간 결제 규모는 1조 4,000억 달러를 넘어섰다. 암호화폐 전체 거래의 약 3분의 2가 스테이블코인 결제로 이루어지고 있다. 이러한 수치는 스테이블코인이 단순한 투자용 디지털 자산을 넘어 결제 인프라에서 핵심적인 역할을 하고 있음을 보여준다.

실제 스테이블코인 보유 지갑 주소는 1억 2,000개를 돌파했으며 실생활 결제, 온라인 쇼핑, 국경 간 송금, 해외 노동자의 월급 수령 등 다양한 금융 활동에 폭넓게 활용되고 있다. 에린 매큔Erin McCune*과 시티은행 산하 연구소Citi Institute의 분석을 바탕으로 2030년 스테이블코인 시장이 수천조 원대로 성장할 수 있을 거라 예상한다. 대략 비관적으로 전망해도 500조 원, 기본적 전망은 1,600조 원,

---

*   포르테 핀테크Forte Fintech 설립자

글로벌 스테이블코인 시장점유율
(2025. 8. 22 기준)

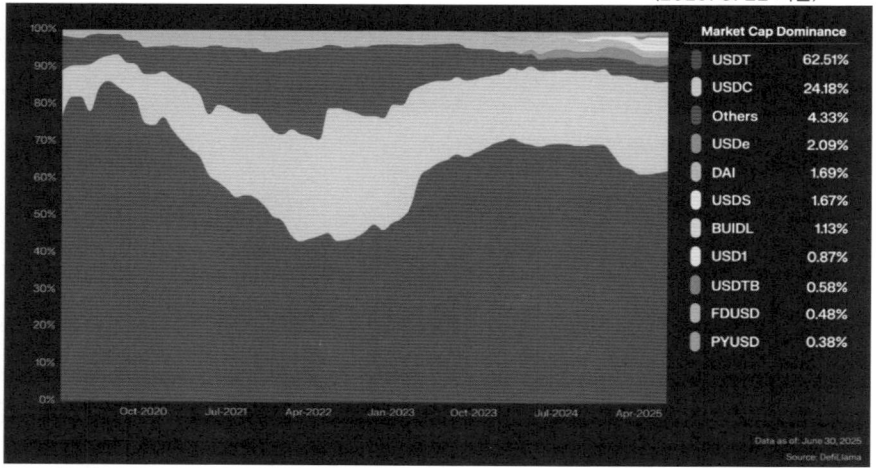

(출처: State of Stablecoins_Messari)

낙관적 전망은 3,700조 원으로 보고 있다. 안전자산, 유동성, 결제 수단, 블록체인 허브라는 역할에 힘입어 2030년 수천조 원대 규모까지 성장할 수 있다고 보기 때문이며 달러 기반이 압도적으로 지배할 것으로 전망한다.

스테이블코인 시장의 주요 종류와 점유율을 보면 여전히 테더USDT가 시장점유율 약 62%로 압도적 1위를 차지하고 있다. 이어 서클의 유에스디코인USDC이 약 24% 수준으로 미국과 유럽 내 규제 순응성과 입법 통과 영향으로 빠른 성장세를 보인다. 그 밖에도 페이팔유에스디PYUSD, 리플유에스디RLUSD 등 글로벌 IT 기업과 기관형 스테이블코인이 상위권으로 진입하며 시장 다변화를 이루고 있다. 다이, 퍼스트 디지털 트러스트FDUSD, 에테나 랩스USDe 등 탈중앙화 금융DeFi, Decetralized Finance 기반 스테이블코인과 홍콩·싱가포르 등 지역 특화 프로젝트도 다수 등장하고 있다. 이는 단순히 달러 페그 안정성을 제공하는 것을 넘어 다양한 금융 니즈와 지역 특성을 반영한 서비스 확장이 활발하게 진행되고 있음을 보여준다.

글로벌 채택이 확대되면서 시장 규모가 커지고 있다

스테이블코인의 전망을 보면 몇 가지 특징이 두드러진다. 첫째, 기업과 기관의 채택 확대다. 페이팔, 비자, 마스터카드 등 글로벌 대기업과 결제 회사들은 스테이블코인을 자사 결제 인프라에 통합하고 있으며 송금, 해외 결제, 소액결제 등에서 실용성이 많이 증가했다.

둘째, 규제 혁신이 시장 성장을 견인하고 있다. 미국에서는 지니어스 법안, 유럽에서는 가상자산 규제 기본법안 등 스테이블코인 관련 법제와 규제 프레임워크가 마련되어 '합법화'와 '신뢰성'을 동시에 확보하여 투자자와 기업이 안심하고 시장에 참여할 수 있는 환경을 제공한다.

셋째, 활용 영역이 점점 확장되고 있다. 초기에는 송금과 결제 중심이었지만 이제는 탈중앙금융, 토큰증권, 크로스보더 지급, 자산관리 등 다양한 금융 활동으로 스테이블코인의 쓰임새가 확대되고 있다. 특히 해외 근로자가 본국으로 월급을 스테이블코인으로 받거나 온라인 쇼핑과 소액결제에서 현금처럼 사용할 수 있는 사례가 늘어나면서 일반 소비자에게도 실질적인 금융 편익을 제공하고 있다.

넷째, 가격 안정성이 점점 더 강화되고 있다. 주요 스테이블코인의 달러 페그 이탈 폭은 0.2% 미만으로 낮게 유지되며 투자자와 금융기관에 신뢰할 수 있는 가치 저장 수단으로 자리매김했다. 안정적인 가격은 기관 투자자들의 자금 운용에도 긍정적 영향을 미쳐 미국 씨티그룹의 전망에 따르면 2030년 스테이블코인 관련 기관 수요는 1.6조에서 최대 3.7조 달러(약 5,000조 원)에 이를 것으로 예상된다. 이 과정에서 준비금 구성에서도 미국 국채 비중이 확대되며 전통 금융시장 구조에도 중요한 영향을 끼치고 있다.

  2025년 스테이블코인 시장은 단순한 디지털 화폐를 넘어 글로벌 금융 생태계와 결제 인프라의 핵심축으로 자리 잡았다. 시가총액과 프로젝트 수의 증가, 일상 결제 및 국경 간 송금 활용, 기관 투자자의 채택 확대, 규제 체계의 정립, 가격 안정성 강화 등 모든 요소가 맞물려 시장 성장을 촉진하고 있다. 스테이블코인은 이제 과거처럼 단순히 '가격 안정형 코인'에 머물지 않고 글로벌 금융의 새로운 표준으로 자리 잡으며 디지털 경제 전환의 중심에 서 있다. 향후 기술적 진화, 규제 정비, 글로벌 기관 수용 속도에 따라 시장 규모는 더욱 확대될 것으로 전망된다.

3
암호화폐와 스테이블코인의 차이점은 무엇인가

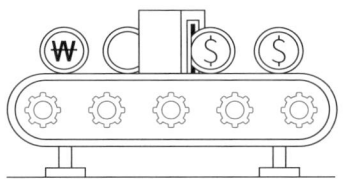

디지털 자산의 세계는 눈 깜짝할 사이에 급격하게 변화했다. 그중에서도 암호화폐는 많은 관심을 끌며 비트코인이나 이더리움과 같은 대표적인 암호화폐들은 혁신적인 기술로 금융시장에 큰 영향을 미쳤다. 그러나 암호화폐의 가장 큰 문제점은 가격 변동성이었다. 이러한 문제를 해결하려는 노력의 하나로 등장한 것이 바로 스테이블코인이다. 그렇다면 스테이블코인과 일반 암호화폐의 차이점은 무엇일까?

스테이블코인은 암호화폐의 변동성을 해결한다

암호화폐는 본질적으로 디지털 자산이다. 가장 대표적인 예로 비트코인과 이더리움을 들 수 있다. 암호화폐는 분산형 네트워크에서 운영되며 블록체인 기술을 기반으로 한다. 이러한 특성은 중앙기관

스테이블코인 역사적 배경

항목	암호화폐	스테이블코인
정의	분산형 네트워크의 가상자산, 내재 가치나 별도 기준 없음	가치가 달러, 유로, 금 등 실물자산에 1:1 연동된 디지털 자산
가격 변동성	매우 높음 (시장 수요·공급, 투자심리 등으로 급변동)	매우 낮음 (페그 대상과 거의 일치)
주요 목적·용도	투자 대상, 저장수단, 결제(일부), 블록체인 서비스 이용	결제, 송금, 트레이딩 중간 안전자산, 자산관리·탈중앙화 금융 활용
변동 요인	글로벌 경제, 투자 심리, 정책, 기술 변화 등 외부 요인	준비금, 규제, 발행사 신뢰, 페그 유지는 내부 메커니즘
준비금 체계	준비금 없음, 발행량 제한(비트코인 등) 혹은 공급 통제	법정통화·단기채 등 실물준비금 100% 담보(대부분의 주요 스테이블코인)
대표 종류	비트코인BTC, 이더리움ETH 등	테더USDT, 유에스디코인USDC, 다이DAI, 페이팔유에스디PYUSD, 퍼스트 디지털 유에스디FDUSD 등
장점	탈중앙성, 희소성(비트코인), 저장 가치, 투자 수익 잠재력	가격 안정성, 결제 편의성, 국경간 송금, 탈중앙화 금융·토큰증권 표준화
단점	가격 불안정, 결제·실사용 제한성, 과세·규제 불확실성	발행사 리스크, 준비금·규제 안정성에 의존, 일부 분산성 부족

없이 사용자가 거래를 검증하고 처리할 수 있게 만든다. 그러나 암호화폐의 가장 큰 특징이자 단점은 바로 가격 변동성이다. 예를 들어 비트코인은 하루에도 10% 이상 가격이 오르거나 내릴 수 있다. 이러한 가격 변동성은 투자자들에게 큰 리스크로 다가온다.

반면에 스테이블코인은 가격 안정성을 강조하는 디지털 자산이다. 스테이블코인의 목적은 암호화폐의 변동성을 해결하는 데 있다. 대부분의 스테이블코인은 법정화폐나 금과 같은 안정적인 자산에 가치를 연동시키거나 알고리즘을 통해 가격을 조정하여 가격 변동성을 최소화하려 한다. 예를 들어 테더USDT는 1테더=1미국 달러와 연동되어 있어 가격이 크게 변동하지 않는다. 이러한 안정성 덕분에 스테이블코인은 암호화폐의 기술적인 장점은 유지하면서 실생활에서 사용하기에 더 적합한 디지털 자산으로 자리잡을 수 있었다.

일반 암호화폐는 주로 투자나 가치 저장 수단으로 사용된다. 비트코인은 그 자체로 디지털 금이라는 별칭을 얻을 정도로 가치 저장의 기능을 맡고 있다. 또한 암호화폐는 탈중앙화된 거래를 가능하게 해주므로 일부 지역에서는 정부 통제를 피해 자금을 이동시키는 수단으로 활용되기도 한다. 그러나 일상적인 결제 수단의 역할은 가격 변동성으로 제약이 있다. 예를 들어 비트코인으로 커피 한 잔을 사는 상황을 상상해 보자. 만약 비트코인의 가격이 급등했다면 그 커피 한 잔이 갑자기 매우 비싸지는 상황이 될 수 있다. 이런 변동성은 실생활에서 사용하기에 불편하다.

스테이블코인은 실제 결제나 거래에서 안정성을 제공하는 역할을 한다. 예를 들어 테더USDT나 유에스디코인USDC은 1달러와 1:1 비율로 연동되므로 상품이나 서비스 결제 시에 가치 변동에 대한 우려 없이 사용할 수 있다. 특히 국제 송금과 같은 글로벌 거래에서는 빠르고 안전한 결제 수단으로서 스테이블코인이 중요한 역할을 한다. 예를 들어 미국에서 필리핀으로 송금할 때 스테이블코인을 사용하면 기존의 송금 시스템보다 빠르고 저렴하게 송금할 수 있다. 또한 디지털 금융 서비스나 탈중앙화 금융에서 스테이블코인은 스테이킹, 대출, 저축 등의 금융 서비스를 제공하는 데 사용된다.

비트코인과 같은 일반 암호화폐는 탈중앙화된 시스템에서 발행된다. 비트코인의 경우 중앙기관 없이 채굴자들이 네트워크를 운영하며 비트코인 블록체인에 새로운 비트코인을 추가하는 방식으로 발행된다. 이 과정에서 사용자는 블록체인에 기록된 거래 내역을 통해 암호화폐의 진위를 검증할 수 있다. 그러나 이러한 방식은 자산의 안정성을 보장하기 어려운 한계가 있다. 가격 변동성은 주로 수요와 공급에 따른 시장의 영향에 의한 것이기 때문이다.

스테이블코인의 경우 법정화폐나 금 등의 안정적인 자산에 가치를 연결하는 방식으로 발행된다. 예를 들어 테더USDT는 1테더를 발행하기 위해 1미국 달러를 보유하고 있어야 한다. 이런 방식은 중앙화된 발행 구조를 가지며 발행 기관은 테더의 발행과 유통을 관리하고 있다. 그러나 암호화폐 담보형 스테이블코인인 다이Dai는 이더리움을 담보로 하여 스마트 콘트랙트를 통해 탈중앙화된 방식으로 발행된다. 이와 같이 스테이블코인은 발행 방식에 따라 중앙화와 탈중앙화가 혼합된 형태로 존재한다.

스테이블코인은 가격 안정성으로 결제와 송금이 가능하다

일반 암호화폐는 가치 안정성을 위한 외부 자산의 지원이 없다. 비트코인은 소유자의 수요와 시장 환경에 따라 가격이 결정된다. 예를 들어 비트코인의 가격은 소수의 큰 투자자들에 의해 결정되기도 하며 그에 따라 가격은 극단적으로 변동할 수 있다. 이더리움 또한 그 가격은 시장 수요에 따라 크게 변동한다. 이런 특성 덕분에 일반 암호화폐는 투자 수단으로 많이 활용되지만 실제 결제 수단으로서의 한계가 있다.

그러나 스테이블코인은 법정화폐나 금과 같은 외부 자산에 가치를 연동시켜 가격 안정성을 유지한다. 예를 들어 테더USDT는 1테더가 1미국 달러와 정확하게 동일한 가치를 유지하도록 설계된다. 이런 구조 덕분에 스테이블코인은 가격 변동성이 거의 없으며 실제 결제 수단으로 활용하기에 적합하다. 다이와 같은 암호화폐 담보형 스테이블코인은 담보 자산이 가격 변동을 감당할 수 있도록 자동으로 조정되기 때문에 안정성이 보장된다.

일반 암호화폐는 가격 변동성 때문에 소액결제나 일상적인 거래에서는 사용하기 어렵다. 예를 들어 비트코인을 사용하여 커피를 사는 경우 비트코인의 가격이 급등하거나 급락하게 되면 그 가격이 일시적으로 크게 달라질 수 있다. 이런 점에서 일반 암호화폐는 가치 저장 수단으로서는 유용하지만 일상적인 결제에는 적합하지 않다.

하지만 스테이블코인은 가격의 변동이 거의 없기 때문에 일상적인 결제나 국제 송금에서 매우 유용하다. 예를 들어 페이팔과 같은 결제 시스템에서는 테더USDT나 유에스디코인USDC을 사용하여 국제 송금을 빠르고 저렴하게 처리할 수 있다. 또한 스테이블코인은 디지털 금융 시스템에서 스테이킹이나 대출 같은 다양한 금융 서비스에 활용될 수 있다.

4
스테이블코인의 실전 무대는 거래에서 ESG까지 넓다

스테이블코인은 기존의 암호화폐가 가진 변동성 문제를 해결하기 위해 등장한 디지털 자산이다. 그 특성상 가격의 안정성을 유지하면서 다양한 금융 활동에서 중요한 역할을 하고 있다. 테더USDT, 유에스디코인USDC, 다이Dai와 같은 스테이블코인은 일상적인 결제, 국제 송금, 디지털 금융 서비스 등에서 실제로 사용되고 있으며 그 활용 가능성은 점점 더 확대되고 있다.

거래에서 자산 토큰화까지 실전에서 다양하게 활용된다

스테이블코인의 가장 기본적이면서도 핵심적인 활용 사례는 암호화폐 거래다. 개인 투자자들은 변동성이 큰 비트코인이나 이더리움 같은 자산을 직접 거래하기보다 스테이블코인을 활용해 안정성을 확보한다. 예를 들어 업비트나 바이낸스 같은 거래소에서 비

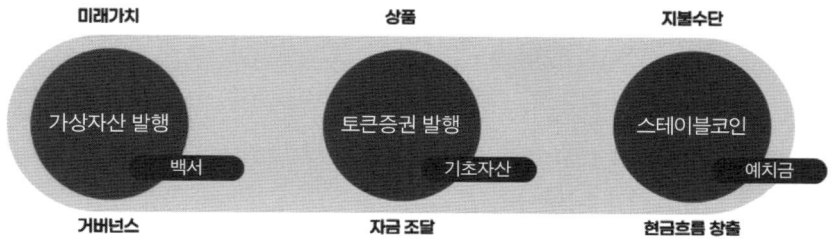

(출처: 핑거IR 발표 자료 중)

트코인BTC · 테더USDT 거래 쌍은 전체 거래량의 절반 이상을 차지한다. 기관 역시 마찬가지다. 헤지펀드나 알고리즘 트레이딩 기업들은 아비트리지 전략이나 고빈도 매매에서 스테이블코인을 유동성 풀로 사용한다. 이는 거래 효율성을 높이고 동시에 결제 리스크를 줄이는 효과를 가져온다. 실제로 글로벌 거래량의 90% 이상이 스테이블코인을 통해 이뤄지고 있으며 향후 시장이 성숙해도 최소 절반 이상을 점유할 것으로 전망된다.

글로벌 기업 간 거래는 여전히 스위프트망에 크게 의존하고 있지만 속도가 느리고 비용이 높다는 단점이 있다. 특히 신흥국이나 비주류 통화로의 결제에서는 불편이 더 크다. 스테이블코인은 이러한 구조적 문제를 해결한다. 예를 들어 홍콩의 수출기업이 베트남 파트너에게 테더USDT로 결제하면 몇 분 만에 정산이 끝난다. 컨설팅 회사들은 B2B 결제시장에서 스테이블코인 활용이 20~25%까지 성장 성장할 것으로 전망한다. 결국 스테이블코인은 국제 무역과 기업 자금 운용에서 실질적인 혁신 수단으로 자리매김하고 있다.

세계 송금 시장 규모는 약 1조 달러에 달한다. 그러나 전통적인 송금 방식은 평균 6% 이상의 수수료와 며칠의 처리 기간이 필요하다. 특히 개발도상국으로 송금할 때는 비용과 시간이 더 늘어난다. 스테이블코인은 이런 한계를 극복한다. 테더USDT를 활용하면 송금 비용은 1% 미만으로 떨어지고 몇 분 안에 송금이 완료된다. 필리핀과 미국 간 송금 사례가 대표적이다. 미국에서 일하는 필리핀 노동자가 가족에게 송금할 때 기존 방식은 수수료와 환율 차이로 큰 손실이 발생했다. 하지만 스테이블코인을 활용하면 거의 제로에 가까운 비용으로 빠르고 안전하게 송금할 수 있다. 필리핀처럼 해외 노동자 송금 의존도가 높은 국가에서는 스테이블코인이 생활 속 화폐로 확산되고 있다. 스테이블코인이 개인 송금의 10~20%를 차지할 가능성이 크다.

스테이블코인은 자본시장에서 토큰증권STO과 토큰화된 금융상품 거래에 핵심 인프라로 작동한다. 기관 투자자들은 스테이블코인을 활용해 외환 결제, 증권 정산, 대규모 거래를 효율적으로 처리한다. JP모건은 자체 블록체인 오닉스Onyx에서 JPM 코인을 도입해 기관 고객 간 결제를 실시간으로 처리하고 있으며 블랙록은 자산 토큰화 펀드 결제 수단으로 스테이블코인을 활용한다. 이러한 흐름은 거래 효율성을 높이고 금융기관 간 신뢰성을 강화한다. 전문가들은 전체 자본시장 결제 중 10~15%가 장기적으로 스테이블코인 기반으로 이뤄질 것으로 내다본다. 이는 전통 금융과 블록체인 금융의 경계를 허무는 사례로 평가된다.

은행과 금융기관은 내부 결제, 정산, 유동성 관리를 위해 막대한 비용과 시간이 소요되는 구조로 되어 있다. 스테이블코인은 이를 획기적으로 줄일 수 있다. 싱가포르 통화청MAS과 스위스 UBS는 수십억 달러 규모의 은행 간 결제를 스테이블코인 블록체인 네트워크에서 성공적으로 시연했다. 이 실험은 은행 내부 유동성 운영과 국제 결제를 동시에 간소화할 수 있음을 보여준다. 현재로서는 시장 점유율이 10% 미만에 불과하겠지만 금융 인프라의 디지털 전환이 가속화되면 스테이블코인은 은행권의 트레저리Treasury 시스템 핵심 도구로 자리 잡을 가능성이 크다.

부동산, 미술품, 원자재와 같은 실물자산을 블록체인에서 토큰화하는 사례가 늘고 있다. 그러나 이러한 거래가 안정적으로 작동하려면 변동성이 없는 결제 수단이 필요하다. 스테이블코인이 그 역할을 한다. 예컨대 미국의 미술품 조각 투자 플랫폼은 글로벌 투자자들이 스테이블코인으로 소액 단위로 참여할 수 있게 해준다. 이를 통해 일반 투자자들도 고가의 부동산이나 명화를 분할 소유할 수 있다. 즉 스테이블코인은 자산 토큰화 시장에서 분할 투자fractional ownership를 가능케 하는 결제 인프라로 작동한다. 이 영역은 향후 개인과 기관 모두에게 투자 기회를 넓혀줄 전망이다.

웹3에서 탄소시장까지 다양한 분야로 확장되고 있다

웹3, NFT, 블록체인 게임 생태계에서는 마이크로 결제가 빈번하다. 하지만 이더리움 같은 변동성 높은 자산으로는 안정적인 결제가 어렵다. 스테이블코인은 이런 환경에서 사실상 디지털 현금으로 기능한다. 블록체인 게임 엑시 인피니티Axie Infinity에서는 플레이어들이 NFT 아이템을 사고팔거나 게임 내 결제를 할 때 스테이블코인을 사용한다. 또한 NFT 마켓플레이스 오픈시OpenSea에서도 유에스디코인USDC 기반 결제가 주요 옵션으로 자리 잡았다. 스테이블코인은 웹3 생태계에서 빠르고 안정적인 유동성을 공급하며 블록체인 기반 디지털 경제의 확산을 뒷받침하고 있다.

스테이블코인은 정부와 지방자치단체의 복지 정책에도 활용될 수 있다. 보조금, 배당금, 재난지원금 지급을 블록체인 기반 스테이블코인으로 진행하면 지급의 투명성과 효율성이 크게 높아진다. 실제로 베네수엘라는 인플레이션 상황에서 일부 복지금 지급을 스테이블코인 방식으로 시도한 바 있다. 미국 일부 주에서도 코로나19 당시 재난지원금 지급 수단으로 스테이블코인 파일럿을 논의했다. 향후 중앙은행 디지털 화폐와 결합된다면 국민 복지와 긴급 지원 정책이 더욱 신속하고 공정하게 집행될 수 있다. 이는 공공 재정의 신뢰성과 효율성을 동시에 높이는 계기가 될 수 있다.

탈중앙화 금융 생태계의 거의 모든 거래는 스테이블코인을 기반으로 한다. 예치, 대출, 보험, 파생상품 같은 온체인 금융 서비스에서 결제 정산 수단으로 스테이블코인은 필수적이다. 메이커다오MakerDAO와 에이브Aave 같은 대표적 탈중앙화 금융 플랫폼은 스테이블코인을 담보 자산으로 활용해 대출을 실행하고 유동성 풀의 중심에 배치한다. 이는 사용자들에게 변동성 리스크를 최소화하면서도 안정적인 금융 활동을 가능케 한다. 탈중앙화 금융이 커질수록 스테이블코인은 블록체인 금융의 '기축통화'로서 더 강력한 지위를 갖게 될 것이다.

스테이블코인은 블록체인 간 자산 이동을 연결하는 매개체로서 중요한 역할을 한다. 예를 들어 이더리움에서 발행된 자산을 솔라나 네트워크로 이동할 때 스테이블코인을 경유하면 가격 변동 리스크를 최소화할 수 있다. 또한 오프라인 실물경제와 블록체인 세계를 잇는 온오프램프 구간에서도 스테이블코인은 안정적인 교환 수단이 된다. 사용자가 법정화폐를 블록체인 네트워크로 전환하거나 반대로 자산을 현금화할 때 스테이블코인이 안정성을 보장한다. 이로써 블록체인과 실물경제 간의 연결성을 강화한다.

탄소중립 시대를 맞아 탄소배출권 거래 시장은 급성장하고 있다. 그러나 기존 거래 구조는 투명성과 신뢰성 문제 그리고 정산 지연 등으로 비효율적이다. 스테이블코인은 이를 혁신할 수 있다. 미국의 투칸 프로토콜Toucan Protocol이나 클리마다오KlimaDAO 같은 프로젝트는 탄소배출권을 온체인 토큰화하고 스테이블코인으로 거래할 수 있게 한다. 이를 통해 국경을 초월한 배출권 거래가 즉시 정산되며 ESG 투자와 지속 가능 금융의 효율성이 높아진다. 한국 역시 원화 기반 스테이블코인을 탄소배출권 결제 수단으로 활용한다면 국내 기업들이 글로벌 탄소중립 목표를 보다 효율적으로 달성할 수 있다. 이는 스테이블코인이 단순한 금융 인프라를 넘어 지속가능성의 도구가 될 수 있음을 보여준다.

미국 가상자산 거래소 불리시는 기업공개IPO 공모 자금을 스테이블코인으로 수령하며 기업공개 과정에서 스테이블코인을 실질적 금융 수단으로 활용한 최초 사례로 주목받았다. 총 11억 5,000만 달러 규모의 자금은 대부분 솔라나 네트워크를 통해 송금됐으며 유에스디코인USDC, 유로코인EURC 등 다양한 스테이블코인이 사용됐다. 특히 미국 투자은행 제프리스가 환전·송금 전 과정을 직접 수행하며 전통 금융기관이 스테이블코인을 실무적으로 활용할 수 있음을 보여줬다. 이 사례는 스테이블코인이 기업 자금 조달, 해외 송금, 빠른 결제 등에서 실질적 효용을 발휘할 수 있음을 입증하며 한국과 달리 금융사의 가상자산 접근이 자유로운 미국 시장의 경쟁력을 드러냈다.

5
전통 금융 플레이어들은 어떻게 참여할 것인가

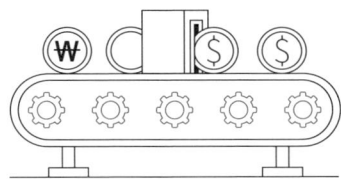

스테이블코인을 둘러싼 논의는 단순히 새로운 디지털 자산의 등장을 의미하지 않는다. 그것은 금융의 본질을 다시 정의하는 움직임이자 기존 은행, 카드사, 간편결제 사업자 등 전통 금융 플레이어에게는 위기이자 기회다. 카드 네트워크가 지난 수십 년간 네트워크 효과를 통해 전 세계의 결제 인프라를 장악한 것처럼 스테이블코인 역시 네트워크 효과를 기반으로 빠르게 성장할 수 있다. 이 과정에서 기존 금융사가 어떤 방식으로 참여하고 협력하는지가 금융 산업의 미래를 좌우할 것이다.

전통 금융도 네트워크 효과로 경쟁력을 확보할 수 있다

카드 네트워크의 성공은 네트워크 효과의 전형이다. 사용자가 많아질수록 새로운 가맹점이 합류하고 가맹점이 늘수록 사용자는 더 유입되는 선순환 구조가 만들어진다. 비자와 마스터카드가 글로벌 결제 인프라를 사실상 과점하게 된 이유도 이 순환 구조 덕분이다.

스테이블코인도 같은 사이클을 노릴 수 있다. 만약 카카오페이, 네이버페이, 삼성페이 같은 브랜드가 신뢰할 수 있는 원화 스테이블코인을 발행한다면 이미 확보한 대규모 사용자와 가맹점 네트워크를 기반으로 빠르게 시장을 장악할 수 있다. 신뢰할 수 있는 브랜드라는 점에서 초기 진입장벽을 쉽게 넘을 수 있고 결제 인프라를 이미 구축한 만큼 사용자의 전환 비용도 낮다.

그렇다면 스테이블코인으로 국내 금융 플레이어에게 유리한 점은 무엇일까? 첫째, 간편결제 플랫폼 사업자, 즉 카카오페이, 네이버페이, 삼성페이는 이미 광범위한 결제 인프라와 수천만 명의 사용자를 보유하고 있다. 다양한 온오프라인 가맹점과 연동된 결제망, 송금 및 정산 프로세스, 그리고 높은 브랜드 신뢰도가 강점이다. 특히 고객신원확인KYC·자금세탁방지AML 규제 대응에서도 선도적 위치에 있어 스테이블코인 발행에 적합하다.

둘째, 인터넷 전문 은행 및 빅테크 금융사인 토스뱅크, 카카오뱅크, 케이뱅크 등은 앱 기반 계좌, 송금, 외환, 자금관리 등 디지털 인프라를 이미 확보하고 있다. 온보딩 절차의 편리함과 방대한 고객 데이터는 초기 생태계 확산에 중요한 자산이다. 특히 토스는 송금 중심의 서비스에서 종합 금융 플랫폼으로 확장하며 빠른 성장세를 보여 원화 스테이블코인 도입에도 적합한 환경을 갖추고 있다.

셋째, 전통 금융기관인 대형 은행과 카드사들은 규제 준수 능력과 대규모 IT 인프라를 보유하고 있어 안정성 측면에서 강점이 있다. 그러나 디지털 채널 경쟁력과 유연성에서는 빅테크·핀테크에

비해 보수적일 수 있다. 따라서 은행 단독보다는 간편결제·빅테크와의 컨소시엄 모델이 현실적이다.

은행이 스테이블코인 생태계에서 할 수 있는 역할은 크게 두 가지다. 첫째, 직접 발행자가 되는 것이다. 은행이 원화 스테이블코인을 발행하면 예금 기반의 안정성, 규제 신뢰도, 내부 통제력을 확보할 수 있다. 이는 초기 생태계 구축과 시스템 리스크 관리에 유리하다. 일본의 미쓰이스미토모 은행이 은행 발행 스테이블코인을 준비 중인 사례가 좋은 예다. 둘째, 간접적 인프라 제공자가 되는 것이다. 은행은 스테이블코인의 입출금pay-in·pay-out 인프라를 제공하고 스테이블코인 기반의 구조화 상품, 커스터디 서비스Custody Service,* 유동성 공급을 통해 부가 수익을 창출할 수 있다. 은행이 기존의 안정성을 유지하면서도 새로운 디지털 자산 생태계와 연결되는 방안이다.

최근 사용자들은 더 높은 편의성과 수익률을 찾아 전통 은행 계좌 대신 핀테크 플랫폼을 이용하는 경우가 늘고 있다. 은행 입장에서는 예금 기반이 약화되는 위기다. 그러나 스테이블코인은 오히려 은행의 기회를 넓힐 수 있다. 은행이 발행한 스테이블코인을 통해 고객은 은행 내에서 안전하게 자금을 보유하면서도 블록체인 기반의 신속·저비용 송금, 온체인 결제, 글로벌 활용까지 원스톱으로 경험할 수 있다. 사용자는 기존의 '안전성'과 디지털 '혁신 서비스'를 동시에 누릴 수 있고 은행은 예금 이탈을 막으면서도 새로운 경쟁력을 확보할 수 있다.

---

* 고객의 자산(현금, 증권, 디지털 자산) 등을 안전하게 보관, 관리, 운용하는 수탁 서비스.

스테이블코인 발행은 컨소시엄 모델이 유리하다

"은행 발행 후 점진적으로 비은행으로 확대"

이창용 한국은행 총재가 2025년 8월에 한 말이다. 금융 안정성과 통화정책의 신뢰를 지키려는 판단이다. 그러나 시장에서는 은행의 보수적 태도가 오히려 혁신을 가로막을 수 있다는 우려도 크다. 핀테크·빅테크는 디지털 사용자 경험, 오픈API, 글로벌 플랫폼 연계에서 강점을 지니고 있다. 따라서 은행 단독보다 핀테크와 협업하거나 빅테크가 직접 스테이블코인 서비스를 도입하는 방식이 더 큰 혁신을 이끌 수 있다는 주장이 설득력을 얻고 있다. 미국의 페이팔이 직접 달러 기반 스테이블코인을 발행한 사례는 시사적이다.

현실적으로 스테이블코인 발행은 은행 단독보다 컨소시엄 모델이 유리하다. 예를 들어 은행-카드사-간편결제 플랫폼이 연합해 원화 스테이블코인을 발행하면 은행은 규제와 안정성, 카드사는 결제 인프라, 간편결제 플랫폼은 사용자 경험을 담당하는 구조가 가능하다. 이런 협력 구조는 초기 시장점유율 확대와 신뢰 확보에 효과적이다. 글로벌에서도 유에스디코인USDC은 서클과 코인베이스의 협업을 통해 성장했으며 JP모건과 다른 은행들도 컨소시엄 기반 프로젝트를 추진하고 있다.

장기적으로 스테이블코인 시장은 카드 네트워크처럼 소수의 대형 발행사 중심으로 집중될 가능성이 크다. 규제 준수 역량, 신뢰, 네트워크 효과가 결합되면 소규모 발행사는 경쟁에서 밀릴 수밖에 없다. 한국의 경우 카카오페이와 네이버페이 같은 간편결제 강자, 토스 같은 인터넷은행, 그리고 대형 은행과 카드사가 핵심 플레이어가 될 것이다. 이들이 단독 혹은 연합해 발행하는 원화 스테이블코인은 카드 네트워크가 수십 년간 구축한 구조와 유사하게 자리 잡을 수 있다.

인사이트 · · ·

[안정성을 확보해 디지털 금융의 새로운 축이 된다]

 스테이블코인은 디지털 경제에서 가격 안정성을 구현한 암호화폐로 비트코인과 이더리움 등 기존 암호화폐의 높은 가격 변동성 문제를 해결한다. 스테이블코인은 달러 등 법정화폐, 금, 기타 자산에 가치를 연동해 설계되며 국제결제은행, 금융안정위원회FSB, 국제통화기금 등 국제기구들도 '안정성'을 최우선 가치로 규정한다. 종류는 법정화폐 기반, 상품 기반, 가상자산 기반, 알고리즘(무담보) 기반 네 가지가 있는데 법정화폐 기반이 시장점유율 96.2%로 절대적 우위를 차지하며 신뢰·안정성에 힘입어 주로 활용된다. 최근 알고리즘 스테이블코인은 테라USD 사고 이후 신뢰를 크게 잃었다.

 활용 영역은 국가 간 송금·결제, 온라인 쇼핑, 일상 소액결제, 해외 노동자 급여 지급, 탈중앙화 금융 등 폭넓게 확장되고 있다. 기존 결제 시스템에 비해 수수료가 저렴하고 처리 속도는 실시간에 가깝다. 2025년 기준 전 세계 스테이블코인 시장 규모는 약 2,500억 달러로 월간 결제 규모가 1조 4,000억 달러를 넘어서며 결제 인프라의 중심으로 성장했다. 거래량의 3분의 2가 스테이블코인 결제를 통해 이뤄지고 있다. 주요 종목은 테더USDT가 62%이고 서클의 유에스디코인USDC이 24% 등이 있다.

 스테이블코인의 실생활 활용은 크립토 트레이딩, 해외 송금, 자본시장 결제, 실물자산 토큰화, NFT·게임, 공공서비스 지급, 은행 간 정산 및 탈중앙화 금융 등으로 빠르게 확대 중이다. 페이팔, 비자 등 대형 기업과 글로벌 기관이 도입하고 있고 관련 규제와 가상자산 규제 기본법안, 지니어스 법안 등 법제 마련도 시장 확장을 가속화하고 있다.

전통 금융사는 스테이블코인 도입을 통해 새로운 경쟁력과 혁신 기회를 얻고 있다. 카드 네트워크와 유사하게 국내 간편결제망, 인터넷은행, 대형 은행의 컨소시엄 등이 원화 스테이블코인 시장의 주도자로 부상할 전망이다. 은행은 직접 발행자 또는 인프라 제공자로 참여할 수 있으며 핀테크 및 빅테크와의 협업이 중요하다. 향후 시장은 신뢰·규제·네트워크 효과를 바탕으로 소수 대형 발행사 중심으로 집중될 가능성이 높으며 실물 금융과 디지털 경제의 핵심 축으로 부상할 것이다.

3장

스테이블코인 생태계와 주요 플레이어

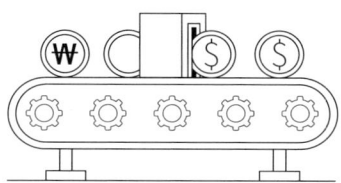

　스테이블코인은 수많은 주체가 동시에 움직이는 금융 네트워크다. 발행사가 가치를 약속하고 준비금 관리 기관이 그 약속을 증명하며 거래소와 온오프램프가 유동성을 열어준다. 지갑과 커스터디는 자산을 안전하게 보관하고 블록체인 인프라와 오라클과 결제 게이트웨이는 트랜잭션을 처리한다. 그 위에 핀테크, 빅테크, 은행과 기업이 각자의 서비스로 연결되고 마지막으로 규제기관이 신뢰의 경계선을 그린다. 이 모든 퍼즐이 맞물릴 때 스테이블코인은 비로소 단순한 디지털 토큰을 넘어 실사용이 가능한 금융 인프라가 된다.

　이 생태계의 출발점은 발행사와 준비금이다. 준비금의 구성, 공시 주기, 상환 가능성은 '1:1 가치'라는 약속의 실체를 결정한다. 다음으로 유통과 결제의 무대가 열린다. 거래소와 결제 플랫폼이 가격 발견, 교환, 상거래 연결을 맡고 지갑과 커스터디가 키 관리와 규제 준수를 뒷받침한다. 기술 제공자는 체인 선택, 확장, 보안, 관측 등을 통해 운영의 안정성을 만들어낸다. 그리고 규제기관은 준비금, 공시, 상환을 제도화해 시장 신뢰를 제도적 신뢰로 확장한다.

밸류체인 관점에서 보면 스테이블코인은 발행, 인프라, 운용, 결제, 분석으로 이어지는 연속 동작이다. 발행은 준비금과 거버넌스, 인프라는 체인·오라클·보안, 운용은 리스크·정책·업그레이드, 결제는 온오프램프·가맹점·정산, 분석은 온체인 데이터·모니터링·위험 감시가 맡는다. 어느 한 단계가 흔들리면 전체 신뢰가 약해지지만 반대로 각 단계가 표준화되고 투명해질수록 네트워크 효과가 커진다. 결국 스테이블코인의 경쟁력은 플레이어들의 역할 분담과 연결성 그리고 그 위에서 작동하는 표준과 거버넌스에 의해 결정된다. 이러한 일련의 과정과 내용을 이해할 때 스테이블코인이 왜 금융 혁신의 시발점인지 읽어내는 가장 빠른 길을 찾을 수 있다.

1
스테이블코인 생태계에서 누가 무엇을 어떻게 하는가

 스테이블코인은 단순히 디지털 화폐가 아니라 금융 혁신의 시발점이 되는 생태계다. 이를 제대로 이해하려면 누가 무엇을 하고 어떻게 연결되는지 아는 것이 필수다. 스테이블코인의 생태계는 여러 플레이어가 유기적으로 맞물리며 작동한다. 각각의 역할과 사례를 하나씩 살펴보겠다.

스테이블코인의 핵심은 만들고 보장하는 발행사다
 발행사는 스테이블코인을 만들어내고 법정화폐나 담보 자산과 1:1로 연동되도록 보장한다. 쉽게 말하면 발행사는 '이 스테이블코인은 가치가 흔들리지 않아요.'라고 약속하는 역할을 한다.
 대표적인 발행사로는 테더가 있다. 테더는 스테이블코인 시장에서 가장 큰 규모를 가지고 있으며 주로 암호화폐 거래소에서 거래

스테이블코인 참여자 생태계

된다. 테더가 주장하는 바에 따르면 모든 테더USDT는 1:1 달러 준비금으로 뒷받침된다. 물론 여러 논란이 있었지만 시장에서 스테이블코인이 갖는 신뢰의 출발점은 바로 발행사의 준비금 관리와 투명성이다.

또 다른 발행사로는 유에스디코인USDC가 있다. 미국 기업 서클과 코인베이스Coinbase가 공동 발행하며 정기적인 감사를 통해 신뢰성을 유지한다. 기업과 기관 투자자들은 이러한 투명성을 높이 평가하며 유에스디코인USDC을 결제, 송금, 탈중앙화 금융 서비스에서 적극적으로 활용한다. 리플은 결제용 스테이블코인을 발행하며 글로벌 은행 간 송금에 특화된 스테이블코인을 제공한다. 이처럼 발행사는 스테이블코인의 신뢰성과 안정성을 책임지는 핵심 주체다.

스테이블코인의 가치는 발행사의 준비금 관리에 달려 있다. 그렇기 때문에 발행사가 약속한 준비금을 안전하게 보관하고 외부 감사와 투명성을 제공하는 준비금 관리 기관이 필요하다. 예를 들어 유에스디코인USDC은 미국 뉴욕의 은행 신탁 계좌에 현금을 보관하며 정기적으로 회계 감사인을 통해 준비금이 제대로 관리되는지를 검증받는다. 또한 제삼자 회계법인이 준비금 보고서를 발행하여 투자자에게 공개함으로써 시장 신뢰를 확보한다. 즉 발행사가 "나는 준비금을 충분히 가지고 있다."라고 선언하더라도 검증하고 투명하게 공개해 주는 기관이 있어야 안정성을 가질 수 있다.

스테이블코인이 단순히 존재한다고 해서 가치가 생기는 것은 아니다. 사용자들이 사고팔고 송금하고 결제할 수 있어야 비로소 실용적으로 된다. 이를 연결해 주는 허브가 바로 거래소와 결제 플랫폼이다. 대표적인 거래소는 코인베이스와 바이낸스다. 이들은 스테이블코인을 거래할 수 있는 장을 제공하고 탈중앙화 금융 서비스 접근을 허브처럼 연결한다. 결제 플랫폼에서는 페이팔이 대표적이다. 페이팔은 스테이블코인을 결제 수단으로 도입하여 소비자가 온라인 쇼핑에서 바로 사용할 수 있도록 지원한다. 또한 마스터카드와 비자 등 글로벌 결제 네트워크는 카드 결제 과정에 스테이블코인을 통합하기 위한 테스트를 진행 중이다. 이렇게 거래소와 결제 플랫폼은 스테이블코인의 접근성과 유동성을 담당한다.

스테이블코인의 성공 여부는 결국 사용자가 얼마나 적극적으로 쓰느냐에 달려 있다. 글로벌 송금 이용자, 온라인 쇼핑 고객, 기업 등 다양한 사용자가 실제 결제, 송금, 투자, 저축, 자산관리 등에 스테이블코인을 활용한다. 예를 들어 스위프트 송금을 사용하던 해외 송금 이용자는 유에스디코인USDC을 통해 수수료를 절감하고 송금 속도를 높일 수 있다. 온라인 쇼핑 고객은 페이팔 등 결제 플랫폼에서 스테이블코인으로 상품을 구매할 수 있다. 기업은 해외 결제나 급여 지급을 위해 달러 기반 스테이블코인을 활용하며 기존 은행 시스템보다 훨씬 빠르고 저렴한 결제 환경을 확보한다.

스테이블코인이 금융시장에서 안정성을 갖추기 위해서는 규제기관의 역할이 중요하다. 발행, 거래, 준비금 관리 등에 대한 법적 기준을 마련하고 감독함으로써 시장의 신뢰성을 확보한다.

미국에서는 2025년 지니어스 법안을 통해 지급 결제형 스테이블코인PSC, Payment Stablecoin에 대한 규제를 강화했다. 발행사는 준비금을 1:1로 보유해야 하며 CEO 인증과 월별 감사가 의무화되었다. 한국에서는 민간 원화 스테이블코인 발행이 사실상 불가하며 제도화 논의가 본격화되고 있다. 유럽연합EU은 가상자산 규제 기본법안을 통해 스테이블코인 시장을 감독하고 있다. 규제기관은 스테이블코인의 금융 안정성과 신뢰성을 유지하는 필수 요소다.

스테이블코인은 블록체인 위에서 운용된다. 거래 처리, 송금, 스마트 콘트랙트 등 기술적 기반을 제공하는 주체가 바로 기술 제공자다. 예를 들어 유에스디코인USDC과 다이DAI는 이더리움 기반의 ERC-20 토큰으로 발행된다. 송금과 결제에 최적화된 솔라나와 스텔라 같은 블록체인 네트워크도 존재한다. 블록체인 스타트업들은 스테이블코인을 기반으로 대체 금융 서비스(탈중앙화 금융)와 자산 관리 자동화 플랫폼을 제공하며 금융 혁신을 촉진한다.

기존 금융사와 핀테크 기업은 스테이블코인을 활용하여 금융 혁신과 새로운 수익 모델을 탐색한다. 씨티은행, 뱅크오브아메리카BOA, JP모건 등 대형 은행은 자체 스테이블코인을 발행하고 글로벌 결제 시스템 구축에 나섰다. 아마존과 월마트 같은 기업은 스테이블록인을 결제와 충성도 프로그램에 활용하며 고객 경험을 혁신하고 있다. 이처럼 스테이블코인은 전통 금융과 혁신 기업이 협업하여 새로운 금융 패러다임을 만들어가는 중심축 역할을 한다.

스테이블코인 생태계의 지도는 유기적으로 연결돼 있다

스테이블코인의 생태계는 화폐 발행을 넘어 다양한 플레이어들이 유기적으로 연결된 금융 네트워크를 형성한다. 먼저 발행사와 준비금 관리 기관은 스테이블코인의 가장 핵심적인 역할을 담당한다. 이들은 실제 자산을 기반으로 가치를 담보하고 안정성을 유지함으로써 시장 참여자들이 신뢰할 수 있는 환경을 제공한다. 이어 거래소와 결제 플랫폼은 이러한 안정성을 실제 경제 활동으로 연결하는 통로다. 사용자는 스테이블코인을 활용해 결제, 송금, 투자 등 다양한 금융 활동을 수행하며 플랫폼의 접근성과 유동성을 직접 경험한다. 기술 제공자들은 블록체인과 스마트 콘트랙트 기반의 자동화 시스템을 구현해 플랫폼이 안정적이고 효율적으로 운영될 수 있도록 지원한다. 마지막으로 규제기관은 이 모든 과정이 안전하게 이루어지도록 신뢰성과 투명성을 확보하며 스테이블코인이 제도권과 연결되는 다리 역할을 한다.

발행사, 기술 제공자, 거래소, 사용자, 규제기관 등이 상호작용하며 만들어내는 생태계는 단순한 디지털 자산을 넘어 글로벌 금융 혁신을 촉진하는 동력이 된다. 스테이블코인은 결제, 투자, 송금 등 기존 금융의 경계를 넘어 새로운 금융 패러다임을 제시한다. 각 플레이어가 역할을 충실히 수행할수록 생태계는 더욱 견고해지고 신뢰와 안정성을 바탕으로 전 세계에서 활용될 수 있는 디지털 화폐

스테이블코인 마켓 맵

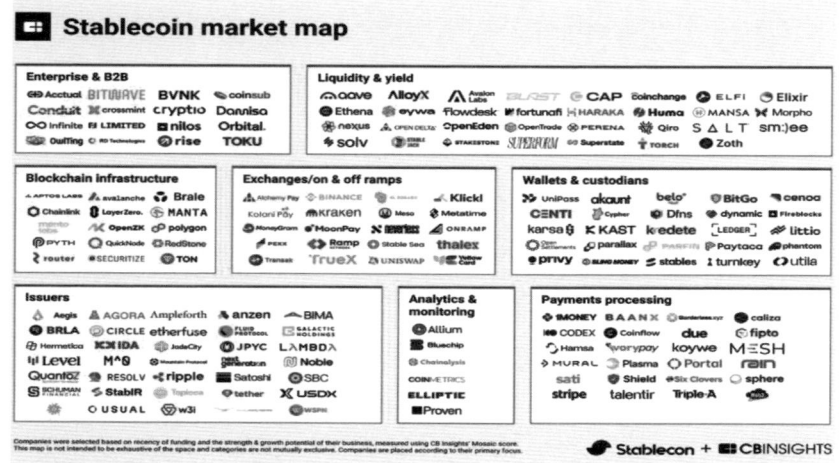

(출처: 스테이블콘과 CB인사이츠)

로 자리매김할 수 있다. 결국 스테이블코인의 진정한 가치는 기술, 제도, 사용자 경험이 결합된 통합적 생태계에서 발현되며 앞으로의 금융 환경을 근본적으로 바꾸는 혁신적 도구가 될 것이다.

스테이블코인 시장은 발행부터 인프라, 운용, 결제, 분석에 이르는 전방위적 밸류체인으로 구성되어 있으며 단계마다 특화된 기업들이 생태계의 한 축을 담당하고 있다. 이 시장은 스테이블콘과 CB인사이츠에서 공동으로 발표한 보고서를 기준으로 기업 및 B2B 솔루션 영역 외 결제 프로세싱까지 8개 범주로 정리해 볼 수 있다. 스테이블코인 발행 - 인프라 - 관리 - 운용 - 결제 - 분석까지 폭넓은 생태계를 형성하며 다양한 산업의 기업들이 유기적으로 연결된 글로벌 디지털 금융 네트워크로 진화하고 있다.

주요 시장 영역별 범위

영역	범위
기업 및 B2B 솔루션	기업 대상 스테이블코인 결제, 토큰화, 글로벌 머니무브먼트, 경영관리 등 B2B 특화 서비스 제공 회사들(비트웨이브, BVNK, 오비털 등)
유동성과 수익성 플랫폼	다양한 블록체인 기반 대출, 예치, 스테이킹 등 유동성 창출과 수익률 관리 솔루션(에이브, 넥서스, 솔브 등)
블록체인 인프라	스테이블코인 발행·운영을 위한 블록체인과 인프라 서비스 체계(체인링크, 앱토스, 폴리곤, 톤 등)
온·오프램프 및 거래소	법정화폐와 크립토 간 환전, 유동성 공급, 사용자 온보딩·오프보딩 솔루션(바이낸스, 크라켄, 문페이 등)
디지털 자산 지갑과 수탁기관	스테이블코인·가상자산 보관, 관리, 지급 결제용 지갑, 커스터디 서비스(비트고, 파핀, 다이내믹 등)
발행사	실제 스테이블코인을 발행하는 기관·기업(테더, 서클, 리플, JPYC 등)
데이터 분석 및 모니터링	트랜잭션, 유동성, 온체인 데이터 분석·감시·리스크 관리 서비스(블루칩, 앨리엄 등)
결제 프로세싱	온라인·오프라인 상점 결제, 송금, 인보이스, 경영관리, 전자상거래 등 실거래 솔루션 다수(스트라이프, 트리플에이, 포털 등)

2
스테이블코인 발행사는 공급자에서 선도자가 되고 있다

 스테이블코인 발행사는 단순히 디지털 화폐를 공급하는 존재를 넘어 금융 혁신의 중추적 역할을 하는 핵심 주체로 자리매김하고 있다. 무엇보다 근본적이면서도 핵심적인 기능은 가치 안정성 유지다. 전통적으로 1:1 준비금 보장 방식이 그 중심에 있었으나 오늘날에는 알고리즘 기반 안정화 모델까지 병행되며 스테이블코인의 가격 안정성을 더욱 정교하게 확보하고 있다. 이는 단순히 이용자가 신뢰할 수 있는 화폐를 제공하는 수준을 넘어 금융 거래 전반의 효율성과 안정성을 높이는 전략적 조치다.
 또한 발행사는 이제 글로벌 지급 결제 허브로서의 위상을 갖추고 있다. 기존 금융망과 블록체인을 유기적으로 연결함으로써 송금과 결제 속도를 획기적으로 향상시키며 중개자 없이 안전한 거래 환경을 구현하고 있다. 이는 국경을 초월한 결제 혁신뿐만 아니라 금융

사각지대의 해소와 글로벌 경제 참여 확대라는 의미 있는 변화를 동반한다.

이와 더불어 발행사는 규제 준수와 투명성 강화라는 책무를 충실히 수행하고 있다. 월별 감사, 최고경영자 인증, 법적 상환 가능성 보장 등은 단순한 형식적 규제가 아니다. 이용자의 신뢰를 확보하고 금융시장 전체의 안정성을 담보하는 실질적 장치로 작용한다. 이러한 노력은 발행사를 단순한 '화폐 공급자'에 머무르게 하지 않고 금융시장에서 신뢰받는 기관으로 자리매김하게 한다.

마지막으로 발행사는 금융 서비스 확장자의 역할도 점차 확대되고 있다. 예치, 대출, 자산관리 등 종합 금융 솔루션을 제공함으로써 이용자는 단순한 화폐 거래를 넘어 포괄적 금융 활동을 수행할 수 있게 된다. 이러한 모든 변화는 발행사가 단순한 스테이블코인 공급자에 머물지 않고 디지털 금융 시대를 선도하며 금융 패러다임 자체를 재편하는 중추적 주체로 성장하고 있음을 보여준다.

테더, 서클, 리플, 페이팔, 스트라이프는 어떻게 발행했는가

스테이블코인 주요 발행사를 살펴보면 먼저 테더가 있다. 테더는 2014년 최초 발행된 스테이블코인으로 2025년 8월 기준 63%의 시장점유율로 1위를 차지한다. 기존 금융 시스템의 한계를 보완하고 변동성 없는 디지털 전송 수단을 목표로 출시되었으며 가상자산 시장의 사실상 기축통화 역할을 하며 성장했다. 쉽게 말해 디지털 화폐의 선불카드 잔액 같은 개념이다. 1테더는 항상 1달러의 가치를 지니도록 설계되었기 때문에 가격 변동이 큰 비트코인이나 이더리움과 달리 안정적이다.

테더의 가치 연동을 보면 테더는 발행된 만큼 달러 등 법정화폐가 준비금으로 보관된다고 주장한다. 즉 사용자가 100달러를 테더에 맡기면 블록체인상에서 100테더USDT가 발행되는 구조다. 사용 방식은 은행 계좌 대신 블록체인 지갑에서 보관하며 언제든지 거래소나 개인 간 송금에 활용할 수 있다. 편리성 측면에서 보면 해외 송금, 암호화폐 거래소 입출금, 탈중앙화 금융 서비스 이용 등에서 '달러 대신 쓰는 디지털 현금' 역할을 한다.

테더는 스타벅스 선불카드와 유사하다. 스타벅스 카드는 고객이 미리 충전한 금액을 바탕으로 커피를 사고 앱에서 손쉽게 결제할 수 있다. 테더는 사용자가 달러를 맡기면 그만큼의 테더USDT가 발행되어 블록체인상에서 자유롭게 이동·거래가 가능하다. 스타벅스 카드 잔액이 커다란 금융 풀처럼 모이듯이 테더는 전 세계 수십억 달러 규모의 디지털 달러 풀을 형성한다. 차이는 스타벅스 카드는 특정 매장에서만 쓸 수 있지만 테더는 전 세계 어디서나 블록체인을 통해 송금과 결제가 가능하다는 점이다.

스타벅스가 선불카드와 앱을 통해 '커피 회사를 넘어 금융 플랫폼'으로 변모했듯이 테더 역시 '단순 암호화폐를 넘어 디지털 달러 인프라'로 성장하고 있다. 지금도 테더는 2025년 8월 기준으로 전 세계 암호화폐 거래의 63% 이상을 차지하며 사실상 글로벌 디지털 결제 네트워크로 기능하고 있다.

테더의 사업 전략은 공격적 준비금 운용, 규제 완화 지역 중심 확장, 인접 산업 다변화로 요약된다. 준비금의 81.5%를 현금·단기자산으로 보유하지만 나머지는 담보대출(5.9%), 비트코인(5.1%), 금(4.5%), 기타 투자(3.0%)로 운용해 서클 대비 위험 성향이 높다. 이

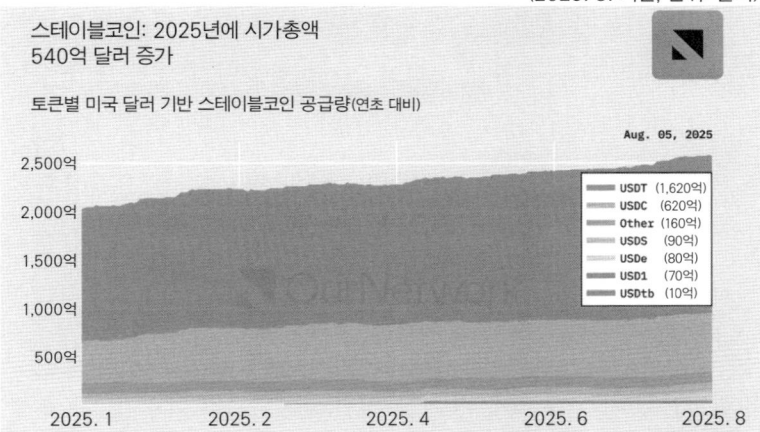

2025년 1월부터 8월 사이 달러 기반 스테이블코인의 전체 시가총액이 약 2,000억 달러에서 2,540억 달러로 약 540억 달러 증가했다. (출처: 온체인 데이터 분석 플랫폼 아워네트워크)

를 통해 2024년 영업이익은 약 130억 달러로 블랙록의 2배, 서클의 80배에 달했다.

두 번째로 서클Circle Internet Group이 있다. 2013년 제러미 앨레어Jeremy Allaire와 숀 네빌Sean Neville이 설립한 기업으로 스테이블코인 유에스디코인USDC 발행사이자 글로벌 디지털 금융 인프라 기업이다. 창업 초기부터 '가상자산을 전통 금융과 연결하겠다.'라는 비전을 세우고 규제 친화적 접근을 강조하며 시장에서 신뢰를 쌓아왔다.

서클의 비즈니스 모델은 크게 두 번의 전환을 겪었다. 처음에는 비트코인 기반 결제 애플리케이션을 운영했지만 2018년 유에스디코인USDC을 발행하며 본격적으로 스테이블코인 시장에 뛰어들었다. 서클은 단순히 코인을 발행하는 회사가 아니라 블록체인 기반 금융 인프라를 제공하는 기업으로 진화했다. 이는 가상자산과 전통 금융의 틈을 메우고 스테이블코인을 글로벌 금융 시스템의 일부로 정착시키려는 전략이었다.

하지만 서클의 여정은 순탄치 않았다. 첫 번째 도전은 규제 공백이었다. 미국 내에서 연방 차원의 스테이블코인 규제가 명확히 마련되지 않아 서클은 주 단위 규제를 각각 충족해야 하는 불확실성을 감수해야 했다. 심지어 준비하던 기업공개IPO도 2021년 이후 줄곧 지연되었다. 두 번째 도전은 시장 침체였다. 2022년 테라-루나 붕괴와 FTX 파산은 가상자산 시장 전체를 흔들었고 스테이블코인 수요 자체가 줄어들었다. 여기에 2023년 실리콘밸리은행 파산이 치명적이었다. 유에스디코인USDC 준비금 중 33억 달러가 실리콘밸리은행에 예치되어 있었던 사실이 알려지며 신뢰가 흔들렸다. "과연 서클이 안전한가?"라는 질문이 시장에서 제기된 순간이었다.

그러나 서클은 위기를 기회로 전환했다. 무엇보다 규제 친화 전략을 적극적으로 밀어붙였다. 미국 내에서 규제 당국의 계좌 동결 요구에 응하며 준법 경영을 강조했고 글로벌 시장에서는 2023년 싱가포르 통화청MAS 라이선스를 얻고 2024년에는 유럽연합 가상자산 규제 기본법안을 획득했다. 서클은 전 세계적으로 스테이블코인 발행사 중 가장 '제도권 친화적' 기업이라는 이미지를 확립한 셈이다.

서클의 또 다른 강점은 투명한 준비금 운용이다. 유에스디코인USDC 준비금 대부분을 블랙록이 운영하는 미국 증권거래위원회 등록 머니마켓펀드에 투자하고 주간·월간 단위로 외부 회계 기관 딜로이트의 검증을 받아 내역을 공개했다. 이는 테더의 불투명한 준비금 운용과 대비되며 서클이 시장 신뢰를 유지하는 핵심 동력이 되었다.

이러한 전략은 성과로 이어졌다. 유에스디코인USDC 점유율은 2024년 이후 꾸준히 상승해 2025년 5월 기준 약 25%에 도달했고 발행량은 600억 달러 수준으로 확대되었다. 준비금 운용 수익도 동반 상승해 2023년 2.6억 달러, 2024년 1.6억 달러 순이익을 기록했다. 무엇보다 2025년 6월에 서클은 뉴욕증권거래소에 성공적으로 기업공개를 진행해 10억 달러 이상을 조달했다. 공모가 31달러였던 주식은 첫 거래일 100달러를 돌파하며 시장의 기대와 신뢰를 동시에 입증했다.

서클의 향후 전략은 명확하다. 규제 준수, 투명한 준비금 운용, 전통 금융기관과의 파트너십 강화다. 이미 스트라이프, 비자, 마스터카드 등 글로벌 결제기업들과 협력하며 유에스디코인USDC 기반 결제를 확산시키고 있고 국제 송금, 전자상거래, 핀테크 인프라까지 사업 영역을 넓히고 있다. 서클은 단순한 스테이블코인 발행사가 아니라 디지털 달러 인프라의 실질적 제공자로 자리 잡고 있다.

서클은 테더가 보여주지 못한 '투명성'과 '규제 친화성'을 무기로 삼아 스테이블코인 시장에서 제도권과 가장 가까운 회사로 인정받고 있다. 미국이 중앙은행 디지털 화폐 대신 민간 스테이블코인을 디지털 달러의 대리자로 택한 배경과도 맞닿아 있다. 서클은 금융 산업과 디지털 자산 산업의 교차점에서 전통 금융과 블록체인 경제를 연결하는 가장 중요한 교량으로 성장하고 있다.

유에스디코인USDC의 핵심 구조와 특징은 다음과 같다. 먼저 준비금 100% 보유다. 유에스디코인USDC은 발행량과 동일한 규모의 미국 달러 또는 미국 국채 등 달러 표시 자산을 은행에 보관한다. 이를 회계법인이 정기적으로 감사를 진행해 투명하게 보고한다는 점에서 시장 신뢰도가 높다. 그리고 규제 친화적 설계다. 서클은 미국 금융 규제 환경에 적극적으로 협력하고 있으며 전통 금융기관과 파트너십을 강화한다. 이 덕분에 규제 준수와 투명성 면에서 테더USDT보다 한 단계 앞서 있다는 평가를 받는다. 마지막으로 다양한 블록체인 지원이다. 처음에는 이더리움 네트워크에서 시작했지만 현재는 솔라나, 폴리곤, 애벌랜치Avalanche 등 다수의 블록체인에서도 유통된다. 이는 개발자와 기업이 원하는 인프라 위에서 자유롭게 유에스디코인USDC을 활용할 수 있도록 확장성을 높여준다.

유에스디코인USDC의 활용 사례는 다양하다. 빠르고 저렴하게 국경을 넘어 자금을 이동하는 글로벌 송금, 탈중앙금융 서비스에서 담보·대출·유동성 공급에 사용, 온라인 플랫폼이나 일부 금융기관에서 디지털 달러 결제 수단으로 채택, 규제 친화성과 투명성 덕분에 기관 투자자들이 선호 등이다.

유에스디코인USDC은 단순히 암호화폐 투자자만의 도구가 아니라 규제 친화적이고 투명한 글로벌 디지털 달러 인프라로 자리 잡아가고 있다. 특히 미국 금융당국과의 협력, 회계법인의 정기 감사, 전통 금융과의 연결성은 유에스디코인USDC을 '가장 제도권에 가까운 스테이블코인'으로 평가하게 만든다.

2025년 8월 19일에 발간된 온체인 데이터 분석 플랫폼 아워네트워크 보고서에 따르면 테더USDT는 여전히 시장 1위지만 점유율은 68%에서 63%로 하락했고 유에스디코인USDC은 21%에서 24%로 상승했다. 테더USDT는 900만 명 이상 주간 활성 사용자를 가진 대중적 코인으로, 특히 100달러 미만 소액 이용자가 90%를 차지하며 개발도상국에서 결제 수단으로 자리 잡았다. 반면 유에스디코인USDC은 규제 친화성과 신뢰를 바탕으로 기관 수요가 빠르게 성장세를 이끌고 있다.

세 번째, 리플이다. 리플 엑스알피XRP은 리플랩스가 개발한 글로벌 결제 네트워크 엑스알피XRP 레저 기반의 디지털 자산으로 빠른 속도와 낮은 수수료를 강점으로 한다. 비트코인이나 이더리움이 탈중앙화와 투자 자산의 성격이 강한데 리플은 국제 송금과 결제 인프라 혁신이라는 명확한 목적성을 가진 점에서 차별화된다.

XRP 레저는 평균 3~5초 내 거래가 확정되며 초당 1,500건 이상의 트랜잭션을 처리할 수 있어 기존 국제 송금망 스위프트SWIFT의 수일 소요 구조를 압도한다. 수수료도 거래당 0.0001엑스알피XRP 수준으로 사실상 무시할 수 있는 비용이다. 이러한 효율성은 특히 소액 송금, 국경 간 결제에서 큰 경쟁력을 발휘한다.

리플은 다수의 글로벌 금융기관과 파트너십을 맺어 엑스알피XRP를 연결 자산Bridge Asset으로 활용하고 있다. 일본의 SBI 리믹트, 중동·남미 은행 등이 실제로 송금 인프라에 엑스알피XRP를 적용하며 효율성을 입증했다. 또한 엑스알피XRP·달러USD 거래 쌍은 높은 유동성을 갖추고 있어 금융기관들이 환전 비용을 줄이고 안정적으로 활용할 수 있는 기반이 되고 있다.

물론 리플은 미국 증권거래위원회와의 소송 같은 규제 리스크를 안고 있다. 하지만 그럼에도 엑스알피XRP는 국제 결제시장에서 가장 실사용에 가까운 가상자산으로 평가받으며 단순한 투자 자산을 넘어 글로벌 금융 질서를 재편하는 핵심축으로 부상하고 있다.

리플의 핵심 구조와 특징은 다음과 같다. 먼저 초고속 결제 처리다. XRP 레저는 평균 3~5초 내 거래가 확정되며 초당 1,500건 이상의 트랜잭션을 처리할 수 있다. 기존 국제 송금 시스템인 스위프트가 수일이 소요되는 것과 비교하면 압도적인 속도다. 그리고 낮은 수수료다. 거래당 수수료는 0.0001엑스알피XRP 수준으로 사실상 '무시할 수 있는 비용'으로 글로벌 송금이 가능하다. 이는 특히 소액 송금이나 국경 간 거래에서 큰 장점으로 작용한다. 또한 기관 친화적 구조를 갖추고 있다. 리플은 다수의 글로벌 은행 및 금융기관과 파트너십을 맺고 송금 인프라에 엑스알피XRP를 적용하고 있다. 그럼으로써 실제 금융기관들이 사용하는 브리지 자산 역할을 강화하고 있다. 엑스알피XRP·달러USD 거래 유동성도 눈여겨볼 만하다. 엑스알피XRP는 달러와의 주요 거래 쌍을 중심으로 높은 유동성을 보유한다. 이는 국제 결제에서 환전 과정을 줄이고 금융기관이 안정적으로 활용할 수 있는 기반을 제공한다.

리플의 활용 사례를 보면 국경 간 송금이 빠른 결제 속도와 낮은 비용으로 이루어져 전통 은행 간 송금보다 훨씬 효율적이다. 그리고 브리지 커런시Bridge Currency, 즉 서로 다른 통화 간 환전을 단순화해 금융기관의 외환 비용을 절감한다. 기관 채택은 일본 SBI리미트와 중동·남미 은행 등 다수의 금융기관이 실제 송금 인프라에 엑스알피XRP를 적용한다. 암호화폐 거래소 활용도 높은 유동성 덕분에 거래 쌍으로서도 활발히 이용된다.

리플은 단순한 투자 자산을 넘어 글로벌 결제 네트워크를 혁신하는 핵심 디지털 자산으로 자리매김하고 있다. 초고속 거래, 낮은 수수료, 금융기관과의 파트너십은 엑스알피XRP를 '송금과 결제에 특화된 블록체인 자산'으로 만들어주었다. 미국 증권거래위원회 소송 등 규제 리스크가 존재하지만 그럼에도 엑스알피XRP는 여전히 국제 결제시장에서 기관 수요를 중심으로 성장하며 가장 실사용에 가까운 암호화폐 중 하나로 평가받고 있다. 특히 리플은 최근 한국에 법인을 설립하고 정부, 시중은행, 빅테크 기업들과 접촉하며 원화 스테이블코인 발행 지원에 나서고 있다.

네 번째는 페이팔이다. 페이팔은 세계 최대 온라인 결제 플랫폼 중 하나로 글로벌 전자상거래와 디지털 결제의 표준을 만든 기업이다. 1998년 설립 이후 신용카드와 은행 계좌를 연결해 간편결제를 제공하면서 급격히 성장했고 현재는 전 세계 수억 명의 사용자를 보유한 글로벌 금융 네트워크로 자리 잡았다. 특히 디지털 자산 통합에 가장 적극적인 전통 결제기업 중 하나라는 점에서 주목된다.

페이팔은 일찍이 암호화폐를 자사 결제망에 도입했다. 사용자가 비트코인, 이더리움, 라이트코인 등을 보유, 거래, 결제할 수 있도록 지원했으며 2023년에는 자체 스테이블코인 페이팔유에스디PYUSD를 출시했다. 페이팔유에스디PYUSD는 미국 달러와 1:1로 연동되며 팍소스가 준비금을 관리해 안정성을 확보했다. 이를 통해 페이팔은 단순 결제 플랫폼을 넘어 스테이블코인 발행사이자 디지털 금융 인프라 제공자로 도약했다.

전략적으로 페이팔은 기존 사용자 기반과 글로벌 결제 인프라를 활용해 페이팔유에스디PYUSD를 일상적인 결제와 국제 송금에 확산시키려 한다. 이미 수많은 온라인 상점과 전자상거래 플랫폼에서 페이팔 결제가 통용되고 있어 페이팔유에스디PYUSD의 활용 범위는 자연스럽게 확장될 수 있다. 또한 탈중앙화 금융DeFi·NFT(대체 불가능한 토큰) 등 웹3 생태계에서도 페이팔유에스디PYUSD를 활용할 수 있도록 지원하면서 전통 결제와 블록체인을 연결하는 다리 역할을 하고 있다.

페이팔의 강점은 규제 친화성과 브랜드 신뢰다. 미국 내 규제 준수와 회계 투명성을 강조하며 금융당국과 긴밀히 협력해 왔다. 이는 테더와 같은 불투명한 스테이블코인과 비교했을 때 높은 신뢰도를 제공한다. 또 기존 4억 명 이상의 글로벌 사용자와 가맹점 네트워크를 보유하고 있어 신규 스테이블코인 중에서도 가장 빠르게 실생활에 적용될 가능성이 크다. 물론 도전도 있다. 스테이블코인 시장은 이미 테더USDT와 유에스디코인USDC이 양분하고 있고 규제 불확실성 역시 여전히 존재한다. 하지만 페이팔은 기존 결제망과 디지털 자산을 결합한 '하이브리드 슈퍼 앱 전략'을 통해 차별화를 꾀하고 있다. 결국 페이팔은 단순한 결제 회사가 아니라 디지털 결제, 스테이블코인, 웹3 금융을 아우르는 글로벌 금융 인프라 기업으로 변모하고 있다. 페이팔유에스디PYUSD는 그 상징적 출발점이며 이는 페이팔이 전통 금융과 블록체인 경제를 연결하는 핵심 플레이어로 자리매김하는 계기가 되고 있다.

페이팔의 핵심 구조와 특징은 다음과 같다. 먼저 글로벌 결제 네트워크다. 페이팔은 2억 명 이상의 사용자를 보유하고 있으며 온라인 쇼핑·해외 송금·구독 서비스 등 다양한 금융 활동을 지원한다. 전 세계 가맹점에서 간편하게 결제가 가능하다. 그리고 스테이블코인 페이팔유에스디PYUSD를 발행한다. 2023년 출시된 페이팔유에스디PYUSD는 미국 달러에 1:1로 연동된 스테이블코인으로 이더리움 네트워크 기반에서 발행된다. 이는 온라인 결제, P2P 송금, 디파이 활용까지 가능하게 하며 페이팔이 디지털 자산 시장에 본격 진입했음을 보여준다. 또한 페이팔도 규제 친화적 접근을 했다. 미

페이팔 슈퍼앱

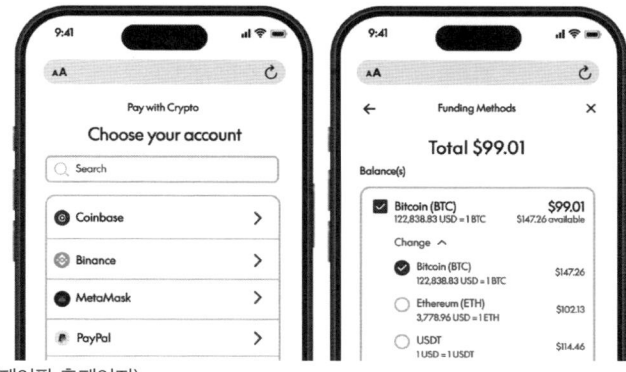

(출처: 페이팔 홈페이지)

국 금융당국과 협력하며 페이팔유에스디PYUSD를 규제 준수형 디지털 달러로 설계했다. 투명성과 안정성을 강조해 기관 투자자 및 전통 금융권과의 신뢰를 강화하고 있다. 슈퍼 앱 전략을 보면 페이팔 앱은 결제, 송금, 신용, 암호화폐 매매, 스테이블코인 활용까지 통합 제공한다. 단순 결제회사를 넘어 디지털 금융 슈퍼 앱으로 진화하는 모습이다.

페이팔의 활용 사례는 먼저 전자상거래 결제에서 글로벌 쇼핑몰과 가맹점에서 간편결제 수단으로 활용할 수 있다. 해외 송금은 기존 은행 대비 빠르고 저렴한 송금 수단으로 작용하고 있다. 스테이블코인 활용은 페이팔유에스디PYUSD를 통한 블록체인 결제, 탈중앙화 금융 접속, 개인 간 송금이 가능하다. 기관 채택도 확대하고 있다. 규제 친화성과 안정성을 바탕으로 금융권과 연계를 강화하였다.

페이팔은 단순한 온라인 결제회사를 넘어 디지털 화폐 시대의 금융 플랫폼으로 진화하고 있다. 페이팔유에스디PYUSD 발행은 블록체인 기반 결제를 제도권 금융으로 끌어들이는 전환점이며 글로벌 결제 네트워크와 결합해 전통 금융과 디지털 자산의 다리 역할을 하고 있다. 결국 페이팔은 향후 '암호화폐와 스테이블코인을 통합한 디지털 금융 슈퍼 앱'으로 자리매김할 가능성이 크다.

다섯 번째는 스트라이프다. 스트라이프는 2010년 아일랜드 출신 형제 패트릭 컬리슨Patrick Collison과 존 컬리슨John Collison이 설립한 글로벌 핀테크 기업으로 온라인 결제 인프라의 표준이라 불릴 만큼 전 세계 인터넷 비즈니스에서 핵심적인 역할을 하고 있다. 스트라이프의 강점은 개발자 친화적 API다. 몇 줄의 코드만으로 글로벌 결제를 연동할 수 있어 스타트업부터 대형 테크기업까지 수많은 기업이 스트라이프를 사용한다.

스트라이프는 초기에는 신용카드·은행 계좌 기반 결제 솔루션에 집중했지만 2020년대 중반부터 디지털 자산과 스테이블코인을 적극적으로 통합하며 새로운 도약을 준비하고 있다. 특히 2024년 10월에는 스테이블코인 결제 인프라 스타트업 브리지Bridge를 약 11억 달러에 인수하며 시장 진입을 본격화했다. 이를 통해 스트라이프는 테더USDT, 유에스디코인USDC, 페이팔유에스디PYUSD 등 주요 스테이블코인을 지원하고 실시간 법정화폐 정산이 가능한 솔루션을 구축했다.

스트라이프는 2025년 5월에 100개국 이상에서 유에스디코인 USDC 및 브리지가 발행한 유에스디비USDB 기반 계좌 서비스를 출시하며 스테이블코인 결제, 송금, 잔고 보유까지 가능한 글로벌 금융 서비스를 제공했다. 특히 인플레이션이 심한 중남미 지역에서 스트라이프의 서비스는 빠르게 확산되고 있다.

스트라이프의 전략은 크게 세 가지로 요약된다. 첫째, 사용자 경험 혁신이다. 블록체인 기술을 몰라도 누구나 손쉽게 스테이블코인 결제를 이용할 수 있도록 단순화했다. 둘째, 파트너십 확대다. 쇼피파이 등 글로벌 전자상거래 플랫폼과 협력해 스테이블코인 결제를 온라인 상거래에 본격 도입했다. 셋째, 멀티 체인 지원이다. 이더리움, 솔라나, 폴리곤 등 다양한 블록체인 네트워크에서 유에스디코인USDC 결제를 지원하며 자동 환전과 법정화폐 정산 기능까지 제공한다.

또한 스트라이프는 단순 결제를 넘어 기업 대상 프로그래머블 글로벌 파이낸스 전략을 추진한다. 이는 기업들이 글로벌 결제·정산·송금을 소프트웨어적으로 자동화해 운영할 수 있는 차세대 금융 운영 체계로 스트라이프가 '인터넷의 결제 운영체제OS'에서 '글로벌 금융 인프라 운영체제'로 확장하고 있음을 보여준다.

스트라이프는 비자와 마스터카드와 같은 전통 카드사가 중앙은행 디지털 화폐와 스테이블코인을 통해 결제 네트워크를 확장하는 것과 달리 태생부터 인터넷과 블록체인을 연결하는 개발자 중심 결제 플랫폼으로 차별화된다. 이는 스트라이프가 웹2와 웹3 경제 모두에서 가장 유연하고 확장성 있는 글로벌 결제 인프라 기업으로 성장하고 있음을 의미한다.

스트라이프의 디지털 자산 전략과 주요 특징은 다음과 같다. 먼저 브리지 인수로 본격적인 스테이블코인 사업에 진입했다. 2024년 10월에 스트라이프는 스테이블코인 결제 API 인프라 스타트업 브리지를 약 11억(1조 5,000억 원) 달러에 인수했다. 이를 통해 테더USDT, 유에스디코인USDC, 페이팔유에스디PYUSD 등 주요 스테이블코인을 달러 등 법정화폐로 실시간 정산할 수 있는 인프라를 확보했다.

스트라이프의 브리지 인수

Bridge + stripe

    글로벌 결제 서비스도 확대하고 있다. 2025년 5월에 스트라이프는 100개국 이상에서 유에스디코인USDC 및 브리지가 발행한 유에스디비USDB 결제, 송금, 계좌 서비스를 출시했다. 특히 인플레이션이 심한 중남미 지역에서 온라인 비즈니스와 개인 송금 수요가 폭발적으로 늘고 있다. 그리고 사용자 친화적 경험도 특징으로 꼽힌다. 블록체인 기술을 몰라도 누구나 쉽게 스테이블코인 결제를 할 수 있도록 설계했다. 상점주·소비자는 복잡한 네트워크 환경을 의식할 필요 없이 기존 카드 결제처럼 간단하게 사용할 수 있다. 또한 전자상거래 파트너십도 확대하였다. 쇼피파이 등 글로벌 커머스 플랫폼과 협력해 전자상거래 업계에 스테이블코인 결제를 도입했다. 스트라이프 네트워크를 쓰는 온라인 상점들은 자동 환전과 법정화폐 정산을 지원받는다.

    멀티 체인 지원도 눈에 띈다. 이더리움, 솔라나, 폴리곤 등 다양한 블록체인 네트워크 기반 스테이블코인을 지원한다. 결제 후 자동 환전 및 실시간 정산 기능을 제공해 글로벌 머니 무브먼트Money Movement를 혁신하고 있다. 프로그래머블 글로벌 파이낸스도 추진한다. 스트라이프는 단순 결제를 넘어 기업들이 프로그래머블 금융 인프라를 구축할 수 있는 플랫폼을 지향한다. 이는 글로벌 기업들이 결제·정산·송금을 소프트웨어적으로 자동화하는 차세대 금융 운영 체계로 발전하고 있다.

스트라이프의 활용 사례를 보면 온라인 쇼핑몰에서 테더USDT와 유에스디코인USDC으로 결제 및 자동 달러 정산의 소비자 결제, 인플레이션 지역 사용자들이 스테이블코인으로 송금 및 실시간 환전하는 국경 간 송금, 글로벌 기업이 다국적 법정화폐·스테이블코인 계좌를 운영할 수 있는 기업 계좌 서비스, NFT 마켓·탈중앙화 금융 서비스·크리에이터 이코노미에 결제 솔루션을 제공하는 웹3·핀테크 지원 등이 있다.

스트라이프는 더 이상 단순한 결제 게이트웨이가 아니다. 브리지 인수, 글로벌 스테이블코인 결제망 구축, 대형 파트너십을 통해 스테이블코인 결제 분야의 시장 리더로 빠르게 성장하고 있다. 비자와 마스터카드가 전통 네트워크를 디지털 자산으로 확장한다면 스트라이프는 태생부터 인터넷 기업답게 소프트웨어적 유연성과 글로벌 확장성으로 차별화한다. 결국 스트라이프는 스테이블코인 기반 글로벌 금융 운영체제로 진화하며 디지털 결제의 새로운 표준을 만들어가고 있다.

JP모건, 비자, 마스터카드, 알리바바는 어떻게 발행했는가

앞으로 발행사로 떠오를 주요 플레이어도 살펴보자. 첫 번째는 기존 금융권이다. 먼저 글로벌 JP모건은 미국 최대 투자은행이자 글로벌 금융시장에서 가장 영향력이 큰 은행 그룹 중 하나로 2019

오닉스

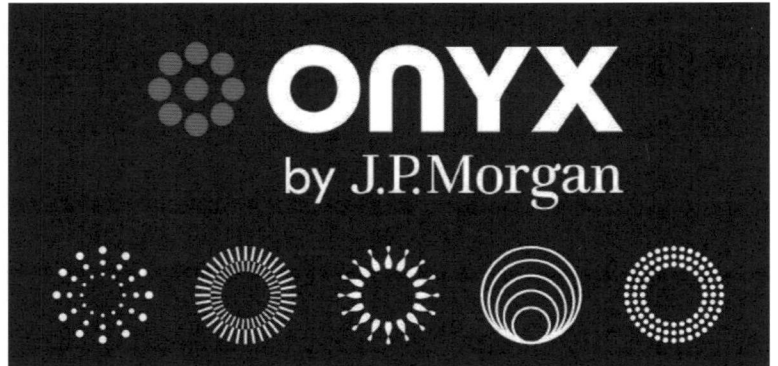

(출처: 은행의 미래: 오닉스의 JPM 코인이 리플의 지배력에 도전하는 방법)

년 세계 최초로 글로벌 대형 은행이 직접 발행한 스테이블코인 JPM 코인을 공개했다. 이는 달러에 1:1로 연동되는 디지털 자산으로 기관 고객들의 대규모 송금, 결제, 유동성 관리에 활용된다. JP모건의 시도는 단순한 실험이 아니라 전통 금융이 블록체인과 결합해 실질적인 금융 인프라 혁신을 가속하는 상징적 사례로 평가된다.

  JP모건의 디지털 자산 전략과 주요 특징은 다음과 같다. 먼저 JPM 코인은 기관용 디지털 달러 역할을 한다. 달러 예치금을 기반으로 1:1 발행되며 JP모건의 기관 고객만 사용할 수 있다. 또한 실시간 결제와 증권 거래 후 결제Delivery vs Payment 과정에서 활용하는데 기존에는 며칠 걸리던 송금을 몇 초 안에 완료할 수 있도록 만든다.

  그리고 JP모건은 블록체인 기반 금융 서비스를 전담하기 위해 오닉스Onyx라는 디지털 자산 부문을 신설했다. 오닉스 디지털 자산은 채권·증권의 토큰화와 블록체인 기반 결제를 지원한다. 링크Liink는 은행 간 블록체인 네트워크로 기존 스위프트를 대체할 수 있는 효율적인 메시징과 결제 인프라를 제공한다. 이렇듯 JPM 코인과 오닉스는 자산관리와 거래 프로세스의 효율성과 기능을 크게 향상시킨다.

JP모건은 규제 당국과 긴밀히 협력해 스테이블코인을 운영한다. 기관 친화적 구조와 규제 준수를 하고 있다. 이는 불특정 다수 개인을 대상으로 한 테더USDT와 유에스디코인USDC과 달리 기관 전용이라는 점에서 안정성과 신뢰성을 극대화한 모델이다.

JP모건의 활용 사례는 글로벌 기업 고객들이 JPM 코인을 활용해 수십억 달러 규모의 거래를 실시간 정산하는 대규모 기업 간 송금, 블록체인 기반 토큰화 증권을 JPM 코인과 연동해 신속하게 결제하는 증권 및 채권 결제, 링크Liink 네트워크를 통해 전 세계 수백 개 은행이 참여하는 블록체인 결제 인프라 구축의 은행 간 네트워크 확장 등이 있다.

JP모건은 전통 금융권의 대표 주자로서 '은행이 직접 스테이블코인을 발행해 실질 금융 인프라에 적용했다.'라는 점에서 특별한 의미가 있다. 이는 단순한 기술 실험을 넘어 대형 은행이 주도하는 디지털 자산 혁신의 현실화를 보여준다. 스페인의 최대 금융기관 방코 빌바오 비스카야 아르헨타리아BBVA, Banco Bilbao Vizcaya Argentaria가 "미래에 소프트웨어 기업이 될 것"이라고 선언했듯이 JP모건 역시 전통 은행의 틀을 넘어 블록체인 기반 글로벌 결제 플랫폼으로 진화하고 있다. 결국 JPM 코인은 미국 대형 은행이 디지털 금융을 선도하는 새로운 표준으로 자리매김하는 신호탄이라 할 수 있다.

그다음으로 글로벌 은행 쿠스토디아Custodia다. 한국 독자에겐 어색할 수 있는 쿠스토디아는 미국 와이오밍주에 본사를 둔 디지털 자산 특화 은행SPV, Special PurPoSe DePoSitory Institution으로 전통 금융과 블록체인 기반 금융을 연결하는 것을 목표로 2020년에 설립되었다. 창립자는 월가 출신 금융 전문가이자 블록체인 규제 옹호자인 케이틀린 롱Caitlin Long이다. 쿠스토디아는 연방준비제도Fed와의 마찰 속에서도 규제 친화적이고 완전히 준비금 기반의 디지털 자산 은행 모델을 제시하며 '신뢰할 수 있는 크립토 뱅크'라는 포지션을 구축해 가고 있다.

쿠스토디아의 디지털 자산 전략과 주요 특징은 다음과 같다. 먼저 100% 준비금 기반 모델이다. 쿠스토디아는 고객의 예치 자산을 전액 준비금으로 보관한다. 전통 은행처럼 부분지급준비제Fractional Reserve를 쓰지 않아 은행 유동성 위기를 원천 차단하는 것이 핵심이다. 그리고 애빗Avit이라는 자체 스테이블코인 발행 계획을 공개했다. 애빗은 달러에 1:1로 연동되며 은행 계좌에 예치된 현금을 토대로 발행된다. 이는 단순한 암호화폐가 아니라 규제 친화적 디지털 달러 대안으로 설계되었다.

쿠스토디아도 규제 친화적 접근을 하고 있다. 와이오밍주의 특수 목적 예금기관SPDI 라이선스를 취득하여 주 정부 차원에서 합법적으로 운영된다. 다만 연방준비제도는 쿠스토디아의 연준 계좌Fed MASter account 개설 신청을 거부하면서 갈등이 존재한다. 그럼에도 쿠스토디아는 법적 테두리 안에서 운영되는 최초의 크립토 전문 은행이라는 점에서 의미가 크다.

쿠스토디아는 전통 금융과 블록체인의 연결자이기도 하다. 기업과 기관 고객이 디지털 자산과 전통 달러를 원활히 오가도록 금융 인프라를 제공한다. JP모건이 대형 기관을 대상으로 JPM 코인을 운용한다면 쿠스토디아는 중소형 기관, 스타트업, 크립토 기업을 대상으로 좀 더 포괄적 서비스를 지향한다.

쿠스토디아의 활용 사례는 고객의 비트코인·이더리움 등 가상자산을 은행 수준의 보안으로 보관하는 디지털 자산 커스터디Custody, 암호화폐 기업들이 규제 은행 계좌를 확보하지 못하는 문제를 해결하는 기업 계좌 서비스, 애빗을 활용한 신속하고 저렴한 결제·송금 인프라 구축의 스테이블코인 결제, 100% 준비금을 통한 새로운 은행 운영 모델을 제시하는 준비금 기반 금융 모델 실험 등이 있다.

쿠스토디아는 전통 은행과는 달리 디지털 자산을 중심에 둔 은행 모델을 제시하며 '규제 친화적 스테이블코인과 100% 준비금 기반 운영'이라는 차별점을 내세운다. JP모건이 글로벌 대기업과 기관을 대상으로 JPM 코인을 통해 블록체인 금융을 선도한다면 쿠스토디아는 규제 내에서 디지털 자산 친화적 금융 인프라를 실험하며 미래 은행 모델을 선보이고 있다. 결국 쿠스토디아는 '미국 금융 규제하에서 태어난 최초의 크립토 네이티브 은행'으로 향후 제도권과 암호화폐 시장의 다리를 놓는 중요한 실험장이 되고 있다.

두 번째는 대형 결제 네트워크다. 비자는 전 세계 200개국 이상에서 활용되는 글로벌 카드 결제 네트워크이자 매년 수조 건 이상의 결제를 처리하는 세계 최대의 전자결제 인프라 기업이다. 신용카드, 체크카드, 선불카드 네트워크를 기반으로 전 세계 금융기관, 가맹점, 소비자를 연결하며 금융 인프라의 핵심축으로 자리 잡아왔다. 그러나 최근 비자의 관심은 전통적인 카드 네트워크를 넘어 디지털 자산과 블록체인 결제로 확장되고 있다.

비자의 디지털 자산 전략은 크게 세 가지다. 첫째, 스테이블코인 결제 통합이다. 비자는 이미 유에스디코인USDC을 결제 정산에 활용하며 블록체인 네트워크를 통한 실시간 결제를 시험하고 있다. 예를 들어 상점이 비자를 통해 결제받을 때 스테이블코인을 활용해 신속히 정산하는 방식이다. 둘째, 중앙은행 디지털 화폐 연구 협력이다. 각국 중앙은행의 디지털 화폐 발행 움직임에 맞춰 비자는 중앙은행 디지털 화폐를 자사 네트워크와 연결하는 실험을 진행하고 있다. 이를 통해 중앙은행 디지털 화폐가 실제 결제 환경에서 활용될 수 있는 방안을 모색한다. 셋째, 웹3·NFT와의 접점이다. 비자는 NFT 결제와 디지털 자산 지갑을 실험하며 새로운 소비자 경험을 창출하려 한다.

비자의 강점은 이미 구축된 글로벌 결제망과 규제 친화성이다. 전 세계 금융기관과 파트너십을 맺고 있고 규제 당국과 긴밀히 협력하는 경험을 보유하고 있다. 이는 디지털 자산이 제도권에 들어설 때 가장 강력한 연결 고리가 될 수 있다. 실제로 비자는 다양한 블록체인 기업, 핀테크 스타트업과 협력하며 자사 네트워크를 디지털 결제 표준으로 확장시키고 있다.

하지만 도전도 있다. 테더USDT, 유에스디코인USDC, 페이팔유에스디PYUSD 등 민간 스테이블코인과 페이팔, 스트라이프 같은 빅테크·핀테크 기업이 빠르게 시장을 잠식하고 있어 비자의 기존 네트워크 모델은 경쟁과 혁신 압박에 직면하고 있다. 이에 비자는 카드 결제망을 넘어 블록체인 기반 결제 인프라와도 직접 연결하는 하이브리드 네트워크 전략을 강화하고 있다.

결국 비자는 전통 금융과 디지털 자산을 연결하는 가장 강력한 플레이어 중 하나로 스테이블코인과 중앙은행 디지털 화폐 시대에도 글로벌 결제 표준으로 남기 위해 '네트워크의 네트워크Network of

Networks'라는 비전을 추진하고 있다. 이는 단순한 카드사에서 디지털 자산까지 아우르는 글로벌 결제 인프라 기업으로 진화하려는 전략적 행보다.

비자의 디지털 자산 전략과 주요 특징은 다음과 같다. 먼저 스테이블코인 결제 통합이다. 비자는 유에스디코인USDC 같은 스테이블코인을 자사 결제망에 직접 연동했다. 특히 이더리움과 솔라나 네트워크를 활용해 가맹점이 스테이블코인을 결제 수단으로 받을 수 있게 지원한다. 이는 전통 결제망과 블록체인 네트워크를 연결하는 실질적 시도다. 2025년 기준으로 비자 코인 카드를 통해 아르헨티나와 멕시코 등 남미의 1억 5,000만 개 가맹점에서 스테이블코인으로 결제가 가능해졌으며 월드페이와 누베이 등 글로벌 결제기업과 연계한 실거래 파일럿도 활성화 중이다.

또한 비자도 규제 친화적 접근을 하고 있다. 비자는 미국 및 글로벌 규제기관과 협력하며 합법적이고 안전한 결제 솔루션으로서 스테이블코인을 활용한다. 기존 은행·핀테크 파트너와의 협업을 통해 디지털 달러 결제 인프라를 빠르게 확산하고 있다.

비자의 네트워크 확장성도 주목받고 있다. 비자넷 인프라는 초당 6만 5,000건 이상의 거래를 처리할 수 있으며 블록체인 자체에 직접 기록되는 온체인과 그렇지 않은 오프체인이 결합된 하이브리드 네트워크가 가능하다. 이는 향후 글로벌 결제를 하루 24시간 주 7일 내내(24/7) 운영할 수 있는 기반이 된다.

비자는 파트너십 전략도 적극적으로 추진하고 있다. 서클 외 테더USDT, 유로코인EURC 등 다양한 스테이블코인의 정산 지원 및 글로벌 가맹점 네트워크와 협력 중이다. 이를 통해 소비자는 스테이블코인으로 결제하고 가맹점은 기존 통화로 정산받을 수 있는 구조를 만든다.

비자의 활용 사례는 소비자가 유에스디코인USDC으로 결제하면 가맹점은 자동으로 현지 통화로 정산하는 가맹점 결제, 국제 송금을 블록체인 기반으로 단순화하고 비용을 절감하는 크로스보더 송금, 암호화폐 지갑·거래소·핀테크 서비스가 비자 네트워크와 연결해 결제 경험을 확장하는 핀테크 연동, 솔라나 기반 결제 테스트를 통해 블록체인 결제를 대규모 상용화하는 단계로 진입하는 온체인 결제 실험 등이 있다.

비자는 단순한 카드 결제 네트워크를 넘어 '스테이블코인과 블록체인을 결합한 글로벌 결제 플랫폼'으로 진화하고 있다. JP모건이 기관 고객 중심의 JPM 코인으로 금융 인프라를 혁신한다면 비자는 소비자와 가맹점 중심에서 스테이블코인을 결제 표준으로 끌어들이고 있다. 비자는 전통 결제와 디지털 자산 결제의 다리를 잇는 핵심 플레이어로 디지털 금융 생태계에서 '가장 대중적인 인프라'가 될 가능성이 크다.

또 다른 대형 결제 네트워크인 마스터카드는 비자와 함께 글로벌 카드 결제 네트워크를 양분하는 대표 기업이다. 210개국 이상에서 결제 인프라를 제공하며 매년 수조 건의 결제를 처리하는 세계적인 금융 네트워크 기업이다. 단순 카드 결제를 넘어 결제 기술혁신과 금융 인프라 발전에 지속적으로 투자하며 글로벌 금융 생태계의 핵심 플랫폼으로 자리매김했다. 최근 마스터카드의 전략적 관심은 전통 금융에서 디지털 자산, 블록체인, 스테이블코인으로 확장되고 있다.

마스터카드는 디지털 자산 분야에서 두 가지 축을 중심으로 전략을 전개한다. 첫째는 규제 친화적 디지털 자산 네트워크 구축이다. 마스터카드는 이미 '크립토 카드 프로그램Crypto Card Program'을 통해 암호화폐 거래소와 지갑 업체와 제휴해 사용자가 암호화폐를 법정화폐처럼 카드로 결제할 수 있는 환경을 지원했다. 동시에 각국 규제 당국과 협력하며 신뢰 기반의 디지털 자산 결제 생태계를 조성하고 있다. 둘째는 중앙은행 디지털 화폐와 스테이블코인 연구다. 마스터카드는 각국 중앙은행과 협력해 디지털 화폐의 실제 상거래 활용 가능성을 시험하고 있다. 2023년에는 호주와 홍콩 등지에서 중앙은행 디지털 화폐 파일럿 프로그램을 운영하기도 했다. 스테이블코인 측면에서는 유에스디코인USDC을 포함한 규제 준수형 스테이블코인을 자사 네트워크에서 결제와 정산에 활용하는 테스트를 진행 중이다.

마스터카드의 강점은 글로벌 네트워크와 오랜 규제 대응 경험이다. 전 세계 금융기관 및 핀테크 기업과 긴밀히 협력하는 구조를 갖추고 있어 디지털 자산이 제도권에 들어설 때 신뢰할 수 있는 중개자로서 역할을 할 수 있다. 특히 '멀티 토큰 네트워크MTN, Multi-Token Network' 구상을 통해 블록체인 기반 결제, 토큰화된 자산 결제, 스테이블코인·중앙은행 디지털 화폐 지원을 아우르는 통합 결제 네트워크를 추진하고 있다.

하지만 마스터카드는 비자, 페이팔, 스트라이프와 같은 경쟁자들과 치열한 경쟁에 직면해 있다. 특히 스테이블코인과 블록체인 기반 핀테크 기업들이 빠른 혁신 속도를 보이는 가운데 마스터카드는 기존 금융기관과의 협력과 규제 준수 전략을 앞세워 안정성과 신뢰성을 무기로 차별화를 꾀하고 있다. 결국 마스터카드는 단순한 카드사에서 벗어나 전통 금융과 디지털 자산을 연결하는 글로벌 결제 인프라 기업으로 진화하고 있다. '모든 결제는 마스터카드 위에서 이루어진다.'라는 비전은 블록체인, 스테이블코인, 중앙은행 디지털 화폐를 포함하는 새로운 디지털 금융 질서 속에서도 이어지고 있다.

마스터카드의 디지털 자산 전략과 주요 특징은 다음과 같다. 먼저 스테이블코인 결제 통합이다. 마스터카드는 유에스디코인USDC 기반 결제를 실험하며 소비자가 암호화폐 지갑에서 스테이블코인으로 결제하면 가맹점은 기존 통화로 정산받는 시스템을 테스트했다. 이를 통해 기존 네트워크를 해치지 않으면서 블록체인 결제를 흡수하는 구조를 구축했다. 그리고 중앙은행 디지털 화폐 파일럿에 참여했다. 마스터카드는 각국 중앙은행과 협력해 중앙은행 디지털 화폐 테스트 플랫폼을 운영하고 있다. 이는 중앙은행이 발행하는 디지털 화폐를 마스터카드 네트워크에 연동시켜 실제 상업적 결제에 사용할 수 있도록 하는 실험이다.

마스터카드도 규제 친화적 접근을 한다. 글로벌 규제기관과 협업하며 안전하고 합법적인 결제 프레임워크를 강조한다. 특히 자금세탁방지·고객신원확인 시스템과 기존 금융 인프라를 결합해 '규제 준수형 블록체인 결제'를 구축하고 있다. 또한 파트너십 전략도 확대 중이다. 마스터카드는 블록체인 스타트업, 거래소, 중앙은행 디지털 화폐 연구 기관들과 협력해 다양한 실험을 진행 중이다. 비자가 스테이블코인 중심이라면 마스터카드는 중앙은행 디지털 화폐와 민간 스테이블코인을 모두 포괄하는 전략을 취하고 있다.

마스터카드의 활용 사례는 가맹점 결제 시스템에서 유에스디코인USDC 등 스테이블코인을 통한 결제를 실험하는 스테이블코인 결제, 중앙은행과 협력해 디지털 화폐 발행 및 유통을 시뮬레이션하는 중앙은행 디지털 화폐 테스트베드, 암호화폐 지갑·핀테크 플랫폼과 파트너십으로 디지털 결제 경험을 확대하는 핀테크·지갑 연동, 기관·은행·규제기관이 신뢰할 수 있는 안전한 블록체인 결제 시스템 구축의 규제 준수 네트워크 등이다.

마스터카드는 단순히 결제 네트워크를 유지하는 수준이 아니라 중앙은행 디지털 화폐, 스테이블코인, 블록체인 결제를 동시에 포괄하는 전략을 구사한다는 점에서 비자와 차별화된다. 비자가 시장 친화적 혁신에 초점을 맞춘다면 마스터카드는 정부, 기관, 규제와의 협력을 통해 제도권에 가장 깊이 스며드는 디지털 자산 인프라로 자리매김하고 있다. 마스터카드는 디지털 금융 시대에 '가장 제도권 친화적 글로벌 결제 허브'로 진화하고 있다.

세 번째는 글로벌 IT와 핀테크 기업이다. 먼저 알리바바는 1999년 마윈Jack Ma이 설립한 중국 최대 전자상거래 기업이자 세계적으로 영향력을 미친 빅테크 그룹이다. B2B 전자상거래 플랫폼에서 출발했지만 현재는 B2C(타오바오, 티몰), 클라우드 컴퓨팅(알리바바 클라우드), 디지털 결제(알리페이·앤트그룹), 물류, 엔터테인먼트 등 다양한 영역을 아우르는 디지털 경제 생태계로 성장했다. 특히 결제와 핀테크 분야에서 알리바바의 전략은 중국 내외 금융질서에 큰 영향을 끼쳤다.

알리바바의 핵심 금융 플랫폼은 앤트그룹 산하의 알리페이다. 알리페이는 중국 내 10억 명 이상의 사용자를 보유한 세계 최대 모바일 결제 서비스 중 하나로 단순 결제를 넘어 송금, 자산관리, 대출,

보험, 투자까지 제공한다. 알리페이는 사실상 중국의 일상 경제에서 현금을 대체하는 플랫폼으로 자리 잡았으며 QR코드 기반 간편 결제 모델은 글로벌 핀테크의 표준이 되었다.

블록체인과 디지털 자산 분야에서도 알리바바는 선도적 행보를 보였다. 알리바바 클라우드는 블록체인 서비스 플랫폼BaaS을 제공해 기업들이 손쉽게 디지털 자산, 공급망 관리, 스마트 콘트랙트 솔루션을 구축할 수 있도록 지원한다. 또한 중앙은행 디지털 화폐인 디지털 위안화e-CNY 도입 과정에서도 알리페이는 중국 정부와 협력해 실사용 인프라를 제공하며 국가 주도의 화폐 혁신에 핵심적인 역할을 담당하고 있다.

알리바바의 강점은 거대한 플랫폼 생태계다. 전자상거래, 결제, 클라우드, 물류가 유기적으로 연결되어 디지털 경제 전반을 장악하고 있다. 이를 통해 중국뿐 아니라 동남아, 유럽, 중동 등 해외 시장으로도 영향력을 확대해 나가고 있다. 동시에 블록체인 기반 신뢰 인프라와 디지털 금융 솔루션을 접목해 글로벌 경쟁에서도 앞서가려 한다.

그러나 알리바바는 중국 정부의 규제라는 큰 도전에 직면했다. 2020년 앤트그룹의 상장이 당국의 제재로 중단되었고 이후 중국 정부는 빅테크 금융 리스크 관리를 강화했다. 이는 알리바바의 핀테크 확장 속도를 늦추었지만 동시에 제도권 내 안정적 플레이어로 자리매김하는 계기가 되기도 했다. 알리바바는 단순한 전자상거래 기업이 아니라 디지털 경제, 결제, 핀테크, 블록체인을 아우르는 글로벌 플랫폼 기업이다. 중국 정부 규제 속에서도, 알리바바는 여전히 아시아와 글로벌 시장에서 디지털 금융 혁신을 이끄는 핵심 기업으로 평가받고 있다.

알리바바의 디지털 자산 전략과 주요 특징은 다음과 같다. 먼저 알리페이라는 슈퍼 결제 플랫폼을 갖추고 있다. 10억 명 이상 사용자가 이용하는 세계 최대 모바일 결제 플랫폼 중 하나인 알리페이는 단순 결제 수단을 넘어 송금, 투자, 대출, 보험까지 제공하면서 사실상 디지털 금융 슈퍼 앱으로 자리 잡았다. 그리고 디지털 위안화와의 협력도 추진 중이다. 알리페이는 중국 정부가 추진하는 디지털 위안화 시범 사업의 주요 파트너로 참여했다. 이를 통해 전자상거래, 소매 결제, 해외 여행 결제 등 실생활 영역에서 중앙은행 디지털 화폐 확산을 지원하고 있다.

또한 알리바바는 물류 추적, 저작권 보호, 공급망 금융 등에 블록체인을 적극적으로 도입했다. 특히 앤트체인이라는 자체 블록체인 네트워크를 운영하며 기업 고객과 공공기관에 솔루션을 제공한다.

알리바바는 글로벌 확장 전략 역시 활발하게 추진하고 있다. 알리페이플러스Alipay+, 라자다Lazada 등 동남아시아 결제 플랫폼과 협력하며 국경 간 결제와 스테이블코인 기반 송금에 관심을 확대하고 있다. 이는 알리바바가 중국 내수 시장을 넘어 아시아 전역의 디지털 결제 네트워크로 성장하려는 의도다.

알리바바의 활용 사례는 알리바바 쇼핑 플랫폼에서 알리페이를 통한 즉시 결제와 송금의 전자상거래 결제, 디지털 위안화 시범 결제 인프라 제공을 통한 중앙은행 디지털 화폐 확산, 안티체인을 활용해 무역과 물류 투명성을 확보하는 공급망 금융, 알리페이플러스를 통한 다국적 가맹점 네트워크 확장의 국경 간 결제 등이 있다.

알리바바는 단순한 이커머스 기업이 아니라 디지털 금융과 블록체인 혁신의 실험장으로 진화했다. 비자와 마스터카드가 스테이블코인과 중앙은행 디지털 화폐 결제의 글로벌 인프라를 구축한다면 알리바바는 중국 정부의 중앙은행 디지털 화폐 전략과 민간 디지털 금융 생태계를 연결하는 핵심 플레이어다. 결국 알리바바는 아시아 디지털 금융의 표준을 사실상 주도하며 글로벌 무대에서도 제도권과 시장을 동시에 연결하는 다리가 되고 있다.

그 밖에도 아마존과 월마트 등 미국 빅테크 기업들은 자체 스테이블코인 결제 방안을 논의하고 있다.

3
각국은 어떻게 신뢰성과 안정성을 확보하는가

스테이블코인의 핵심은 가치 안정성에 있다. 따라서 발행사는 반드시 준비금을 적절히 관리하고 외부 기관을 통해 담보를 안전하게 보관해야 한다. 미국 외 주요 국가들은 각기 다른 방식으로 준비금 보유와 관리 규제를 마련하고 있다. 이는 스테이블코인의 신뢰성과 금융 안정성을 확보하는 중요한 장치로 작용한다.

유럽연합, 일본, 싱가포르는 어떻게 규제를 하고 있는가

유럽연합은 디지털 금융 시장 통합과 소비자 보호를 목표로 스테이블코인 규제를 마련했다. 특히 가상자산 규제 기본법안은 다음과 같은 준비금 관리 기준을 명시하고 있다. 먼저 준비금 1:1 보유 원칙이다. 발행사는 발행된 스테이블코인만큼 안정적인 법정화폐나 국채를 준비금으로 보유해야 한다. 그리고 담보 관리 기관을 지정해야 한다. 외부 은행이나 금융기관이 준비금을 안전하게 보관하도록 의무화하는 것이다. 정기 감사 및 보고도 발행사는 최소 분기별로 외부 회계법인의 감사를 받아 준비금 상태를 투명하게 보고해야 한다. 또한 국경 간 지급 결제 대비도 해야 한다. 유럽연합 회원국 간 스테이블코인 거래의 안전성을 높이기 위해 중앙은행과 협력한 준비금 관리 체계를 권장한다. 이 규제는 특히 페이팔, 리플, 서클 등 글로벌 기업이 유럽연합 시장에 진입할 때 준수해야 하는 기준으로 유럽 내 스테이블코인의 신뢰성을 확보하는 핵심 장치다.

일본은 이미 암호자산 친화적 정책을 보유하고 있고 스테이블코인 발행과 준비금 관리에 비교적 명확한 규제를 시행하고 있다. 먼저 예치금 형태의 준비금 보관이다. 일본 금융청FSA 등록 은행에 준비금을 예치하도록 규정한다. 그리고 법적 상환 의무를 지켜야 한다. 스테이블코인 발행 시 언제든지 현금으로 상환할 수 있도록 법적 책임을 부여한다. 담보 안정성 검증으로도 규제한다. 준비금으로 보유한 자산은 국채, 예치금 등 안정성이 입증된 자산만 허용된다. 또한 투명한 공개 의무를 부여한다. 준비금 현황을 분기 단위로 금융청에 제출하고 이용자에게 공개하도록 요구한다. 일본은 스테이블코인을 결제와 금융 서비스 확장용으로 활용하는 만큼 준비금 관리 기관의 역할을 엄격히 규정해 시장 신뢰도를 높이고 있다.

싱가포르는 동남아시아 금융 허브로서 스테이블코인을 제도권 안으로 편입하고 있다. 싱가포르도 준비금 100% 보유 의무 정책이 있다. 발행 스테이블코인만큼의 현금·채권 등 안전자산을 반드시 준비금으로 확보해야 한다. 그리고 승인된 보관 기관을 운영한다. 싱가포르 통화청MAS 승인 기관만이 준비금 자산을 보관할 수 있다.

또한 분리 계좌 운영도 한다. 발행사 운영 자금과 준비금을 철저히 분리해 보관하도록 요구한다. 정기 검증 및 보고도 강화하였다. 외부 감사 및 중앙은행 보고를 통해 준비금의 완전성과 투명성을 검증한다. 이러한 규제는 싱가포르가 디지털 지급 결제 허브로 성장하는 전략과 맞물려 글로벌 기업들이 안전하게 스테이블코인을 발행하고 유통할 수 있는 기반을 제공한다.

한국은 모든 준비금을 한국은행이 보유 관리할 예정이다
한국에서는 아직 민간 발행 스테이블코인은 사실상 불가능하다. 준비금 관리 규제 역시 중앙은행이 발행하는 스테이블코인인 디지털 원화를 전제로 논의가 진행되고 있다. 먼저 준비금 중앙집중 관리다. 모든 스테이블코인의 준비금은 한국은행이 보유 관리하도록 설계될 예정이다. 그리고 제도화 필요성이 있다. 민간 발행을 허용할 때 준비금 관리와 담보 규정에 대한 법적 제도화가 필요하다. 투명성과 안전성 확보는 해외 사례를 참고하여 외부 감사와 보고 체계 구축 논의가 본격적으로 이루어지고 있다. 한국은 향후 금융권과 핀테크 기업이 발행사로 참여할 수 있는 기반을 마련하면서 준비금 관리 기관의 법적이고 제도적인 역할이 강화될 전망이다.

캐나다에서는 스테이블코인 준비금은 캐나다 은행 예치 또는 국채 보유가 원칙이며 외부 감사 및 보고 의무가 적용된다. 호주는 금융청ASIC과 중앙은행RBA 협력하에 스테이블코인 준비금 관리와 관련한 최소 요건을 규정하고 있다. 아랍에미리트UAE는 디지털 자산 규제 프레임워크 내에서 중앙은행 승인 기관만 준비금 담보를 보관하도록 하고 있으며 투명성과 상환 가능성을 법적으로 보장한다.

4
거래소와 결제 플랫폼은 핵심 허브로서 기능을 한다

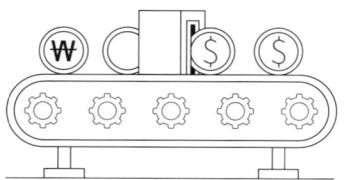

스테이블코인 생태계에서 거래소와 결제 플랫폼은 발행사와 이용자를 연결하는 핵심 허브로서 기능한다. 이들은 스테이블코인의 거래와 교환을 지원하며 안정적인 유동성을 제공하는 동시에 디지털 자산을 일상적으로 활용할 수 있는 기반을 마련한다. 또한 결제 플랫폼은 글로벌 금융망과 디지털 자산 생태계를 연결하며 송금, 결제, 투자, 자산관리 등 다양한 금융 서비스의 확장을 할 수 있도록 한다.

거래소와 결제 플랫폼은 스테이블코인의 실용성을 현실화하고 금융 혁신을 가속하는 핵심축이다. 글로벌 시장에서는 코인베이스, 바이낸스, 페이팔, 비자, 마스터카드 등이 중심적 역할을 하고 있으며 한국 시장에서는 업비트, 빗썸, 코빗, 카카오페이, 토스 등이 디지털 금융 인프라를 구축하고 있다. 이러한 플랫폼은 단순한 거래소 기능을 넘어 결제, 송금, 자산관리, 금융 서비스 연계 등 다양한 기능을 수행하며 스테이블코인 생태계의 발전과 금융 패러다임 변화의 기반을 마련하고 있다.

거래소와 결제 플랫폼은 실제 사용성을 강화하고 있다

코인베이스는 미국을 기반으로 하는 대표적인 거래소다. 스테이블코인을 포함한 다양한 암호화폐의 매매와 보관 서비스를 제공한다. 코인베이스는 특히 규제 준수를 최우선으로 하며 미국 증권거래위원회와 주요 금융 규제기관과 협력하여 안정적인 거래 환경을 제공한다. 코인베이스 플랫폼에서는 유에스디코인USDC 등 주요 스테이블코인이 활발히 거래되며 기업과 개인 투자자가 직접 법정화폐와 디지털 자산 간 변환을 손쉽게 수행할 수 있다. 향후 코인베이스는 단순 거래소 기능을 넘어 스테이블코인을 활용한 결제와 송금 서비스를 글로벌 시장으로 확대할 계획을 추진하고 있다.

바이낸스는 글로벌 거래량 기준 세계 최대 거래소 중 하나로 스테이블코인 기반 파생상품, 스테이킹, 대출 서비스 등 다양한 금융 기능을 제공한다. 바이낸스는 발행사와 협력하여 스테이블코인의 유동성을 안정화하고 사용자가 언제든 현금으로 상환할 수 있는 구조를 지원한다. 특히 글로벌 이용자를 대상으로 한 즉시 송금과 국경 간 결제 서비스를 제공하며 전통 금융 시스템과의 연계를 확대하고 있다.

페이팔은 기존 결제 인프라를 활용해 스테이블코인의 실제 사용성을 강화하고 있다. 이용자는 스테이블코인을 통해 상품 구매, 송금, 투자 활동을 직접 수행할 수 있다. 페이팔은 이를 위해 디지털 자산 지갑과 카드 결제 연계 서비스를 제공하고 있다. 페이팔의 전략은 스테이블코인을 단순 자산이 아닌 실생활 결제 수단으로 확립하는 데 초점을 맞추고 있다. 페이팔은 이러한 전략으로 글로벌 전자상거래와 결제시장에서 영향력을 확대하고 있다.

비자와 마스터카드는 글로벌 카드 결제망에 스테이블코인을 통합하는 전략을 추진하고 있다. 이용자는 카드 결제를 통해 스테이블코인을 자동으로 현금화하거나 스테이블코인을 직접 결제 수단으로 활용할 수 있다. 이러한 접근은 스테이블코인의 실제 결제 사용률을 높이고 블록체인 기반 금융 인프라를 전통 결제망과 통합하는 중요한 시도다.

거래소와 결제 플랫폼은 단순한 매매 기능을 넘어 스테이블코인의 가격 안정화와 유동성 확보 역할을 한다. 동시에 법적 규제 준수와 투명성 확보를 통해 이용자 신뢰를 높이며 금융 서비스 연계를 통해 종합적인 디지털 금융 생태계를 구성한다. 글로벌 기업들은 이러한 기능을 활용해 송금 혁신, 결제 편의성 제고, 투자 접근성 확대를 동시에 달성하고 있다.

한국 시장에서도 거래소와 결제 플랫폼은 이러한 글로벌 전략을 벤치마킹하며 국내 이용자와 금융기관의 특성을 고려한 맞춤형 서비스를 설계하고 있다. 국내 금융기관과 핀테크 기업이 협력하여 스테이블코인을 실제 결제 수단으로 확립하고 디지털 금융 혁신을 주도하는 과정은 향후 한국 금융시장의 패러다임 변화에 중요한 기반이 될 것이다.

거래소와 결제 플랫폼도 디지털 금융 실험을 추진 중이다

한국에서도 거래소와 결제 플랫폼 중심의 스테이블코인 활용이 활발히 진행되고 있다. 대표적인 거래소로는 업비트, 빗썸, 코빗 등이 있다. 이들 거래소는 스테이블코인을 원화와 연계해 안정적인 거래 환경을 제공한다. 이용자는 스테이블코인을 통해 원화 입출금, 간편결제, 송금 등을 수행할 수 있다. 거래소는 이를 위해 국내 금융기관과 협력하고 있다.

특히 업비트는 테더USDT와 유에스디코인USDC 등 주요 스테이블코인을 통한 실시간 송금 및 결제 시범 서비스를 제공하며 금융 규제 준수를 기반으로 한 디지털 금융 실험을 이어가고 있다. 빗썸 또한 스테이블코인을 활용한 대체 결제, 간편 투자 서비스를 도입하여 이용자의 금융 접근성을 높이고 있다. 국내 결제 플랫폼 측면에서는 카카오페이와 토스가 주목할 만하다. 이들은 스테이블코인 기반 간편결제, 송금, 자산관리 기능을 개발하고 있으며 법적 규제와 이용자 보호를 전제로 한 디지털 금융 실험을 적극적으로 추진하고 있다.

5
사용자 개개인의 금융 자산을 직접 운용하게 된다

 디지털 금융 환경이 빠르게 변화하면서 스테이블코인은 단순한 디지털 자산을 넘어 미래 금융 혁신의 핵심축으로 부상하고 있다. 사용자 입장에서 볼 때 스테이블코인은 안정성, 편의성, 그리고 금융 참여의 폭을 동시에 제공하는 새로운 금융 도구로 기능할 수 있다. 특히 전통 금융 시스템의 한계를 보완하고 글로벌 금융망과 연결되는 과정에서 사용자는 직접적으로 그 혜택을 경험할 수 있다.

스마트 콘트랙트와 결합하면 금융 서비스가 자동화된다

 스테이블코인의 가장 기본적인 특성은 가격 변동성이 낮다는 점이다. 일반 암호화폐는 가치가 급등락하기 때문에 일상적인 거래, 저축, 투자에 활용하기에는 위험이 크다. 반면에 스테이블코인은 법정화폐 또는 안전자산과 연계되어 있어 가치가 안정적으로 유지된다. 예를 들어 미국에서는 테더USDT와 유에스디코인USDC이 대표적인 스테이블코인으로 해외 송금이나 디지털 투자에 사용된다. 사용자는 달러 연동 스테이블코인을 통해 환율 변동에 따른 손실 없이 글로벌 금융 거래를 수행할 수 있다.

한국에서도 원화 기반 스테이블코인 논의가 활발히 이루어지고 있다. 특히 5대 은행과 주요 핀테크 기업들은 원화 연동 스테이블코인 도입을 준비 중이다. 원화 스테이블코인이 현실화되면 국내 사용자는 환전 과정 없이 안전하게 디지털 자산을 활용할 수 있게 된다. 이처럼 안정적 가치 저장 수단으로서 스테이블코인은 사용자가 디지털 금융 환경에 참여할 수 있는 신뢰의 기반을 제공한다.

스테이블코인은 중개자를 최소화하고 거래 속도를 높이는 결제 수단으로서 강력한 잠재력을 갖추고 있다. 기존 은행이나 카드사를 거치지 않고도 송금할 수 있다. 수수료 절감과 즉시 결제라는 장점을 제공한다. 실제 사례를 보면 아프리카에서는 모바일 스테이블코인을 통해 국경 간 송금이 이루어지고 있다. 수수료는 기존 은행 송금의 10분의 1 수준으로 낮아졌다. 이는 금융 사각지대에 놓인 사람들이 글로벌 금융망에 쉽게 접근할 수 있게 해주었다.

한국에서도 해외 송금과 결제 혁신이 본격화될 수 있다. 예를 들어 원화 스테이블코인을 이용하면 해외로 송금할 때 중간 은행을 거치지 않고 즉시 결제가 가능하다. 소규모 상점에서도 국제 결제가 간편해진다. 이 과정에서 사용자 경험은 획기적으로 개선되고 기존 금융 서비스의 한계를 넘어서는 글로벌 금융 접근성 확대가 현실화된다.

스테이블코인은 스마트 콘트랙트와 결합하면 금융 서비스 자동화가 가능해진다. 사용자는 특정 조건에 따라 돈이 자동으로 움직이는 '프로그래밍 머니'를 경험할 수 있다. 예를 들어 급여 일부를 자동으로 저축하고 일부는 투자하는 방식, 혹은 날씨, 계절, 물가 지수에 따라 자동으로 보험료나 공과금을 결제하는 시스템 등이 가능하다. 이를 통해 사용자는 자산관리의 효율성을 극대화하고 금융 계획을 더 정교하게 실행할 수 있다. 미국에서는 탈중앙화 금융 플랫폼과 결합한 스테이블코인이 이미 일부 금융 자동화를 실현하고 있다. 한국의 핀테크 기업들도 이를 활용한 자동화형 금융 서비스 개발을 검토 중이다. 이러한 기능은 단순한 거래 수단을 넘어 사용자 중심 금융 경험을 가능하게 한다.

스테이블코인은 디지털 금융 생태계에서 투자 접근성을 높이는 도구로도 작동한다. 탈중앙화 금융 플랫폼에서는 스테이블코인을 담보로 즉시 대출받을 수 있고 예치하면 이자를 얻는 구조도 가능하다. 미국에서는 유에스디코인USDC을 활용한 예치 상품이 활발히 운용되고 있다. 이를 통해 사용자는 은행 계좌가 없어도 금융 활동에 참여할 수 있다. 한국에서도 원화 기반 스테이블코인을 도입하면 기존 은행권 접근성이 낮은 계층이나 중소기업에 글로벌 금융 서비스 참여 기회를 제공할 수 있다. 결국 스테이블코인은 단순한 송금·결제 수단을 넘어 사용자 개개인이 금융 자산을 직접 운용하고 다양한 금융 서비스를 누릴 수 있는 기반을 마련한다.

사용자의 금융 의사결정 권한이 확대된다

스테이블코인은 사용자에게 금융 의사결정 권한을 확대하는 역할을 한다. 중앙은행이나 금융기관 중심의 통화정책 변화에도 사용자가 직접 대응할 수 있으며 글로벌 지급 결제 주도권 경쟁에서도 선택권과 참여권을 확보할 수 있다. 예를 들어 미국과 유럽에서는 스테이블코인을 활용한 소비자 중심 금융 서비스가 확대되고 있다. 사용자는 중개자를 거치지 않고 개인 간 거래뿐 아니라 국제 투자와 결제까지 직접 관리할 수 있다. 한국에서도 원화 스테이블코인이 제도화되면 사용자는 국내외 금융 서비스에서 주도적 역할을 하게 될 것이다.

물론 스테이블코인이 가진 잠재력에도 제약이 존재한다. 가령 법적 규제와 금융기관 협력, 플랫폼 안정성, 사이버 보안과 해킹 위험 등이다. 이러한 요소들은 사용자의 신뢰와 직결되며 스테이블코인이 미래 금융에서 핵심 역할을 하기 위해 반드시 극복해야 하는 과제다. 스테이블코인은 규제기관, 금융기관, 기업이 협력해 투명하고 안정적인 시스템을 구축하는 것이 필수다. 이는 단순한 기술적 과제가 아니라 사용자가 스테이블코인을 신뢰하고 활용할 수 있는 기반을 마련하는 과정이기도 하다. 사용자는 이제 단순히 돈을 보관하는 존재가 아니라 디지털 금융 혁신의 주체로 성장할 수 있다. 스테이블코인은 그 변화를 가능하게 하는 핵심 도구가 될 것이다.

6
스테이블코인의 잠재력과 위험을 관리해야 한다

디지털 금융 환경의 급격한 변화 속에서 스테이블코인은 단순한 기술적 혁신을 넘어 금융 시스템의 안정성과 신뢰를 좌우하는 핵심 변수로 등장하고 있다. 특히 규제기관과 정책 입안자들의 관점에서는 스테이블코인이 가지는 잠재력과 위험을 동시에 관리하는 것이 중요한 과제로 부상하고 있다.

규제기관은 금융 안정과 통화 주권을 지켜야 한다

스테이블코인의 보급과 확대는 기존 금융 시스템과 긴밀히 연결되기 때문에 규제기관에는 금융 안정성 유지라는 임무가 최우선 과제로 작용한다. 예를 들어 2022년 테라·루나 사태는 스테이블코인이 시장 변동성과 연결될 때의 금융 전반에 미치는 파급 효과를 극명하게 보여주었다. 이 사건은 규제기관에 투명한 준비금 관리, 법적 상환 가능성, 외부 감사 의무화 등 안정성 확보 장치를 반드시 마련해야 한다는 교훈을 남겼다.

미국에서는 지니어스 법안과 같은 법안을 통해 지급 결제형 스테이블코인PSC에 대한 규제 기준을 명확히 하고 있다. 준비금 100% 보유, 월별 외부 감사, CEO 인증, 법적 상환 보장 등 엄격한 규제 장치를 도입함으로써 스테이블코인의 안정성을 제도적으로 확보하려는 시도가 이루어지고 있다.

한국을 포함한 다른 국가들도 비슷한 맥락에서 중앙은행 발행 가능 스테이블코인(중앙은행 디지털 화폐) 도입 논의, 민간 발행 규제, 제도화 방안을 적극적으로 검토하고 있다. 규제기관은 이러한 기준을 통해 스테이블코인이 금융 시스템에 부담을 주지 않도록 설계해야 한다.

규제기관은 스테이블코인을 단순한 결제 수단이 아니라 사용자 중심 금융을 실현하는 도구로도 주목하고 있다. 사용자가 스테이블코인을 이용할 때 발생할 수 있는 사기, 해킹, 불법 거래 등의 위험을 관리하고 동시에 금융 소외 계층에게도 안전한 접근을 보장하는 것이 핵심 과제다. 예를 들어 유럽연합의 가상자산 규제 기본법안 규제안은 모든 스테이블코인 발행사에 외부 감사, 투명한 정보 제공, 이용자 보호 의무를 부과하고 있다. 이러한 조치는 단순히 법적 규제를 넘어 사용자의 신뢰를 기반으로 한 금융 생태계 조성이라는 목표와 직결된다.

규제기관은 스테이블코인이 금융 소외 계층과 중소기업에도 안전하고 효율적인 금융 서비스 접근을 제공하도록 유도해야 한다. 이는 단순한 규제가 아니라 디지털 금융 혁신과 금융 포용성을 동시에 달성하는 전략적 역할이다.

스테이블코인은 국가 간 금융 경쟁에서도 주요 변수가 되고 있다. 글로벌 지급 결제망과 블록체인 네트워크가 결합하면서 스테이블코인을 통한 국제 금융 거래와 주권 경쟁이 본격화되고 있다. 규제기관은 스테이블코인이 자국 통화정책에 영향을 주지 않도록 통화 주권 보호에 주력해야 한다. 예를 들어 원화 기반 스테이블코인을 발행하면 국내 금융기관은 원화 통화정책과 연계된 디지털 결제망을 확보할 수 있다. 반대로 외국 발행 스테이블코인이 국내에서 광범위하게 사용되면 통화정책의 실효성이 떨어질 수 있다. 이에 따라 규제기관은 발행사 규제, 담보 관리, 결제망 통합, 글로벌 규제 협력을 통해 자국 금융 주권을 보호하면서 동시에 국제 금융 시장에서 경쟁력을 확보하는 전략을 추진해야 한다.

규제기관은 국제 표준과 국내 법률을 조화시켜야 한다

스테이블코인은 블록체인, 스마트 콘트랙트, 탈중앙화 금융, 인공지능 결합 등 다양한 혁신 기술과 결합하면서 규제기관에 새로운 도전 과제를 제시한다. 기존 법체계로는 포착하기 어려운 금융 활동이 발생할 수 있으며 규제기관은 이에 대한 선제 대응이 필요하다. 예를 들어 스마트 콘트랙트 기반 자동 결제나 조건부 금융 거래는 기존 은행법이나 자본시장법 범위에서 직접 규제하기 어렵다. 따라서 규제기관은 원칙 기반 규제, 테스트베드, 샌드박스 제도를 활용해 혁신을 촉진하면서 위험을 관리해야 한다. 한국 금융당국 역시 핀테크·블록체인 혁신을 위한 샌드박스 제도를 운용하며 스테이블코인 기반 금융 서비스의 제도적 안정성과 혁신성을 동시에 확보하려는 노력을 진행 중이다.

스테이블코인은 국경 없는 금융 자산이라는 특성상 각국 규제기관 간 협력이 필수적이다. 국제 기준과 협력이 부족하면 규제 회피, 자금 세탁, 시장 혼란 등 문제가 발생할 수 있다. 국제결제은행, 국제통화기금, 금융안정위원회 등 글로벌 기관들은 이미 스테이블코인 안정성을 확보하기 위한 공통 규제 원칙을 논의하고 있다. 규제기관은 이러한 국제 표준과 국내 법률을 조화시켜 글로벌 스테이블코인 시장에서 신뢰성과 안정성을 동시에 확보해야 한다.

결국 규제기관의 역할은 단순히 규제하는 데 그치지 않고 사용자 보호, 금융 안정성, 기술혁신, 글로벌 경쟁력을 모두 균형 있게 고려하는 정책 설계자의 역할로 확장된다.

7
스테이블코인은 글로벌 금융 자체를 재편한다

스테이블코인은 단순한 디지털 화폐가 아니다. 그것은 디지털 자산 생태계의 핵심 회계 단위이자 결제 수단으로 기능하며 모든 암호화폐 시장의 방향성과 투자 기회를 좌우하는 척도로 자리 잡았다. 비트코인과 같은 변동성이 큰 자산이 단기적인 투기적 매수세와 투자 심리를 흔든다면 스테이블코인은 안정성을 제공하는 기준점으로서 투자자와 기업 모두에게 필수적인 역할을 한다. 동시에 스테이블코인은 단순한 디지털 토큰의 범주를 넘어 전통 금융의 결제, 송금, 대출, 유동성 조달 영역까지 영향력을 확장하고 있다. 국내외 금융기관들이 블록체인을 기반으로 회계와 정산 시스템을 전환하려는 움직임을 보이고 있다. 이제 스테이블코인이 단순한 실험적 자산이 아니라 금융 인프라의 핵심 요소임을 방증한다.

새로운 금융 인프라를 누가 선점할 것인가를 두고 경쟁한다

글로벌 은행 간 결제 시스템의 표준으로 자리한 스위프트도 이러한 흐름을 예외로 두지 않는다. 스위프트는 최근 체인링크와 협력하여 스테이블코인과 중앙은행 디지털 화폐의 상호운용성을 실험하고 있다. 이는 단순히 블록체인 기술을 테스트하는 수준을 넘어 국제 금융 시스템 전체를 블록체인 기반으로 전환할 가능성을 타진하는 움직임으로 해석할 수 있다. 전통 금융이 스테이블코인을 활용한 결제 정산을 본격화하는 것은 단순히 기술적 진보를 넘어서 글로벌 금융 구조 자체를 재편할 잠재력을 가진 사건이다.

미국은 이러한 흐름을 국가 전략 차원에서 주도하고 있다. 지니어스 법안을 중심으로 스테이블코인 입법을 가속하며 달러 기반 스테이블코인의 발행과 활용을 통해 미국 달러 패권을 더욱 공고히 하려는 움직임이 뚜렷하다. 달러 기반 스테이블코인의 사용 확대는 단순히 해외 결제 편의를 높이는 것을 넘어 미국 국채 수요를 증가시키고 궁극적으로 미국 정부의 부채 조달을 지원하는 효과를 낳는다. 사실상 스테이블코인은 금융시장에서 미국의 통화정책과 재정 전략을 직접적으로 보조하는 디지털 도구로 기능하는 셈이다. 이러한 구조는 달러를 중심으로 한 글로벌 금융 질서의 안정성을 강화하는 동시에 다른 국가의 통화와 금융 정책에 일정한 제약을 가하는 결과로 이어진다.

유럽연합, 영국, 홍콩 등 주요 경제권도 이에 대응하며 통화 주권과 금융 시스템 안정성을 확보하기 위해 중앙은행 디지털 화폐와 스테이블코인 입법을 병렬 추진하고 있다. 특히 유럽연합의 가상자산 규제 기본법안과 영국의 금융서비스 및 시장법FSMA, Financial Services and Markets Act은 금융시장 안정성과 투자자 보호를 목표로 하면서도 스테이블코인과 중앙은행 디지털 화폐 간 상호운용성을 고려한 규제 설계를 특징으로 한다. 이러한 정책은 단순한 규제 강화에 그치지 않고 각국이 자국 금융 시스템의 경쟁력을 확보하고 디지털 결제시장에서 주도권을 잡기 위한 전략적 장치로 볼 수 있다. 즉 글로벌 통화 패권 경쟁은 이제 단순한 달러와 유로 간의 힘겨루기가 아니라 블록체인과 디지털 화폐 기반의 새로운 금융 인프라를 누가 선점하느냐의 문제로 확장되고 있다.

스테이블코인은 투자 자산을 넘어 실물경제로 침투하고 있다

한국도 예외가 아니다. 한국은행 자료에 따르면 2025년 1분기 업비트, 빗썸 등 국내 5대 거래소에서 달러 기반 스테이블코인 거래량은 약 57조 원에 달했다. 이는 단순히 투자자들이 암호화폐 시장에서 안정성을 추구한 결과만을 반영하는 것이 아니다. 소규모 무역 거래에서 개인 사업자들이 스테이블코인을 활용해 수출입 대금을 결제하는 사례가 늘고 있다는 점에서도 드러난다. 국내에서는 언론에서 전체 무역 거래의 약 10%가 스테이블코인으로 이루어진다고 보도했다. 하지만 기획재정부는 현실적으로 최대 3.4% 수준이라고 반박했다. 그럼에도 이러한 변화는 국내 금융시장에서도 스테이블코인이 단순한 투자 자산을 넘어 실물경제와 결제 네트워크에 점차 침투하고 있음을 보여준다.

더욱 주목할 점은 국제적인 활용 사례다. 『블룸버그』에 따르면 러시아 원자재 기업들은 러시아-우크라이나 전쟁으로 촉발된 국제 제재와 규제 조치 속에서 테더와 같은 스테이블코인을 활용하여 중국 기업과 무역 대금을 결제하고 있다. 이러한 국경 간 스테이블코인 활용은 미국 달러 중심의 국제 금융 시스템이 갖는 제약을 회피하고 새로운 결제망을 구축하려는 시도로 해석된다. 더 나아가 브릭스BRICS 국가들은 달러 지배적 글로벌 결제망에 대한 대안을 모색하며 스테이블코인과 같은 디지털 자산을 국가 간 지급 결제 수단으로 활용하는 방안을 검토 중이다. 실제로 신흥국인 브라질, 나이지리아, 터키, 인도네시아에서 2,500명을 대상으로 한 설문조사 결과 응답자의 약 69%가 법정화폐를 스테이블코인으로 환전한 경험이 있다. 39%는 스테이블코인을 통해 상품이나 서비스를 구매한 경험이 있는 것으로 나타났다. 이는 단순한 금융 실험이 아닌 실질적인 결제 수단으로서 스테이블코인의 존재감이 점점 더 커지고 있음을 의미한다.

8
글로벌 규제 흐름을 분석하고 로드맵을 세워야 한다

 2025년 글로벌 스테이블코인 규제는 미국(지니어스 법안), 유럽(가상자산 규제 기본법안), 아시아(홍콩, 싱가포르, 일본, 대한민국 등)가 각기 독립적이면서 국제적으로 동조하는 형태로 도입과 시행 중이다. 결제, 투명성, 소비자 보호, 기관 참여 등 스테이블코인의 핵심 기능을 안전하게 보장하는 체계가 빠른 속도로 갖춰지고 있다. 그러면서 달러 기반 스테이블코인의 글로벌 패권 및 각국 디지털 자산 정책에 큰 영향을 주고 있다.

미국은 혁신과 안정성 병행을 목표로 규제를 강화하고 있다

 미국은 스테이블코인을 포함한 가상자산 산업에서 혁신과 안정성 병행을 목표로 규제를 강화하고 있다. 연방 차원에서는 2024년 초당적으로 발의된 4개의 핵심 법안이 연방 의회에 계류 중이다. 이

글로벌 스테이블코인 규제 현황 – 유럽연합, 미국, 한국, 일본 중심으로

	유럽연합 암호자산시장법 미카MiCA	미국 지니어스 법안
1. 법적 성격	• 유럽연합 차원의 법제화 (2024년 전면 시행) • 스테이블코인을 자산연계형토큰ART · 전자화폐토큰 EMT으로 구분	• 2025년 7월 미국 상하원에서 초당적 통과 후 제정 • '가치 저장형 페깅 토큰'에 집중
2. 발행 요건	• ART: 법정화폐, 실물자산, 암호자산 등 복수에 페깅 • EMT: 단일 법정화폐에 1:1로 페깅 • 발행자는 유럽은행감독청EBA 등록과 라이선스 필요	• 통화감독청OCC 또는 주정부 금융국 승인 필요 • 법인 형태, 자금세탁방지AML와 고객신원확인KYC 의무 • 자금세탁방지 규정 엄격 적용
3. 준비금 요건	• 1:1 현금성 자산 보유 • 유동성 규제: T+1 상환 가능 • 준비금 자산은 제삼자 수탁기관에 분리 보관	• 100% 현금 또는 단기 미국 국채로 준비금 보유 • 준비금 내역 월별 공개 • 회계 감사 필수
4. 감독 및 보고	• 유럽중앙은행ECB, 유럽은행감독청EBA, 유럽증권시장감독청ESMA이 감독 • 유럽 전체에서 여권 기능 가능 • 분기별 리스크 리포트 및 스트레스 테스트 의무화	• 연방예금보험공사FDIC와 연계 가능 • 시스템적 리스크 존재 시 Fed 직접 감독 가능 • 청산 · 상환 계획 의무화
5. 거래소 및 수탁자 규제	• 거래소 · 커스터디도 미카MiCA 하위 규제 대상 • 스테이블코인 상장 시 백서 공개 의무와 사전 검토 필요	• 스테이블코인 상장 시 발행자 신원, 백서, 준비금 구조 공개 필수 • 블록체인 사용처별로 구분 가능(결제, 거래, 예치 등)
6. 발행한도	• 대규모 EMT: 일일 평균 거래량이 10만 유로 초과 시 EBA 사전 승인 필요 • ART도 리스크 기준으로 발행 상한 설정 가능	• 은행 외 발행자도 허용하되 공시 강화, 준비금 요건 부과 • 소규모 프로젝트에 '혁신 샌드박스' 제공 가능성 명시

	대한민국 디지털자산기본법	일본 결제서비스법
1. 법적 성격	• '디지털 자산 기본법' 하위 가이드라인 성격 • 금융위·한국은행 공동 TF 안건으로 논의 중	• 2017년 결제서비스법PSA 시행 • 결제서비스법PSA을 통해 암호자산과 스테이블코인 정의 • 금융상품거래법FIEA 개정으로 금융상품 규제 강화 예정
2. 발행 요건	• 결제형·증권형·혼합형으로 구분 • 결제형 스테이블코인은 지급준비금과 상환시스템 필요 • 발행자 등록제 도입 예정(금융위 사전등록)	• 은행, 자금이체업자, 신탁사만 발행 가능 • 1:1 예치 또는 담보 형태
3. 준비금 요건	• 1:1 상환 가능 자산(현금 및 국채) 확보 • 준비금은 국내 은행 등 수탁기관에 예치 • 주기적 외부 감사와 공시 의무 예정	• 기존 100% 예치 → 최대 50%는 정부채 등 저위험 자산 허용
4. 감독 및 보고	• 한국은행은 통화정책과 금융안정 감시 권한 • 금융위는 발행과 유통 감독 주체 • 은행–전자금융업자 이중 책임 구조 고려 중	• 금융청FSA이 감독 • 자금세탁방지·고객신원확인·고객자산 분리 등 엄격 요구 • 내부자 거래 규제 강화
5. 거래소 및 수탁자 규제	• 스테이블코인 상장 전 백서 등록과 '시장위험 평가 보고서' 필요 • 이상 거래 탐지 시스템(트래블룰 포함) 의무화 예정	• 암호자산거래소(CAESP) 등록 필수 • 보안 강화: 중개만 할 경우 완화된 등록 가능
6. 발행한도	• 가상자산거래소는 전체 매각 예정 물량의 10% 이내만 하루에 매도 가능 • 시총 상위 20개에 포함된 자산만 매도 가능	• 명시적 한도 없음 • 엔화 스테이블코인 JPYC 3년간 최대 1조 엔 발행 목표 진행 중

들 법안은 모두 결제용 스테이블코인을 중심으로 금융 안정성과 투자자 보호를 강화하는 내용을 담고 있다. 대표적으로 '가치 저장형 페깅 토큰Payment Stablecoin' 규제안은 발행자에게 통화감독청OCC 또는 주정부 금융국 승인을 요구하고 법인 형태 발행자에 자금세탁방지·고객신원확인 규정을 엄격히 적용하도록 한다. 준비금은 100% 현금 또는 단기 미국 국채로 보유해야 하며 월별 공개와 회계 감사가 필수다. 미국 연방예금보험공사FDIC 연계 가능성이 명시되어 있고 시스템적 리스크 발생 시 연준의 직접 감독도 가능하다.

발행자는 청산·상환 계획Redemption Plan을 갖춰야 하며 스테이블코인 상장 시 신원, 백서, 준비금 구조를 공개해야 한다. 은행 외 발행자도 허용되지만 공시와 준비금 요건은 더욱 강화된다. 결제, 거래, 예치 등 등 블록체인 사용 목적별 구분도 가능하며 소규모 프로젝트에는 '혁신 샌드박스' 참여 기회를 제공해 신생 사업자 보호와 실험적 접근을 병행한다.

주州 차원에서는 특히 뉴욕주가 가상자산 사업자를 대상으로 한 사업 허가증 제도를 시행하며 규제 선도 역할을 하고 있다. 뉴욕주는 가상자산 사업자가 고객신원확인, 자금세탁방지, 보안·회계 등 엄격한 요건을 충족해야 허가를 부여하며 이를 통해 주 내 금융 안정성을 확보하고 있다.

연방 의회에 계류 중인 4개 법안은 21세기를 위한 금융혁신기술법, 루미스-질리브랜드 결제 스테이블코인법, 디지털 자산 시장 구조 및 투자자 보호법, 결제 스테이블코인 명확화법 등으로 구성된다. 이들 법안은 결제용 스테이블코인의 정의를 명확히 하고 발행, 공시, 준비금, 청산 등 규제 체계를 표준화하며 연방·주 단위 감독

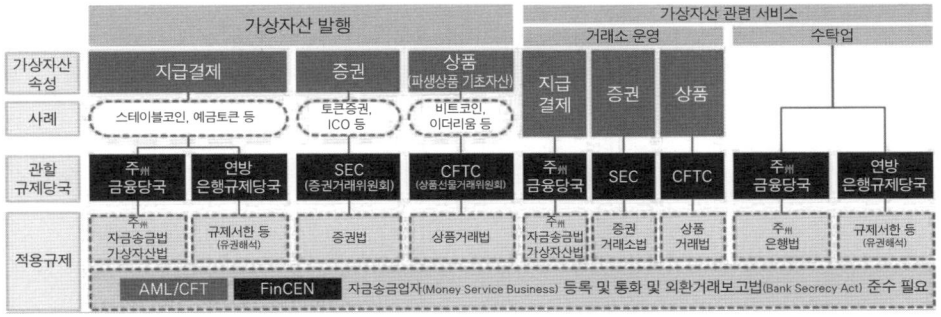

(출처: 하나금융연구소)

권한과 금융 안정성 조치까지 포함한다. 특히 결제 목적 스테이블코인에 대해 연방 차원의 신속한 규제 적용과 투자자 보호를 동시에 강화함으로써 미국 달러 기반 스테이블코인의 글로벌 경쟁력 확보에도 초점을 맞추고 있다.

결론적으로 미국은 연방과 주 정부의 이원적 감독 체계와 계류 중인 법안을 통해 스테이블코인의 안전한 발행과 결제를 장려하는 동시에 금융 안정성과 혁신을 균형 있게 조율하는 방향으로 규제를 발전시키고 있다.

2025년 6월 상원 통과(68-30), 7월 하원 통과(308-122) 그리고 7월 18일 트럼프 대통령의 서명으로 성립된 지니어스 법안은 지급 스테이블코인의 정의를 명확히 하고 적격 발행기관과 감독체계, 인허가 절차, 준비자산 요건, 감독·검사·제재 등에 이르는 포괄적인 규제를 제시하고 있다. 이 법안은 법화 준거형 스테이블코인만을 '지급 스테이블코인'으로 인정하며 알고리즘 기반 스테이블코인은 포함되지 않는다. 또한 발행액 전액을 현금, 예금, 또는 미국 단기국채와 같은 고유동성 자산HQLA, High-quality liqUId assets으로 보유하도록 규정하여 안정성과 유동성을 동시에 확보하도록 하고 있다. 더불어 스테이블코인이 이자나 수익을 지급하지 못하도록 함으로써 전통적인 은행업의 기능과 역할을 보호하려는 목적도 드러난다.

법안은 발행 주체에 대한 규제 또한 엄격하게 설정하고 있다. 은행이나 신협 등 예금 보험이 적용되는 기관뿐 아니라 일부 비은행 기관도 지급 스테이블코인의 발행을 허용받을 수 있으나 인가받지 않은 민간 발행사가 미국 내에서 스테이블코인을 발행하는 행위는 철저하게 금지된다. 이를 위반하면 민사적·형사적 제재가 가해지도록 명시되어 있다.

또한 지니어스 법안은 미국 재무부에 독특한 의무를 부여하고 있다. 미국과 유사한 스테이블코인 규제를 채택한 국가와 협약을 체결하도록 하여 달러 기반 스테이블코인의 글로벌 유통을 촉진하려는 것이다. 그러나 해외 발행자가 법규를 위반하거나 준수하지 않을 때 재무부는 미국 내에서 해당 스테이블코인의 유통을 금지할 수 있다. 만약 이를 어기고 유통을 시도할 때 발행자와 유통자 모두가 민사 제재금을 부과받게 된다.

아울러 스테이블코인 발행자는 자금세탁방지, 테러 자금 차단, 각종 국제 제재 법규를 충실히 준수해야 한다. 미국 재무부는 필요할 경우 외국인의 스테이블코인 보유나 거래를 제한하는 조치를 발행사와 협의할 수 있다. 발행사 역시 이러한 조치를 이행할 수 있는 역량을 갖추어야 한다.

한편 미국 내 은행의 스테이블코인 관련 업무에 대해서는 규제가 완화되는 움직임도 나타나고 있다. 미국 통화감독청은 연방은행이 감독 당국의 사전 승인을 받지 않고도 지급 스테이블코인을 발

지니어스 법안 주요 내용

법안 명칭		미국 스테이블코인의 국가적 혁신에 대한 지원 및 수립법
소관(발의) 의회		미국 상원 은행위원회 (2025년 3월 13일 상원 은행위원회 통과)
발의자		해거티, 스콧, 질리브랜드, 루미스, 알소브룩스 (공화당)
법안 주요 내용	지급 스테이블코인	-법화 준거형만 인정(알고리즘형은 규제 대상에서 제외하되 추가 연구 필요) -스테이블코인의 이자/수익 제공 금지
	발행자	-부보 예금기관(은행, 신협) 자회사, 비은행기관, 주州 인허가 스테이블코인 발행자 -미인가 발행은 민·형사상 제재 대상(민사제재금의 경우 1일당 10만 달러 이하)
	연방-주 규제	-소액 발행자(100억 달러 미만)는 연방-주州 규제체계 중 선택 가능
	준비자산	-미상환 발행액의 100% -미국 동전·통화, 연준 지준예치금, 요구불예금, 미국 국채(3개월 이하), 익일물 RP, 역RP, MMF와 각 자산의 토큰화
	인허가	-준비자산, 운영리스크 관리 등 중점
	지배구조	-임직원의 불법행위는 결격 사유
	해외발행자 규제	-미국과 실질적으로 유사한 규제국과 협약 체결 등 필요 -해외발행자의 법규 위반·미준수 시 미국 내 유통 금지 가능(위반 시 민사 제재금 부과 가능)
	국가안보	-경제 제재 차원에서 외국인의 스테이블코인 보유·거래 차단 조치 가능

(출처: 하나금융연구소)

행하고 유통할 수 있도록 허용했다. 이어서 연방예금보험공사 또한 관할 은행이 별도의 사전 허가 없이 가상자산 활동에 참여할 수 있다는 유권해석을 발표했다. 여기에는 수탁 서비스와 가상자산 발행 등 다양한 업무가 포함되며 이로써 은행들이 더 유연하게 가상자산과 스테이블코인 관련 활동에 나설 수 있는 제도적 기반이 마련되었다.

이로 인해 코인베이스 등은 시장 기대감으로 주가가 상승했고 비자와 마스터카드는 조정 구간에 들어선 반면 디지털 결제와 미국 국채 수요 확대에 대한 기대도 커지고 있다. 그런데 소비자 보호 부족과 빅테크의 시장 장악 우려도 제기되는 등 법안의 의미를 둘러싼 논의는 지속되고 있다.

미국 뉴욕주 가상자산 지침을 보면 글로벌 경제 중심지인 뉴욕주의 가상자산 지침DFS Virtual Currency GUIdance에 따라 스테이블코인 발행자는 비트라이선스BitLicense 또는 이에 상응하는 허가를 취득해야 하며 스테이블코인 발행과 관련된 특정 조건을 준수해야 한다. 뉴욕주 금융서비스국NYDFS이 2022년에 발표한 「스테이블코인 지침GUIdance on the Issuance of U.S. Dollar-Backed Stablecoins」에 명시된 주요 발행 조건은 다음과 같다.

첫째, 액면가 상환 및 상환 계획 승인을 보면 스테이블코인은 항상 액면가(1:1 비율, 예: 1USD=1스테이블코인)로 상환할 수 있어야 한다. 발행자는 상환 계획을 사전에 뉴욕주 금융서비스국으로부터 승인받아야 한다. 이 계획은 스테이블코인 보유자가 언제든지 액면가로 자산을 상환받을 수 있도록 보장해야 한다. 상환 프로세스는 투명하고 효율적이어야 하며 고객 자산 보호를 최우선으로 해야 한다.

둘째, 준비자산 요건을 보면 스테이블코인은 고유동성 자산으로 뒷받침되어야 하며 준비자산은 다음과 같은 자산으로 제한된다. 만기 3개월 이내의 연방정부 재정증권U.S. Treasury securities, 정부채를 이용한 환매 조건부 채권Reverse repurchase agreements secured by government securities, 정부채 머니마켓 펀드Government money market funds, 은행 예금Insured bank dePoSits 등이다. 준비자산은 발행된 스테이블코인의 총액을 100% 이상 커버해야 하며 이 자산은 분리된 계좌에 보관되어 고객 자산과 발행자의 자산이 혼합되지 않도록 해야 한다. 그리고 준비자산의 구성과 가치는 매일 모니터링되고 매월 뉴욕주 금융서비스국에 보고되어야 한다.

셋째, 독립 감사 및 투명성을 확보해야 한다. 발행자는 준비자산의 존재와 적정성을 확인하기 위해 독립적인 제삼자 감사를 정기적으로 받아야 한다. 감사 결과는 공개되어야 하며 스테이블코인 보

미국 연방의회 계류 중인 스테이블코인 법안

법인명	21세기를 위한 금융혁신기술법	루미스-질리브랜드 결제 스테이블코인 법안	디지털 자산 시장구조 및 투자자 보호법	결제 스테이블코인 명확화법
정의	배타적 소유, 중개자 없는 개인 간 이전, 암호화 보안 방식의 공개 원장에 기록되는 대체 가능한 디지털 형태의 가치로 디지털 자산을 정의	미국 달러와 연계되어 고정된 가치로 교환·상환·환매가 가능하고 지급결제 수단으로 사용되는 가상자산을 '결제 스테이블코인'으로 지칭. 알고리즘 기반 무담보 스테이블코인 발행은 금지	재무부가 정하는 바에 따라 미국 달러 또는 하나 이상의 법정화폐에 연계되거나 담보가 설정된 디지털 자산으로 스테이블코인을 정의. '디지털 자산 법정화폐 기반 스테이블코인'으로 지정	분산원장에 기록되는 디지털 형태의 가치를 디지털 자산으로, 지급결제 수단으로 사용되는 디지털 자산을 결제 스테이블코인으로 정의
핵심 목적	디지털 자산 혁신 촉진, 금융 안정성 확보	달러 기반 스테이블코인의 결제 수단 지정, 금융 안정성 확보	디지털 자산 시장 규제 공백 해소, 투자자 보호	스테이블코인을 결제용으로 명확히 정의, 금융시장의 예측 가능성 확보
주요 내용	-은행과 핀테크 기업에 스테이블코인 활용 가능한 법적 근거 마련 -연방준비제도·미국증권거래위원회·상품거래위원회 협업체계 구축 -발행자 자본과 준비금 요건 규정	-결제용 스테이블코인 합법화 -발행자 1:1 준비금 확보와 회계 감사 의무 -상환·공시 의무 명시	-미국증권거래위원회·상품거래위원회 권한 명확화 -거래소·발행자 감독 강화 -가격안정성·준비금·결제 시스템 보고 의무 부과	-스테이블코인을 '법적 결제 수단'으로 명시 -은행·핀테크 발행자에게 준비금·회계·보안 규정 적용 -개인 또는 기업 사용 시 상환·보호 의무 규정
현재 상황	연방의회 계류 중	연방의회 계류 중	연방의회 계류 중	연방의회 계류 중, 하원 청문회 진행 예정

유자와 규제 당국이 준비자산의 상태를 투명하게 확인할 수 있어야 한다. 발행자는 자금세탁방지 및 고객신원확인 규정을 준수하고 사이버 보안 프로그램을 통해 자산과 고객 데이터를 보호해야 한다.

넷째, 추가 요건을 보면 먼저 사이버 보안 및 자산 보호를 해야 한다. 스테이블코인 발행자는 강력한 사이버 보안 조치를 통해 준비자산과 고객 데이터를 보호해야 한다. 이는 비트라이선스의 일반적인 요구사항과도 연계된다. 그다음으로 보고 의무가 있다. 발행자는 준비자산의 상태, 상환 요청 처리 현황, 재무 건전성 등을 정기적으로 뉴욕주 금융서비스국에 보고해야 한다. 그리고 소비자 보호도 철저히 해야 한다. 스테이블코인 보유자의 권리를 보호하기 위해 명확한 계약 조건과 상환 절차를 제공해야 한다. 이를 위반하면 뉴욕주 금융서비스국의 제재를 받을 수 있다.

현재 미국 연방의회에는 4개의 스테이블코인 관련 법안이 계류 중이다. 21세기를 위한 금융혁신기술법FinTech Innovation Act, 루미스–질리브랜드 결제 스테이블코인법Payment Stablecoin Act, 디지털 자산 시장 구조 및 투자자 보호법Digital Asset Market Structure and Investor Protection Act, 결제 스테이블코인 명확화법Payment Stablecoin Clarification Act 등이다. 이들 법안은 결제용 스테이블코인의 정의를 명확히 하고 발행, 공시, 준비금, 청산 규정을 강화하며 연방·주 단위 감독 권한과 투자자 보호 조치를 포함한다. 은행 외 발행자도 허용되지만 공시·준비금 요건은 강화된다.

안정성과 통화 주권을 위한 규제 모델을 만들어가고 있다

유럽연합은 2023년 6월 가상자산 규제 기본법안을 제정하고 2024년 6월 30일부터 스테이블코인 관련 규제를 우선 시행했다. 가상자산 규제 기본법안은 유럽연합 차원의 통합 규제 틀을 제공하며, 특히 스테이블코인 발행과 유통에 대한 유럽중앙은행ECB의 강력한 감독 권한을 명시하고 있다. 이는 유럽 금융시장의 안정성, 통화 주권 보호, 투자자 보호를 동시에 달성하기 위한 전략적 조치로 평가된다.

유럽연합은 가상자산 규제 기본법안 기준으로 전자화폐토큰EMT, E-Money Token과 자산연계형토큰ART, Asset-Referenced Token을 스테이블코인으로 규정하고 지급 결제 수단으로 사용 가능하다고 판단해 진입 규제와 건전성 규제를 적용하고 있다. 가상자산 규제 기본법안 시행은 단계적으로 이루어진다. 2024년 6월 30일부터 우선 적용되며 나머지 암호자산 서비스업자 관련 규정은 2024년 12월 30일부터 전체 시행된다. 스테이블코인 발행자는 1:1 비율로 충분한 준비금을 보유하고 일부 자산을 유럽 내 금융기관에 예치해야 한다. 그리고 투명한 공시, 사전등록(라이선스), 정기보고, 자본건전성, 자금세탁방지와 고객신원확인 등 엄격한 감독을 받도록 규정되어 있다.

특히 유럽중앙은행은 스테이블코인 발행자 인가 과정에서 실질적인 영향력을 행사한다. 가상자산 규제 기본법안 21조 4항에 따르면 유럽중앙은행은 해당 스테이블코인이 통화정책, 결제 시스템, 통화 주권에 위험을 일으킨다고 판단했을 때 발행 인가를 거부할 수 있다. 가상자산 규제 기본법안 24조는 위협이 심각할 경우 발행 인가를 취소할 수 있도록 규정하며 심각하지 않은 위험에 대해서도 발행 한도 제한이나 최소 액면금액 부과 등 추가 규제를 부과할 수 있다. 유럽중앙은행은 회원국 감독 당국과 함께 스테이블코인을 감시하고 리스크를 평가하며 유럽연합 금융시장 안정성을 직접적으로 관리한다.

또한 유럽연합은 외화 기반 스테이블코인의 과도한 유통을 제한하여 유로화 통화 주권과 가치를 보호하는 데 초점을 두고 있다. 반대로 유럽연합 법정통화인 유로와 연동된 스테이블코인은 상대적으로 자유로운 발행과 유통을 할 수 있고 이를 통해 유로 기반 디지털 자산 생태계를 활성화하고 있다.

일본은 2022년 6월 자금결제법PSA, Payment Services Act 개정을 통해 스테이블코인을 디지털 화폐 유사형 전자결제 수단으로 공식 인정하고 발행과 거래에 관한 규제를 도입했다. 이후 2023년 6월 1일

유럽연합 스테이블코인 규제

구분	전자화폐토큰 EMT, E-Money Token	자산연계형토큰 ART, Asset-Referenced Token
정의	법정통화 1:1 연동, 가치 안정화 목적	하나 이상의 자산(법정화폐, 원자재, 암호자산 등)에 연동, 가치 안정화 목적
대표 사례	유로 기반 스테이블코인, 디지털화폐	달러·금·암호화폐 등 여러 자산 기반 토큰
준비금 요건	100% 현금 또는 단기 국채 예치, 유럽 금융기관에 보관	1:1 비율 이상 준비금 보유, 일부 유럽 금융기관 예치 필요
건전성 규제	- 은행은 기존 은행 건전성 규제를 준수 - 전자화폐업자는 초기 자본금으로 45만 유로를 보유하거나 발행 잔액의 2% 이상을 유지	- 은행은 기존 은행 건전성 규제를 준수 - 자산연계형토큰 발행자는 최소 자기자본으로 35만 유로 또는 준비자산의 2%를 보유하거나, 전년도 고정 간접 비용의 4분의 1을 확보
라이선스	발행 전 등록·인가 필수	발행 전 등록·인가 필수
규제 감독	유럽중앙은행, 회원국 감독당국	유럽중앙은행, 회원국 감독당국
공시·보고	월별 준비금 보고, 회계 감사 필수	월별 준비금 보고, 회계 감사 필수
자금세탁방지	자금세탁방지·고객신원확인 등 강화 적용	자금세탁방지·고객신원확인 등 강화 적용
발행 허용 범위	은행·금융기관 중심, 제한적 비은행 가능	은행·금융기관 포함, 일반 발행자도 가능하나 강화 규제
사용자 보호	고객 예탁금의 30% 이상을 은행에 예치	고객 예탁금의 30% 이상을 은행에 예치하거나 금융상품으로 보유
사용 목적	결제 중심, 법정화폐 대체	결제, 거래, 투자 등 다양한 목적
위험 관리	통화정책 및 결제 시스템과 직접 연관, 유럽중앙은행 엄격 감독	시스템적 리스크 관리 필요, 유럽중앙은행 감독

부터 본격 시행되며 일본 금융시장에서 스테이블코인을 안전하게 활용할 수 있는 법적 기반을 마련했다.

자금결제법의 핵심은 세 가지다. 첫째, 발행과 유통의 법적 근거다. 스테이블코인은 은행·신용카드사 등 라이선스 보유 기관만 발행할 수 있으며 외국계 기업도 제한적 승인하에 진입할 수 있다. 둘째, 준비금과 안정성 요건이다. 발행자는 100% 현금 또는 단기국채를 준비금으로 보유하고 일부를 일본 금융기관에 예치해야 한다. 이를 통해 즉시 상환과 결제 안정성을 보장한다. 셋째, 감독과 투명성이다. 일본 금융청FSA은 발행 전 사전 승인을 요구하고 자금세탁방지와 고객신원확인 의무, 회계 감사, 정기 보고, 이용자 보호 규정을 적용한다. 파산 시 투자자 자산 반환 보장 등 보호장치도 명확히 규정되어 있어 투자자 신뢰가 높아지고 시장 안정성이 강화된다.

일본은 세계 최초로 스테이블코인을 법제화한 국가다. 유럽연합, 싱가포르, 한국 등 주요국의 정책 모델로 주목받고 있다. 세밀한 규제 설계와 라이선스 중심 감독 체계는 아시아 디지털 자산 규제의 기준을 제시하며 선진 시장 진입에도 유리한 인식을 제공한다. 또한 일본 내 발행 스테이블코인은 국제 거래 신뢰도가 높아지고 외국계 스테이블코인도 일본식 엄격한 규제와 투명성을 준수해야 한다.

일본의 자금결제법 기반 스테이블코인 규제는 투자자 보호, 준비금 의무, 금융청 감독, 거래 투명성을 중심으로 설계되어 금융 시스템과 결제망에 통합할 수 있는 안전한 디지털 결제 수단으로 자리매김하고 있다. 미국·유럽연합과 더불어 아시아에서 기축통화·글로벌 결제용 스테이블코인 경쟁 구도가 본격화되는 가운데 일본 규제는 글로벌 스탠더드로서의 영향력을 확대하고 있다.

참고로 일본 엔화 스테이블코인 승인은 '혁신은 작은 민간 주체에서 먼저, 안전망은 국가와 은행이 뒤에서'라는 전략 차원에서 은행이 아닌 민첩하고 혁신적인 실험이 가능한 핀테크 기업에 우선 승인한다. 2025년 8월 일본 정부가 엔화 연동 스테이블코인 발행을 공식 허용하며 JPYC가 일본 최초로 시장에서 유통될 예정이다. 일본 금융청은 도쿄에 있는 핀테크 기업 JPYC를 자금이동업자로 등록하고 등록 완료 직후 1JPYC=1엔 가치의 스테이블코인 판매를 시작한다. JPYC는 예금과 일본국채JGB를 담보로 활용하며 주로 국제 송금, 기업 간 결제, 탈중앙화 금융 등 블록체인 기반 금융 서비스에 활용될 예정이다. 향후 3년간 1조 엔 규모 발행을 목표로 헤지펀드와 패밀리오피스 등 기관투자자의 관심도 집중된다.

JPYC 발행은 일본 국채 수요 확대라는 부수적 효과도 기대된다. 발행사인 JPYC는 국채를 매입해 담보를 유지한다. 국채 가격 하락 시 디페깅 위험이 존재하지만 보유자가 언제든 1JPYC를 1엔으로 환매할 수 있어 안정성이 상대적으로 높다. 다만 국채 이자 수익은 발행사 귀속이며 사용자 이자 지급은 금지된다.

이번 사례는 2023년 개정 자금결제법을 기반으로 하며 은행, 자금이동업자, 신탁회사가 발행할 수 있도록 법적 근거를 마련한 첫 사례다. 글로벌 스테이블코인 시장이 2,500억 달러 규모로 성장한 가운데 일본은 엔화 기반 토큰을 통해 국채 시장 안정과 국제 송금·결제 혁신을 동시에 노리고 있다. 한국도 원화 기반 스테이블코인 논의가 활발하지만 국제통화의 지위 불확실성과 통화정책 영향 등으로 신중한 접근을 이어가고 있다.

2025년 6월 발의된 디지털자산기본법안은 국내 스테이블코인 규제의 본격적 출발점으로 발행, 유통, 상장까지 포괄하는 체계를 설계했다. 법안의 핵심은 발행자 인가제와 100% 준비금 의무다. 발행자는 원화 등 법정화폐 또는 안정적 단기채권으로 준비금을 1:1 비율로 보유해야 하며 이를 월별 공시하고 외부 회계감사를 받아야 한다. 발행자 유형은 은행과 신탁회사로 제한되지만 자기자본 5억 원 이상, 전문 인력, 전산 안정성 확보 등 일정 요건을 갖춘 비은행도 허용된다. 다만 발행 라이선스 취득 전 등록과 보고 의무를 충족해야 한다.

법안은 발행자뿐 아니라 거래소, 중개업자, 투자자 보호 장치까

2025년 국회에 제출된 스테이블코인 관련 3개 법률안

법안 명칭	디지털자산기본법 (민병덕 의원)	가치안정형디지털자산법 (안도걸 의원)	스테이블코인 관리·감독법 (김은혜 의원)
발의일	2025년 6월 10일	2025년 7월 24일	2025년 7월 28일
특징	디지털 자산 생태계 전반에 대한 법률(유럽연합 미카와 유사 구조)	스테이블코인에 특화된 법률 (미국 지니어스 법안과 유사 구조)	스테이블코인의 발행과 거래지원(거래소 상장)에 대한 법률
발행자 자격	자기자본 5억 원 이상 금융회사 또는 비은행	자기자본 50억 원 이상 주식회사·금융회사	자기자본 50억 원 이상 주식회사·금융회사
발행 인가	금융위원회 인가	금융위원회 사전 인가	금융위원회 인가
준비금 요건	100% 현금 및 저위험 실물자산	100% 유동성 현금·요구불예금·국채 등	100% 현금 및 실물자산
이자 지급	금지	금지	허용 가능
한국은행·감독기관 역할	통화정책 리스크 통제·자료 제출 요구	금융위, 한국은행에 감독·자료 제출, 검사권	금융위 인가, 한국은행 검사·자료 제출 요구
이용자 보호	파산 대비 소비자 자산 반환, 공시 강화	파산·합병 등 영업 양도 시 승인 및 소비자 보호	파산 시 자산 반환, 정보 공시
차이점	다양한 비은행 사업자 허용, 혁신 추구 최소 요건 기반 산업 진입 문턱 완화	'원화 스테이블코인' 중심, 주권·공약 명확 엄격한 인가, 본질적 지급결제 수단 강조	글로벌 산업 진흥·외국계 진출 용이 산업 활성화·외연 확대, 이자 및 인센티브 허용

지 차등 규제를 적용한다. 거래소 상장 시 발행자 신원, 백서, 준비금 구조, 시장위험 평가보고서 제출과 이상거래 탐지(트래블룰) 시스템 운영이 의무화되며 상장·상장폐지 기준을 명확히 한다. 또한 원화 기반 스테이블코인은 한국은행과 정책 협력하에 통화정책과 금융 안정 모니터링을 받으며 코인런과 외환시장 충격 등 거시건전성 리스크 대응을 위해 발행자 자격과 상환 계획(리뎀션) 공시가 필수다.

특히 국내법은 이자 지급 금지를 명시해 미국이나 유럽연합과 달리 결제 수단으로서 본질을 강화했다. 이는 스테이블코인을 금융상품이 아닌 지급 결제 수단으로 명확히 규정하며 안정성과 신뢰성을 확보하기 위한 설계다. 미국 지니어스 법안, 유럽연합 가상자산 규제 기본법안, 일본 자금결제법 사례를 참고하며 국제결제은행 등 글로벌 기구와 협력해 리스크 관리 체계를 구축한다.

이 법안의 시행으로 국내 스테이블코인 시장은 투자자 신뢰와 시장 안정성을 동시에 강화할 수 있다. 은행, 핀테크, 게임사 등 주요 사업자는 상표권 출원과 시장 진출을 준비하며 원화 스테이블코인 확산은 지급 결제 구조 변화와 금융시장 패러다임 전환을 유도할 전망이다. 한국은 이를 통해 국제적 신뢰를 확보하고 글로벌 스테이블코인 경쟁에서 전략적 우위를 선점할 기반을 마련하고 있다.

한국은행 이창용 총재가 2025년 8월 19일 밝힌 원화 스테이블코인 도입 전략은 이 논쟁의 무게감을 다시 한번 일깨워 주었다. 그는 스테이블코인의 필요성을 인정하면서도 초기에는 은행 중심으로 제한적으로 도입하고 점진적으로 안정성을 검증하면서 확대해야 한다고 강조했다. 그 배경에는 금융 안정성, 금산분리 원칙, 외환 관리와 같은 국가적 차원의 구조적 고민이 자리하고 있다. 하지만 동시에 우리는 글로벌 금융 시장에서 달러 기반 스테이블코인이 이미 거대한 영향력을 행사하고 있음을 목격한다. 국내 거래소에서도 거래 비중이 20%를 넘어섰다. 이는 규제의 사각지대에서 자본 유출과 외환 관리의 통제력 약화라는 문제를 낳고 있다. 이런 현실 속에서 스테이블코인을 어떻게 정의하고 다뤄야 할지는 한국 사회가 피할 수 없는 과제가 되었다.

9
기술 제공자들은 누구이고 어떤 역할을 하는가

스테이블코인의 성패는 단순히 발행사나 규제기관의 의지에만 달려 있지 않다. 그 중심에는 기술 제공자와 인프라 구축자가 있다. 이들은 블록체인 네트워크, 스마트 콘트랙트, 결제 플랫폼, 보안 및 결제 인프라 등 스테이블코인의 실제 운용과 안전성을 책임지는 핵심축이다. 결국 스테이블코인의 성공은 기술 제공자의 역량과 인프라 설계에 크게 좌우된다. 블록체인 플랫폼, 결제망 통합, 보안 및 규제 준수 솔루션, 스마트 콘트랙트 기반 자동화 기능 등 모든 기술적 요소가 조화롭게 작동해야 스테이블코인이 금융 혁신의 중심으로 자리 잡을 수 있다.

결국 기술 제공자는 스테이블코인의 신뢰, 안정성, 혁신을 현실화하는 핵심축으로 발행사, 규제기관, 사용자 모두에게 안전하고 효율적인 금융 경험을 제공하는 역할을 하게 된다. 앞으로 글로벌 금융 경쟁과 디지털 결제 혁신에서 기술 제공자의 영향력은 더욱 커질 것으로 전망된다.

기술 제공자는 운용과 금융 인프라라는 솔루션을 제공한다

기술 제공자는 스테이블코인의 설계, 발행, 관리, 거래, 결제, 보관 전 과정에서 필수적인 역할을 한다. 기존 금융망과 디지털 금융 생태계를 연결하고 사용자와 발행사, 규제기관 간 신뢰를 기술적으로 보장하는 역할을 한다. 주요 역할은 다음과 같이 정리할 수 있다.

첫째, 블록체인 네트워크 제공이다. 스테이블코인이 안전하게 운영되기 위해서는 확장성과 보안성이 높은 블록체인 네트워크가 필수적이다. 거래 기록, 스마트 콘트랙트 실행, 준비금 관리 등 모든 과정은 블록체인 위에서 신뢰할 수 있는 형태로 진행된다.

둘째, 스마트 콘트랙트 및 자동화 시스템이다. 조건부 결제, 자동 송금, 급여 일부 자동 저축과 투자 등 프로그래밍 머니 개념은 스마트 콘트랙트 기반으로 구현된다. 기술 제공자는 이러한 자동화 기능을 안정적으로 구현하고 오류나 해킹 위험을 최소화해야 한다.

셋째, 결제 및 거래 인프라 제공이다. 스테이블코인을 통한 송금, 결제, 해외 거래를 원활히 수행하기 위해서는 글로벌 결제 네트워크와 거래소 연계가 필수다. 스위프트, 비자, 마스터카드 등 전통 결제망과 블록체인 결제망을 연결하는 기술적 브리지 역할을 한다.

넷째, 보안 및 규제 준수 지원이다. 이용자 보호, 자금세탁방지, 고객 신원확인 등 규제 요건 준수를 기술적으로 지원한다. 월별 감사, 준비금 검증, CEO 인증 등 규제기관 요구사항을 시스템적으로 구현할 수 있도록 한다.

현재 글로벌 스테이블코인 생태계에서 두드러진 기술 제공자는 크게 세 가지 그룹으로 나눌 수 있다. 먼저 블록체인 플랫폼 제공자다. 이더리움은 스마트 콘트랙트와 탈중앙화 금융 생태계의 중심으로 테더USDT와 유에스디코인USDC 등 다수 스테이블코인 운용 기반이다. 솔라나와 애벌랜치는 높은 거래 처리 속도와 낮은 수수료를 기반으로 결제 및 송금용 스테이블코인 네트워크를 제공한다. 리플은 은행 간 글로벌 송금 네트워크와 연계된 디지털 자산 운용 인프라를 제공한다.

그다음으로 결제와 금융 인프라 제공자다. 비자와 마스터카드는 스테이블코인을 카드 결제망에 통합하여 실시간 결제와 글로벌 상거래를 지원한다. 페이팔과 스트라이프는 스테이블코인을 결제 수단으로 제공하여 기업과 소비자가 손쉽게 디지털 자산을 활용할 수 있게 한다. 아마존과 월마트는 내부 결제 시스템과 물류 네트워크를 연계하여 스테이블코인 기반 결제 인프라를 확대한다.

마지막으로 보안 및 규제 준수 솔루션 제공자다. 파이어블록스Fireblocks, 앵커리지Anchorage, 빗고BitGo는 스테이블코인의 준비금 보관과 다중 서명 지갑Multi-Signature Wallet, 규제 준수 솔루션을 제공한다. 체이널리시스Chainalysis와 엘립틱Elliptic은 거래 모니터링과 자금세탁방지 솔루션을 제공하며 글로벌 규제 기준 준수를 지원한다.

기술 제공자는 금융 네트워크 구축과 관리 역할을 한다

기술 제공자는 단순히 시스템을 공급하는 역할을 넘어서 스테이블코인의 혁신과 금융 서비스 확장에 핵심적인 동력이 되고 있다. 급여 일부 자동 저축, 조건부 결제, 인공지능 기반 자산관리 등 프로그래머블 머니 기능은 기술 제공자의 설계 능력에 따라 현실화된다. 또한 글로벌 결제 허브 역할도 한다. 스테이블코인 거래가 증가하면서 기술 제공자는 국경 없는 금융 네트워크 구축과 관리에서 중심 역할을 맡게 된다. 기존 스위프트, 카드 결제망과 블록체인을 연결하며 금융 사각지대를 해소하는 기술적 토대를 제공한다.

기술 제공자는 규제 대응과 신뢰 확보도 담당한다. 준비금 증명, 감사 보고, CEO 인증 등 규제 요건을 자동화하고 시스템적으로 지원함으로써 스테이블코인의 투명성과 신뢰성을 강화한다. 그리고 거래 데이터 분석, 리스크 예측, 자산관리 최적화 등 인공지능 기술과 결합해 스테이블코인을 금융 서비스 플랫폼으로 확장할 수 있다.

10
금융사와 핀테크는 미래 금융 시스템을 준비하고 있다

스테이블코인은 이제 단순한 디지털 자산을 넘어 글로벌 금융 패러다임을 재편하고 있다. 송금, 결제, 자산관리, 금융 접근성 등 모든 영역에서 변화를 촉발하는 중이다. 금융사와 핀테크 기업이 거스를 수 없는 흐름으로 받아들이는 이유가 바로 여기에 있다. 글로벌 금융사와 핀테크 기업 모두 스테이블코인을 금융 혁신의 핵심 도구로 인식하고 있으며 기술, 규제, 인프라를 결합한 실험과 준비를 지속하고 있다. 이 흐름은 단순한 트렌드가 아니다. 미래 금융 시스템의 거스를 수 없는 변화로 자리 잡고 있다.

대형 은행에서 핀테크와 빅테크까지 활용 중이다

대형 은행과 같은 글로벌 금융사들은 스테이블코인을 단순 투자 자산으로 보기보다는 결제, 송금, 글로벌 자금 이동의 핵심 인프라로 인식하고 있다. 대표적인 사례를 보면 다음과 같다. 씨티은행은 스테이블코인을 활용한 글로벌 지급 결제 네트워크 구축을 적극적으로 추진하고 있다. 특히 기업 간 해외 송금에서 기존 스위프트망 대비 속도와 비용 절감 효과를 검증 중이며 자사 고객 대상 실험적 결제 솔루션을 운용하고 있다. 뱅크 오브 아메리카는 스테이블코인의 보안, 규제 준수, 준비금 관리 기술을 내부적으로 검토하며 디지털 자산과 기존 금융 서비스 통합을 준비 중이다. 또한 스마트 콘트랙트 기반 결제 및 자동화 솔루션을 연구하며 기업과 개인 고객 대상 프로그래밍 머니 기능 도입 가능성을 타진하고 있다. JP모건은 이미 JPM 코인을 통해 자체 스테이블코인을 운영하며 금융기관 간 실시간 결제 및 자산 이동을 지원하고 있다. 이를 통해 글로벌 거래소와 은행 간 연결, 내부 결제망 효율화, 자금세탁방지와 규제 준수 기능을 동시에 확보하고 있다.

대형 은행들은 공통으로 다음과 같은 준비 전략을 가지고 있다. 준비금 1:1 보유, 외부 감사, 법적 상환 보장 등 규제 준수와 안정성 확보, 블록체인 네트워크·스마트 콘트랙트·결제망 통합 테스트 등 기술 인프라 검증, 예치·대출·투자·자산관리 등 종합 금융 솔루션과 연결하는 금융 서비스 확장, 기존 스위프트와 비자 등 금융망과 디지털 자산망 연결의 글로벌 결제 허브 역할이다.

핀테크 기업들은 기존 금융 인프라의 한계를 보완하며 스테이블코인을 통해 새로운 비즈니스 모델을 창출하고 있다. 페이팔은 유에스디코인USDC 기반 결제를 전면 도입하며 소비자와 기업 간 실시간 송금을 지원하고 있다. 특히 해외 결제와 온라인 상거래 영역에서 기존 카드 결제망 대비 수수료 절감과 속도 개선 효과를 강조하고 있다. 스트라이프는 스테이블코인을 통한 자동 결제, 정기 결제, 크로스보더 송금 솔루션을 제공하며 온라인 사업자에게 디지털 자산 기반 금융 서비스를 확장하고 있다.

아마존과 월마트 등 대형 유통기업들은 내부 결제 인프라와 물류 네트워크를 스테이블코인 기반 결제와 연결하는 실험을 진행 중이다. 이를 통해 고객에게 즉시 결제, 캐시백, 보상 프로그램을 제공하며 디지털 금융 서비스를 확대하고 있다.

스테이블코인 기반 서비스에 전략적 투자가 필요하다

한국 금융사와 핀테크 기업들도 글로벌 흐름에 발맞춰 스테이블코인 도입과 관련 인프라 구축을 본격화하고 있다. 다만 한국의 경우 규제 환경과 법적 한계가 존재하기 때문에 전략적 접근이 더욱 중요하다. 주요 은행의 준비를 살펴보면 먼저 KB국민, 신한, 하나, 우리, NH농협 등 5대 은행은 스테이블코인 기반 송금, 결제, 금융 인프라 통합을 검토하고 있다. 특히 해외 송금 및 기업 간 B2B 결제에서 비용 절감과 속도 개선을 목표로 글로벌 은행과 협업하거나 자체 연구개발을 진행 중이다.

한국은행은 원화 기반 중앙은행 디지털 화폐 실증사업을 추진하고 있고 은행들은 이를 활용한 내부 결제망 테스트를 진행하고 있다. 민간 스테이블코인 발행은 사실상 제한적이지만 중앙은행 디지털 화폐 연계 서비스 준비가 진행 중이다.

카카오페이, 토스, 네이버파이낸셜 등 국내 대표 핀테크 기업들은 스테이블코인과 블록체인 기술을 활용한 결제·송금 솔루션과 디지털 자산관리 서비스 개발에 집중하고 있다. 카카오페이는 블록체인 기반 자산관리 서비스와 연계, 해외 송금 테스트 등을 진행하고 있다. 토스는 내부 송금 및 결제 자동화, 미래 자산관리 서비스를 위한 스테이블코인 실험 등을 하고 있다. 네이버파이낸셜은 온라인 상거래와 결제 인프라 통합 그리고 스테이블코인을 통한 결제 솔루션 검증 등을 하고 있다.

스테이블코인은 단순한 디지털 화폐를 넘어 금융 거래의 속도, 비용, 효율을 근본적으로 개선하는 수단으로 자리 잡으며 거스를 수 없는 흐름이 되었다. 전통 금융과 핀테크의 융합도 가속되고 있다. 기존 금융사와 핀테크 기업은 서로 다른 강점을 결합하며 협업과 경쟁을 동시에 진행 중이다. 은행은 규제와 안정성을 제공하고 핀테크는 혁신과 고객 접근성을 제공한다.

스테이블코인은 미래 금융 서비스의 핵심 기반이 될 것이다. 스테이블코인은 결제, 송금, 자산관리, 탈중앙화 디지털 화폐와 같은 대체 금융 서비스 등 금융 생태계 전반의 핵심 인프라가 될 것으로 전망된다. 따라서 금융사와 핀테크 기업 모두 스테이블코인 기반 서비스에 대한 전략적 투자와 실험이 불가피한 상황이다.

11
금융 서비스 혁신과 지급 결제 체계의 개편을 준비한다

　스테이블코인은 이제 단순한 디지털 화폐를 넘어 다양한 주체들이 상호 연결되는 글로벌 금융 생태계의 중심축으로 자리 잡고 있다. 발행사, 준비금 관리 기관, 거래소 및 결제 플랫폼, 기술 제공자, 규제기관, 글로벌 금융사와 핀테크 기업 등 각 주체는 서로의 역할을 보완하며 금융, 기술, 규제 영역의 통합적 네트워크를 형성하고 있다. 이러한 생태계는 단순히 기술적 연결을 그치지 않고 금융 서비스 혁신과 글로벌 지급 결제 체계의 재편을 가능하게 한다.

한국 은행과 핀테크에서도 발행 모델을 모색 중이다

　발행사는 스테이블코인의 가치를 안정적으로 유지하고 글로벌 결제 허브로서 역할을 한다. 기존의 준비금 1:1 보장 모델뿐 아니라 알고리즘 기반 안정화 모델을 도입해 가치 안정성을 강화하고

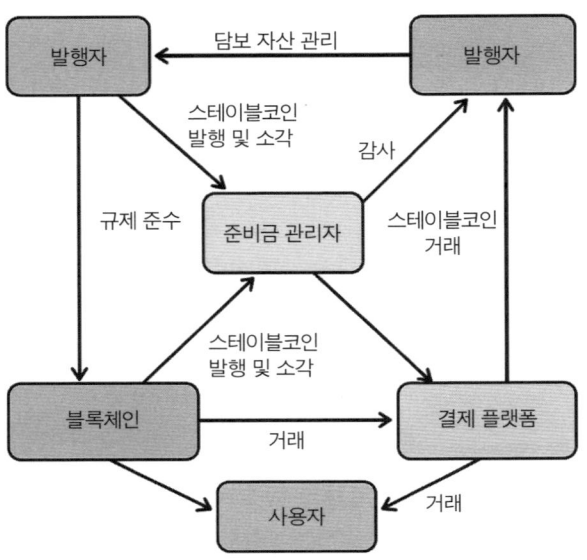

스테이블코인 에코시스템

있으며 월별 감사와 CEO 인증 등 투명성과 규제 준수도 필수적으로 수행하고 있다. 예를 들어 미국의 유에스디코인USDC 발행사 서클은 글로벌 금융기관과 협력해 스테이블코인 준비금을 안전자산으로 운용하며 발행과 상환 과정에서 투명성을 확보하고 있다. 한국에서는 5대 은행과 핀테크 기업이 준비금 관리체계를 논의하며 제도화된 발행 모델을 모색하고 있다.

　스테이블코인은 거래소와 결제 플랫폼을 통해 유동성을 확보하고 사용자에게 실제 금융 서비스를 제공한다. 페이팔, 스퀘어, 코인베이스 등 글로벌 결제 플랫폼은 스테이블코인을 통한 송금, 결제, 자산관리 서비스를 확대하고 있으며 국경 없는 송금과 결제 혁신을 실현하고 있다. 한국에서도 업비트와 코빗 등 거래소와 토스와 카카오페이 등 결제 플랫폼이 스테이블코인 기반 서비스를 준비 중이다. 이 과정에서 발행사와 플랫폼 간의 실시간 연결과 상호운용성이 중요한 역할을 하고 있다.

스테이블코인의 안정적 운영과 확장은 기술 제공자의 역할 없이는 불가능하다. 블록체인 인프라, 스마트 콘트랙트, 분산원장 기술 등을 제공하는 리플, 솔라나, 애벌랜치 등의 기업은 스테이블코인 네트워크의 안정성과 확장성을 보장한다. 또한 클라우드 기반 금융 솔루션과 API 서비스를 제공하는 기술 기업들은 금융 서비스 자동화와 프로그래밍 머니 시대를 가능하게 한다.

각국의 규제기관은 스테이블코인이 안정적으로 운영되도록 법적, 제도적 장치를 마련하고 있다. 미국의 지니어스 법안, 유럽연합의 가상자산 규제 기본법안, 싱가포르의 결제서비스법Payment Services Act 등은 스테이블코인 발행과 운용, 상환, 준비금 관리, 외부 감사 등을 규정하고 있다. 이러한 규제는 글로벌 금융 시스템과의 신뢰 연결을 보장하며 발행사와 플랫폼이 투명하고 안정적인 금융 서비스를 제공하도록 유도한다.

스테이블코인은 거스를 수 없는 글로벌 금융 흐름으로 씨티, 뱅크오브아메리카, JP모건 등 대형 금융사와 페이팔, 스퀘어, 블록체인 스타트업이 적극적으로 참여하고 있다. 이들은 기존 금융망과 블록체인을 연결하며 송금과 결제 혁신을 추진하고 있다. 또한 준비금 운용을 통한 이자 수익과 금융 서비스 확대 전략을 동시에 구사하고 있다. 한국 금융권에서도 국내 5대 은행과 토스와 카카오페이 등 핀테크 기업이 준비 중이며 글로벌 금융사와의 협력 가능성도 모색하고 있다.

신뢰와 안정성을 기반으로 한 새로운 금융질서를 설계하고 있다

스테이블코인의 가장 큰 혁신은 주체 간 상호운용성이다. 서로 다른 스테이블코인, 블록체인 네트워크, 기존 금융 시스템 간 원활한 연결은 송금, 결제, 자산관리 서비스의 신속성 및 효율성을 극대화한다. 그리고 글로벌 생태계 확장을 통해 단일 국가나 기업을 넘어서 금융질서의 새로운 규칙과 질서가 형성된다. 이는 단순한 기술적 진화가 아니라 금융 구조 전반과 경제 질서에 영향을 주는 근본적 변화를 의미한다.

스테이블코인은 금융 주권 강화, 소비자 중심 경제, 디지털 자산시장 활성화, 탈중앙화 금융과 같은 대체 금융 서비스, 인공지능 기반 자동화 경제 등 금융 패러다임 전환의 중심축으로 자리 잡고 있다. 국가 중심 통화정책과 글로벌 지급 결제 주도권 경쟁 속에서 스테이블코인은 신뢰와 안정성을 기반으로 한 새로운 금융질서를 설계한다. 스테이블코인은 단순한 결제 수단을 넘어 금융 혁신, 글로벌 지급 결제, 자산관리, 금융 서비스 자동화까지 포함한 종합적 금융 생태계 구축의 핵심 역할을 하게 된다.

 **인사이트** · · ·

[스테이블코인 에코시스템과 글로벌 규제 전선]

스테이블코인은 발행사, 준비금 및 담보 관리 기관, 거래소와 결제 플랫폼, 기술 제공자, 규제기관, 글로벌 금융사, 사용자까지 다양한 주체가 유기적으로 상호작용을 하며 새로운 금융 생태계를 형성한다. 테더, 서클, 코인베이스, 리플, 페이팔 등 주요 발행사는 가치 안정성을 보장하고 투명성 강화 및 규제 준수에 나서며 씨티, JP모건, 아마존, 월마트 같은 대형 금융과 테크 기업도 발행 가능성을 키워가고 있다.

스테이블코인의 활용은 가치 저장, 국경 간 송금, 자산관리, 자동화된 금융 서비스 등으로 확장되고 있다. 거래소와 결제 플랫폼을 통해 실물경제와도 긴밀히 연결된다. 그러나 법적·기술적 신뢰성과 보안 문제는 여전히 해결 과제로 남아 있다. 이에 각국 규제기관은 금융 안정성과 이용자 보호, 통화 주권 확보, 글로벌 표준화 등 균형을 추구하며 대응한다.

미국은 2024년 네 가지 연방 법안을 통해 '결제용 스테이블코인' 발행자에게 100% 현금 및 단기국채 준비금, 외부 감사, 자금세탁방지·고객신원확인 준수 등 엄격한 조건을 부여했다. 뉴욕주는 비트라이선스를 통해 선도적 규제 모델을 제시하고 있다. 유럽연합은 가상자산 규제 기본법안을 도입해 발행자 인가제, 준비금 보유, 공시 및 보고 의무 등을 시행하며 외화 연동 스테이블코인을 제한해 유로화 주권을 강화한다. 일본은 세계 최초로 자금결제법 개정을 통해 스테이블코인을 공식 인정하고 은행과 카드사 등 라이선스 보유 기관만 발행을 허용했다. 한국도 디지털자산기본법을 통해 발행, 유통, 상장을 포괄하는 규제 체계를 마련하고 원화 1:1 준비금, 외부 감사, 라이선스 등록제, 거래소 상장 기준 등 엄격한 관리 규정을 도입 중이다.

이러한 규제 움직임은 금융 인프라와 상호운용성 보장, 소비자 및 투자자 보호, 거시 건전성 관리라는 공통된 목표를 가진다. 동시에 글로벌 금융사와 핀테크 기업은 스테이블코인을 결제·송금·디지털 자산관리 등 디지털 인프라 전환의 핵심으로 보고 적극적으로 도입하고 있다. 스위프트와 같은 기존 금융 네트워크도 블록체인 기반 스테이블코인 적용을 실험하며 질서의 근본적 변화를 예고한다.

결국 스테이블코인은 발행사와 관리 기관, 기술 기업, 규제기관, 사용자가 협력하는 가운데 신뢰와 안정성을 바탕으로 성장하고 있다. 각국은 독립적인 규제 프레임워크를 구축하면서도 국제적으로 조율하며 글로벌 금융 패권 경쟁의 새로운 장을 열고 있다. 앞으로 5~10년 안에 스테이블코인은 단순한 디지털 자산을 넘어 결제·정산, 무역, 유동성 조달 등 실물 금융 전반을 뒤흔드는 차세대 금융 질서의 심장으로 자리매김할 것이다.

4장

금융권 스테이블코인 마스터플랜

 한국 하나은행이 미국 최대 스테이블코인 발행사인 서클과 업무 협약MOU을 체결하며 유에스디코인USDC 활용 관련 사업 확대를 준비 중이다. 이번 협력은 단순한 기술 제휴를 넘어 글로벌 디지털 자산과 전통 금융의 융합을 현실화하는 신호탄으로 평가된다. 이미 브라질에서는 금융 인프라 기업 마테라Matera가 서클과 제휴해 은행 서비스와 유에스디코인USDC을 통합해 실시간 결제 혁신을 추진하고 있다. 이를 통해 송금, 결제, 디지털 금융 서비스 전반에서 효율성과 접근성을 크게 높이고 있다.

 전통 금융권이 스테이블코인 발행사와 협력하는 이유는 명확하다. 글로벌 결제망, 디지털 자산 저변 확대, 크로스보더 송금 등 실질적 수요를 창출할 수 있기 때문이다. 은행으로서는 고객에게 안정적이고 실시간 거래 서비스를 제공하면서도 자금세탁방지·고객

신원확인 등 규제 준수 체계를 유지할 수 있다. 기술팀과 준법감시팀, 운영팀이 긴밀히 협력해 안전한 수탁과 거래, 준법을 관리하며 고객은 직관적 인터페이스와 다양한 디지털 자산 서비스를 누릴 수 있다.

이러한 흐름은 전 세계적으로 확산되고 있다. 리플은 이미 스위스와 튀르키예 은행권과 협력하며 경험을 축적했다. 2024년에는 스위스 암호화폐 수탁 업체 메타코Metaco를 인수해 전 세계적으로 60개 이상의 규제 라이선스를 확보했다. 이번 스페인 대형은행 방코 빌바오 비스카야 아르헨타리아BBVA와의 협력은 유럽 내 리플의 영향력을 확대함과 동시에 전통 금융권이 기존 제삼자 솔루션 대신 자체적으로 신뢰할 수 있는 파트너를 택해 디지털 자산 서비스를 구축하는 추세를 보여준다. 이는 규제 준수, 보안 강화, 서비스 다양화라는 세 축을 중심으로 은행이 디지털 자산 전략을 안정적으로 실행하려는 움직임과 맞닿아 있다.

스테이블코인을 활용한 전통 금융과 디지털 자산의 융합은 단순한 실험이 아닌 필수 전략이 되고 있다. 은행은 글로벌 파트너와의 협력을 통해 경쟁력을 강화하고 고객 접근성을 높이며 글로벌 금융시장에서 전략적 입지를 확보한다. 규제 준수, 보안 강화, 서비스 다양화라는 세 가지 축 위에서 전통 금융권은 디지털 자산 시대를 선도하며 금융 패러다임의 새로운 지평을 열고 있다. 한국, 브라질, 유럽 사례에서 보듯이 은행과 스테이블코인 발행사의 협력은 단순한 기술적 결합을 넘어 금융의 구조적 변화를 만들어가는 핵심 동력이 되고 있다.

1
은행은 어떻게 디지털 금융 인프라를 만들 것인가

은행은 오랫동안 '신뢰의 상징'이었다. 월급이 들어오고 집값을 마련하기 위해 대출받고 해외에 있는 가족에게 송금하는 일까지 우리의 일상 속 돈의 흐름은 늘 은행 창구와 계좌를 거쳐 흘러갔다. 그래서 은행은 단순한 금융기관이 아니라 사회의 혈관과도 같았다. 그러나 이제는 그 혈관의 흐름에 새로운 통로가 열리고 있다. 블록체인과 디지털 자산이 만들어낸 길이다.

지금까지 스테이블코인은 주로 거래소와 투자자들의 영역으로 여겨졌다. 하지만 이제 은행이 직접 나서서 스테이블코인을 발행하거나 파트너십을 통해 운영하려는 움직임이 본격화되고 있다. 단순히 새로운 금융상품을 하나 더 만드는 차원이 아니다. 이는 은행이 '디지털 시대의 금융 인프라'를 다시 짓는 과정이다. 과거 은행이 전국에 지점을 세우며 금융망을 확장했다면 이제는 블록체인 위에 글로벌 결제망을 세우는 셈이다.

왜 은행이 이 선택을 하는 걸까? 이유는 분명하다. 고객에게 안정적이고 신뢰할 수 있는 디지털 화폐를 제공하기 위해서다. 동시에 은행 자신에게도 기회다. 영업시간과 인력의 한계를 넘어 24시간 실시간으로 결제를 처리할 수 있고 블록체인의 투명성과 자동화 기술을 활용해 새로운 금융 서비스를 만들어낼 수 있다. 더 나아가 원화와 달러가 연결되는 스테이블코인은 해외 송금, 기업 간 거래, 국제 투자 등에서 기존보다 훨씬 빠르고 저렴한 결제 환경을 제공한다.

스테이블코인은 은행에 단순한 기술적 실험이 아니라 미래 금융 경쟁력의 열쇠로 다가오고 있다. 우리가 매일 쓰는 화폐의 디지털 버전이자 은행이 글로벌 무대에서 다시 한번 주도권을 잡을 수 있는 기회다. 그리고 그 변화의 시작은 '은행이 만드는 스테이블코인'이다.

왜 은행은 스테이블코인을 도입하려 하는가

금융권 스테이블코인은 법정화폐나 실물자산을 담보로 발행되는 디지털 토큰이다. 은행이 직접 발행하거나 파트너십을 통해 운영하며 송금, 결제, 투자, 자산관리 등 다양한 금융 활동에 활용된다. 현재 대부분의 스테이블코인은 거래소 중심의 투자와 거래에서 사용되고 있으며 실물경제 영역에서의 활용은 여전히 5~10% 수준에 머물러 있다.

그러나 기술과 제도의 변화가 빠르게 진행됨에 따라 이 두 영역의 경계는 점차 허물어지고 있다. 해외 송금, 개인 간 P2P 결제, 기업 간 지급 결제 영역에서 스테이블코인이 확산되면서 금융권은 단

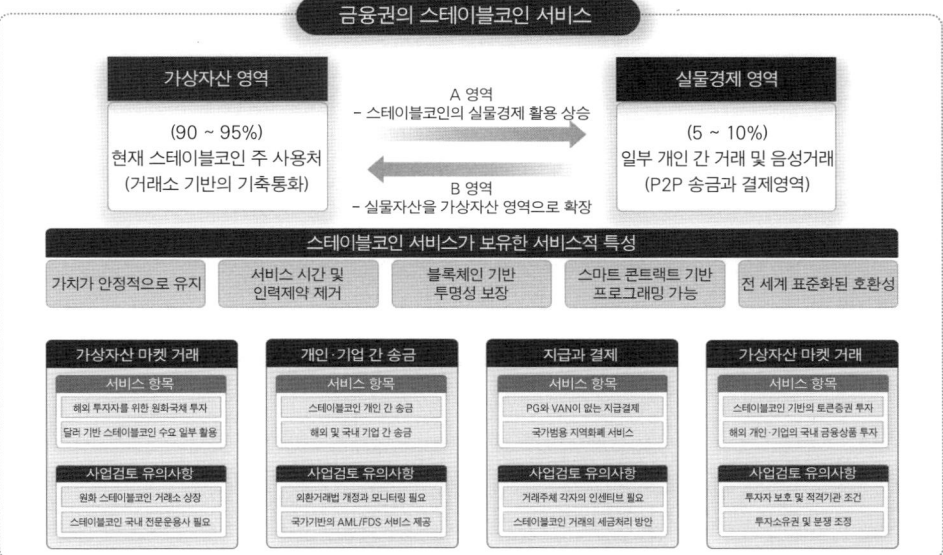

순한 은행 계좌 기반 서비스를 넘어 글로벌 결제망과 실시간 자산 이동을 제공할 수 있는 새로운 기회를 맞이하고 있다.

은행이 스테이블코인을 도입하는 이유는 명확하다. 첫째, 가치의 안정적 유지다. 달러·원화 등 법정화폐 연동을 통해 가격 변동성을 최소화하며 고객에게 신뢰할 수 있는 디지털 화폐를 제공할 수 있다. 둘째, 서비스의 시간과 인력 제약을 해소한다. 전통적인 은행 결제망은 영업시간과 인력에 제한되지만 스테이블코인은 블록체인을 기반으로 24시간 실시간 결제를 가능하게 한다. 셋째, 블록체인 기반의 투명성을 확보할 수 있다. 모든 거래 내역은 분산원장에 기록되며 스마트 콘트랙트를 통해 자동화된 조건부 지급과 결제를 할 수 있다. 넷째, 글로벌 표준 호환성을 확보할 수 있다. 원화 스테이블코인과 달러 페그(고정) 코인을 통해 해외 송금, 투자, 기업 간 결제 등 다양한 영역에서 국제적 활용이 가능하다. 결국 스테이블코인은 은행에 단순한 디지털 자산이 아닌 미래 금융 서비스의 인프라 구축 기회이자 경쟁력의 핵심 요소가 된다.

은행은 발행을 넘어 종합 인프라 전략을 세워야 한다

은행이 스테이블코인 플랫폼을 구축하려면 단순히 코인을 발행하는 수준을 넘어 복합적인 시스템 설계가 필요하다. 기본적인 프런트엔드 서비스는 사용자 전자지갑, 지급·결제, 송금, 자산 구매 등으로 구성되며 분산신원인증DID ·고객신원확인KYC을 통한 신원인증과 결제 연동 API가 통합된다.

백엔드에서는 지갑과 수탁 시스템, 결제·정산·장산 서비스가 운영되며 온오프 램프를 통해 현금과 디지털 자산 간 이동을 원활히

금융권 스테이블코인 플랫폼 구축 방안

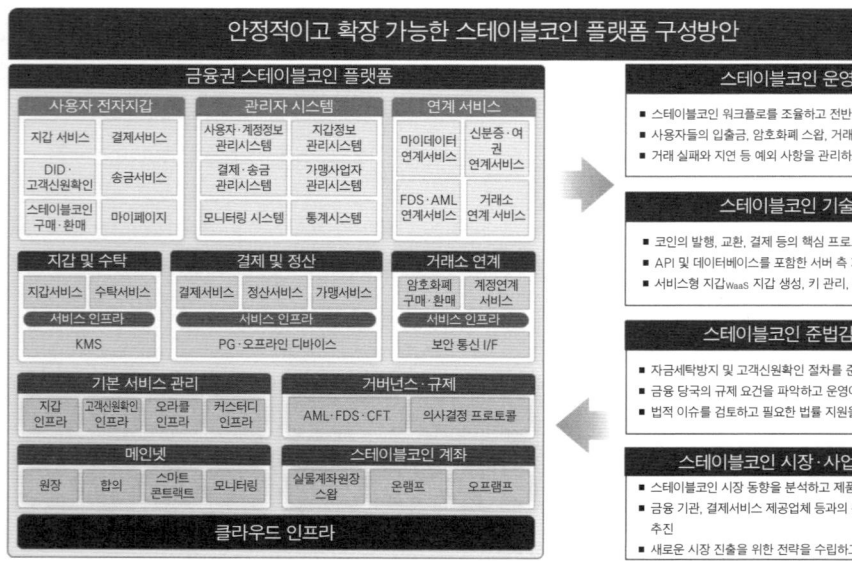

지원해야 한다. 여기에 스마트 콘트랙트 모듈, 자체 메인넷, 오라클 연계까지 포함되면 실시간 자동화 결제, 담보 관리, 자산 배분 등 다양한 금융 기능을 온체인에서 구현할 수 있다.

또한 이상거래 탐지시스템FDS·자금세탁방지AML 모듈을 통해 이상 거래 탐지와 자금세탁방지를 수행하고 외부 신분인증 및 규제기관 연동을 통해 준법 감시 체계를 강화한다. 이처럼 플랫폼 설계는 단순한 기술적 구현이 아니라 금융 규제, 고객 신뢰, 글로벌 연동성을 모두 아우르는 종합 인프라 전략이어야 한다.

2
은행은 어떻게 디지털 금융 시대에 혁신할 것인가

은행이 스테이블코인을 운영한다는 말은 단순히 새로운 디지털 토큰을 찍어낸다는 뜻이 아니다. 그 안에는 마치 거대한 오케스트라가 한 곡을 연주하듯이 수많은 부서와 인력이 긴밀하게 맞물려 움직여야 한다는 조건이 숨어 있다. 발행과 교환을 맡는 팀, 인프라와 보안을 설계하는 기술팀, 규제를 관리하는 준법감시팀, 시장을 개척하고 파트너십을 만드는 사업개발팀까지 각자가 맡은 역할은 다르지만 어느 하나라도 놓치면 시스템 전체가 흔들린다.

스테이블코인 운영에 맞게 스스로 재설계해야 한다

스테이블코인은 이름만 안정적이지 않다. 그 안정성을 뒷받침하려면 조직 내부의 철저한 분업과 지속적인 관리가 필수적이다. 고객이 사용하는 전자지갑 하나가 매끄럽게 작동하려면 그 뒤에서 수많은 절차와 통제가 동시에 굴러가야 한다. 자금세탁방지를 위한 모니터링, 준비금 증명과 회계 감사, 위기 상황을 대비한 스트레스 테스트, 고객에게 정보를 알리고 피드백을 받는 시스템까지 모두 촘촘히 엮어야만 비로소 '안정적 코인'이 제 역할을 할 수 있다.

결국 은행이 스테이블코인을 제대로 운영한다는 것은 단순히 새로운 서비스를 시작한다는 선언이 아니다. 이는 은행이 디지털 금융 시대에 살아남기 위해 스스로의 몸을 다시 설계하는 과정이다. 금융 혁신의 열쇠는 코인 자체가 아니라 그 코인을 안정적으로 굴려낼 수 있는 조직적 역량과 운영 구조에 달려 있다.

조직적 분업을 통해 설계하고 운영하는 것이 중요하다

스테이블코인 운영은 조직적 분업 없이는 불가능하다. 운영팀은 코인 발행, 교환, 결제 워크플로우를 총괄하며 사용자 소통과 고객 경험을 책임진다. 기술팀은 인프라 설계, API·데이터베이스·보안·인증 등 핵심 기술 구현을 담당한다. 준법감시팀은 자금세탁방지, 금융 당국 보고, 법률 모니터링 등 규제 준수를 책임진다. 시장·사업개발팀은 신규 서비스 기획, 파트너십, 상품 전략을 수행한다.

여기에 표준운영절차SOP, 이중 통제, 스트레스 테스트, 제재 대상 스크리닝, 준비금 증명, 고객 공지·피드백 시스템 등을 통합하여 리스크 관리 체계를 완비한다. 이는 단순한 내부 관리가 아니다. 은행이 글로벌 신뢰를 확보하고 실시간 금융 혁신을 지속적으로 구현할 수 있는 필수 조건이다.

스테이블코인의 중장기 발전 전략은 기술적·제도적 통합과 실물경제 확장에 초점을 맞춘다. 기존 가상자산 거래 영역을 넘어 결제·송금·투자·디앱DApp 접목 등 실물경제와 연계된 응용 모델을 확대해야 한다. 스마트 콘트랙트 기반 자동화, 온오프체인 자산관리, 글로벌 결제 네트워크 연동 등 서비스 연동성을 강화하는 것이 핵심이다.

주요 성공 조건은 준비금 100% 현금성 확인, 외부 회계감사 및 실시간 공개, 스마트 콘트랙트 기반 프로그래밍 가능성, 자금세탁방지·이상거래탐지시스템FDS·고객신원확인 등 규제 준수, 지갑·거래소 독립성 유지 등이다. 아울러 발행자, 금융기관, 규제기관, 이용자 등 당사자별 역할을 명확히 하여 실명 확인, 지갑 검증, 거버넌스, 준법 등을 체계화해야 한다.

금융권 스테이블코인은 미래 금융의 핵심 인프라다

금융권 스테이블코인은 단순한 디지털 달러나 원화 토큰이 아니다. 이는 은행의 운영, 기술, 규제, 고객 경험, 글로벌 결제망을 모두 통합하는 '미래 금융의 핵심 인프라'다. 조직적 분업, 표준화된 운영 절차, 실시간 리스크 모니터링, 글로벌 연계 네트워크, 제도화된 규제와 거버넌스가 결합될 때 은행은 단순한 예금·대출 기관에서 벗어나 금융 혁신의 주체로서 살아남을 수 있다.

스테이블코인을 통해 은행은 속도, 신뢰, 글로벌 확장성을 동시에 확보할 수 있으며 앞으로 다가올 디지털 금융 시대에 주도적 위치를 점할 수 있다. 결국 은행이 스테이블코인을 어떻게 설계하고 운영하느냐에 따라 미래 금융 생태계에서의 영향력과 경쟁력은 완전히 달라질 것이다.

3
은행 스테이블코인의 성공 조건은 태스크포스팀이다

스테이블코인을 은행에서 발행한다는 목표를 세우면 무엇보다 먼저 해야 할 일은 전담 태스크포스팀TFT, Task Force Team 구성이다. 단순히 몇 명이 모여 의견을 나누는 정도가 아니라 발행, 운영, 규제 대응, 기술 구축까지 아우르는 종합 프로젝트팀을 만들어야 한다. 태스크포스팀은 스테이블코인의 생애주기 전체를 책임지는 핵심 조직이다. 초기에 명확한 목표와 역할 분담이 필수다.

스테이블코인 태스크포스팀의 목표와 역할은 무엇인가

태스크포스팀의 첫 단계는 목표 정의다. 은행 입장에서는 스테이블코인을 단순한 디지털 화폐로 발행하는 것을 넘어서 글로벌 금융 거래와 결제 인프라의 핵심축으로 자리 잡게 하는 것이 목표다. 그러기 위해 태스크포스팀은 발행 구조 설계, 블록체인 기술 구축, 준비금 관리, 규제 허가, 운영 모델 개발, 고객 서비스 설계 등 여러 영역을 동시에 고려해야 한다. 초기 단계에서 목표를 명확히 하지 않으면 기술팀은 개발 방향을 혼동하고 법무팀은 불필요한 허가 서류 준비에 시간을 낭비하게 된다.

다음으로 중요한 것은 핵심 멤버 선정이다. 태스크포스팀에는 최소한 다음 역할이 필요하다. 먼저 금융·회계 전문가는 스테이블코인의 가치 안정성을 위해 준비금을 관리하고 회계 처리 및 내부 감사 기준을 설계한다. 그리고 법무·규제 전문가는 금융위원회, 한국은행, 금융감독원 등 규제기관과의 허가 및 정책 협의를 책임진다. IT·블록체인 전문가의 역할은 플랫폼 구축, 스마트 콘트랙트 설계, 보안 및 데이터 무결성 확보를 담당한다. 마케팅·고객 경험 전문가는 사용자가 실제로 스테이블코인을 결제, 송금, 투자에 활용할 때의 사용자 인터페이스UI와 사용자 경험UX 설계 및 커뮤니케이션 전략을 담당한다.

태스크포스팀 운영 방식도 초기에 정해야 한다. 주간 회의와 월간 전략 보고를 기준으로 의사결정 구조와 보고 체계를 명확히 설정한다. 예를 들어 기술 개발 진행 상황은 IT 팀장이 태스크포스팀 의장에게 주간 보고를 한다. 규제 대응 진행 상황은 법무팀장이 월간 보고를 통해 전략적 조율을 받는 방식이다. 이러한 체계가 있어야 태스크포스팀 내 커뮤니케이션 혼선과 책임 회피를 방지할 수 있다.

초기에 브레인스토밍, 시장 분석, 로드맵을 해야 한다

초기 태스크포스팀 회의의 핵심 과제는 브레인스토밍과 시장 분석이다. 스테이블코인을 발행한다고 해서 모든 것이 자동으로 해결되는 것은 아니다. 경쟁사 동향을 분석하고 글로벌 스테이블코인 사례를 살펴 우리 은행이 어떤 시장을 목표로 삼을지 정의해야 한다. 또한 내부적으로 리스크 관리와 책임 구분에 대한 기본 원칙도 함께 논의해야 한다. 예를 들어 준비금 운용 관련 책임은 금융 전문가가 갖되 이를 검증하는 감사 절차는 별도로 구성하는 식이다.

마지막으로 태스크포스팀 구성 초기 단계에서 중요한 점은 실행할 수 있는 로드맵을 함께 만드는 것이다. 단순히 '스테이블코인 발행'이라는 큰 목표만으로 회의를 진행하면 구체적 행동으로 연결되지 않는다. 초기 로드맵에는 태스크포스팀 팀원별 역할과 책임, 진행 단계별 산출물, 검증 기준, 외부 자문 필요 여부까지 명시하는 것이 좋다. 이렇게 하면 태스크포스팀이 초기부터 체계적으로 움직이며 이후 규제 대응과 기술 구축, 외부 협력 등 복잡한 과정에서도 혼란을 최소화할 수 있다.

태스크포스팀 구성과 초기 기획 단계는 스테이블코인 프로젝트 성공의 출발점이다. 목표를 명확히 하고 핵심 멤버를 선발하며 역할과 책임을 정의한다. 또한 초기 브레인스토밍과 로드맵을 만들어야 한다. 이것이 안정적이고 체계적인 스테이블코인 발행 프로젝트를 위한 첫걸음이다.

4
시장조사와 사례 분석을 통해
발행 전략을 세운다

 스테이블코인 발행 태스크포스팀이 초기 구성과 기획을 끝냈다면 다음 단계는 시장조사와 글로벌 사례 분석이다. 이는 단순히 다른 스테이블코인을 살펴보는 것이 아니라 우리 은행이 목표로 하는 금융 생태계와 경쟁 환경을 명확히 이해하고 성공 전략을 설계하는 과정이다.

국내외 시장조사와 사례 분석을 해야 한다

 첫 번째로 해야 할 일은 국내외 스테이블코인 시장조사다. 국내에서는 아직 금융사 발행 스테이블코인 사례가 거의 없기 때문에 해외 사례가 중요한 참고 자료가 된다. 예를 들어 미국의 달러 기반 스테이블코인 유에스디코인USDC, 일본의 엔화 기반 스테이블코인 JPYC, 싱가포르의 DBS 스테이블코인 등이 있다. 각 사례에서 발행 구조, 준비금 관리 방식, 규제 대응, 기술 플랫폼, 거래소 연계 방식을 분석한다. 이를 통해 우리 은행이 벤치마킹할 수 있는 요소와 피해야 할 리스크를 동시에 파악할 수 있다.

다음으로 규제 환경 분석이 필수다. 각국 스테이블코인은 금융당국의 규제와 직결되어 있으며 허가 없이 발행할 경우 법적 문제에 직면할 수 있다. 따라서 태스크포스팀은 한국은행, 금융위원회, 금융감독원 등 관련 기관의 규제 가이드라인을 정리하고 해외 사례에서는 어떤 규제 전략을 사용했는지 조사해야 한다. 예를 들어 미국에서는 증권거래위원회와 통화감독청이 스테이블코인 관련 규제 프레임워크를 제시한다. 일본은 핀테크 기업에 먼저 발행 허가를 줌으로써 실험적 접근을 허용했다. 이러한 차이를 이해하면 우리 은행이 국내 환경에서 허가를 받기 위해 어떤 전략을 세워야 하는지 방향을 잡을 수 있다.

세 번째는 기술적 사례 분석이다. 스테이블코인의 안정성과 신뢰성은 블록체인 기술과 준비금 관리 구조에서 나온다. 따라서 기존 스테이블코인이 어떤 블록체인 네트워크를 사용했는지, 레이어2(Layer2) 솔루션이나 제로 지식 롤업(zk-Rollup) 같은 확장성 기술을 도입했는지, 스마트 콘트랙트로 자금 흐름을 자동화했는지 등을 조사한다. 이를 통해 우리 은행이 내부 개발로 구현할 수 있는 영역과 외부 기술 파트너에게 의뢰해야 하는 영역을 구분할 수 있다.

또한 운용 및 유동성 확보 전략도 분석 대상이다. 스테이블코인이 발행되더라도 실제 사용자가 없으면 의미가 없다. 따라서 거래소와 결제 플랫폼 연계, 금융기관 간 송금 활용, 기관투자자와 기업 고객을 대상으로 한 유동성 확보 방안을 기존 사례에서 확인한다.

예를 들어 미국 불리시는 기업공개 공모 자금을 스테이블코인으로 수령하면서 실시간 국제 송금과 대규모 자금 유동성을 확보했다. 일본은 엔화 스테이블코인을 금융기관과 핀테크 기업이 공동 활용하면서 초기 수요를 안정화했다.

시장조사와 사례 분석은 발행 전략 설계의 핵심이다

태스크포스팀은 분석 결과를 기반으로 전략적 선택을 해야 한다. 예를 들어 국내 규제 환경이 엄격하다면 초기에는 은행 내부 테스트와 소규모 기업 거래부터 시작하고 이후 허가 범위를 확대하는 단계적 접근이 필요하다. 기술 선택도 완전 내부 개발보다는 검증된 외부 플랫폼과 결합해 안정성과 개발 속도를 동시에 확보할 수 있다.

결국 시장조사와 사례 분석 단계는 실제 스테이블코인 발행 전략을 설계하는 핵심 기반이다. 태스크포스팀은 이를 통해 발행 구조, 기술 플랫폼, 규제 대응, 유동성 전략을 구체화하고 이후 단계에서 실질적인 설계와 구현으로 연결할 수 있다. 이 단계가 탄탄해야 태스크포스팀의 다음 단계인 플랫폼 구축, 규제 허가, 운영 전략이 순조롭게 진행될 수 있다.

5
스테이블코인 설계와 발행 구조를 제대로 해야 한다

시장조사와 사례 분석을 통해 방향을 잡았다면 태스크포스팀의 다음 단계는 실제 스테이블코인의 설계와 발행 구조를 결정하는 것이다. 이 단계는 단순히 기술적 설계만이 아니라 금융 안정성, 규제 대응, 사용자 신뢰 확보까지 고려해야 한다.

어떻게 스테이블코인 발행 전략의 설계도를 짤 것인가

첫 번째로 결정할 요소는 스테이블코인의 가치 안정 구조다. 일반적으로 스테이블코인은 다음 세 가지 방식 중 하나를 택한다. 먼저 법정화폐 담보형이다. 예치금이나 준비금을 실제 법정화폐로 보유하고 발행되는 코인을 1:1로 담보한다. 안정성이 높고 규제 당국에서 선호하는 방식이다. 그다음으로 가상자산 담보형이다. 비트코인과 이더리움 등 암호화폐를 담보로 발행하며 초과 담보overcollateralization를 통해 가격 변동 리스크를 완화한다. 마지막으로 알고리즘형이다. 담보 없이 알고리즘으로 공급량을 조절하여 가격을 안정시키는 방식이다. 테라·루나 붕괴 사례에서 보듯 알고리즘 실패 위험이 있다. 태스크포스팀은 우리 은행이 추구하는 안정성과 시장 전략에 따라 적합한 구조를 선택해야 한다. 예를 들어 초기에는 법정화폐 담보형으로 시작하고 이후 점진적으로 가상자산 담보형 또는 하이브리드 모델로 확장할 수 있다.

두 번째로는 발행과 환매 메커니즘을 설계해야 한다. 스테이블코인은 발행 시점과 환매 시점에서 사용자와 발행사 간 신뢰가 핵심이다. 이를 위해 스마트 콘트랙트를 활용해 자동 환매, 준비금 증빙, 발행 한도 관리를 구현할 수 있다. 또한 발행사의 재무 상태와 준비금 관리 프로세스를 태스크포스팀 내에서 점검하고 정기적으로 감사 보고서를 발행해 투명성을 확보해야 한다.

세 번째로는 기술 플랫폼 선정이다. 블록체인 네트워크 선택은 확장성과 거래 속도, 수수료, 보안 수준에 직결된다. 일반적으로 이더리움, 솔라나, 스텔라 등 검증된 퍼블릭 블록체인을 활용하거나 은행 내부 전용 네트워크를 구축할 수도 있다. 초기 단계에서는 외부 플랫폼과 연계해 개발 부담을 줄이고 점진적으로 내부 시스템과 통합하는 접근이 효율적이다.

네 번째로는 태스크포스팀 역할과 책임 분담이다. 발행과 관련된 태스크포스팀 내 핵심 역할은 다음과 같이 나눌 수 있다. 전략 및 기획팀은 시장조사, 발행 구조 설계, 규제 대응 전략 수립 등을 한다. 기술팀은 스마트 콘트랙트 개발, 블록체인 인프라 구축, 보안 검증 등을 한다. 준비금 및 회계팀은 자금 예치, 준비금 관리, 감사 보고 등을 담당한다. 규제·법무팀은 금융당국과 소통, 허가 신청, 법적 위험 관리 등을 한다. 운영팀은 거래소·결제 연계, 사용자 지원, 유동성 관리 등을 담당한다.

발행 구조 완성과 규제기관 허가 전략도 수립해야 한다

규제기관 허가 전략 수립도 매우 중요하다. 국내에서는 한국은행, 금융위원회, 금융감독원이 핵심 기관이며 발행 허가나 실증사업 신청 과정에서 태스크포스팀이 직접 진행할 수도 있고 변호사, 회계법인, 컨설팅 등 전문 자문기관을 활용해 효율성을 높일 수도 있다. 초기 단계에서는 자문기관과 함께 규제 허가 준비를 하고 최종 제출과 대관은 태스크포스팀이 주도하는 방식이 안전하다.

스테이블코인 설계와 발행 구조 단계는 금융 안정성, 기술 구현, 규제 대응, 운영 전략을 통합적으로 설계하는 단계다. 다음 단계에서는 실제 시스템 구축과 테스트, 시범 운영으로 넘어가면서 설계안을 현실화하게 된다.

6
스테이블코인 시스템 구축과 운영을 어떻게 할 것인가

스테이블코인 발행 구조를 설계하고 태스크포스팀 내 역할과 책임을 나눈 뒤 다음 단계는 실제 시스템 구축과 운영 준비다. 이 단계에서는 기술적 구현, 프로세스, 내부 운영 체계를 동시에 설계해야 한다.

어떻게 스테이블코인 시스템을 설계하고 구축할 것인가

스테이블코인 시스템은 단순한 암호화폐 발행 시스템이 아니라 금융 안정성, 사용자 신뢰, 규제 준수를 모두 충족해야 한다. 그러기 위해 먼저 보안을 우선해야 한다. 거래, 준비금 관리, 사용자 정보 모두 고도의 보안을 유지하는 게 필수다. 스마트 콘트랙트와 블록체인 노드는 해킹에 대비한 다층 방어 구조로 설계한다. 투명성 확보는 준비금 증빙, 발행량, 거래 기록을 정기적으로 감사 가능하도록 기록해야 하며 블록체인상에서 자동 검증이 가능해야 한다. 확장성과 성능도 중요하다. 초기 거래량은 제한적일 수 있으나 향후 확장을 고려해 레이어2, 제로 지식 롤업zk-Rollup, 사이드체인 등 기술을 적용해 처리 속도와 수수료 부담을 최소화한다.

시스템 구축에는 다음과 같은 주요 구성 요소가 필요하다. 먼저 블록체인 네트워크다. 이더리움, 솔라나, 스텔라 등 퍼블릭 체인을 활용하거나 은행 전용 프라이빗 체인을 구축해야 한다. 둘째, 스마트 콘트랙트다. 발행·환매·준비금 관리·거래 검증을 자동화하고 조건 기반 자동 실행을 통해 운영 효율성과 보안 강화를 확보해야 한다. 셋째, 준비금 관리 시스템이다. 은행 계좌와 연계해 예치금 증빙, 회계 처리, 실시간 잔액 확인이 가능해야 한다. 넷째, 거래·결제 인터페이스다. 내부 및 외부 거래소와 연계하여 유동성을 확보하고 결제용 API를 제공한다. 다섯째, 감사 및 모니터링 툴이다. 거래 로그, 준비금 상태, 스마트 콘트랙트 실행 내역을 실시간으로 감시하고 보고한다.

시스템 구축은 단계별로 접근하는 것이 안전하고 효율적이다. 설계 단계에서는 태스크포스팀 내 기술팀과 전략팀이 참여하여 블록체인 구조, 스마트 콘트랙트 설계, 보안 정책 수립 등을 한다. 프로토타입 개발 단계에서는 소규모 테스트 환경에서 발행·환매 기능, 거래 처리, 준비금 관리 모듈 검증 등을 한다. 시범운영인 파일럿 단계에서는 제한된 사용자 그룹과 연계해 실제 발행, 거래, 결제 시뮬레이션을 수행한다. 정식 운영 단계에서는 보안, 규제, 성능 테스트를 통과한 후 실제 발행·거래·결제 시스템으로 확대 운영한다.

스테이블코인 시스템 구축 후 운영을 어떻게 할 것인가

　태스크포스팀 내 역할은 구축 이후 운영 단계에서도 분명히 나눠야 한다. 기술팀은 블록체인 노드 유지, 스마트 콘트랙트 모니터링, 보안 패치 등을 담당한다. 준비금과 회계팀은 발행·환매에 따른 자금 흐름 관리, 감사 보고서 작성 등을 한다. 운영팀은 거래소·결제 연계, 고객 지원, 시스템 오류 대응 등을 담당한다. 규제·법무팀은 지속적인 규제 준수 모니터링, 금융당국 보고, 정책 변화 대응 등을 맡아서 처리한다.

　스테이블코인 시스템 운영은 규제 준수와 긴밀히 연계되어야 한다. 초기 허가와 실증사업은 태스크포스팀이 주도하되 변호사, 회계사 등 외부 전문가와 협업한다. 시스템 운영 중 정기 보고, 감사 자료 제출, 위험 관리 정책 업데이트는 태스크포스팀이 책임진다. 정부 기관 대상 신고, 허가 갱신, 규제 대응은 외부 전문 기관 도움을 받되 최종 책임과 판단은 은행 내부 태스크포스팀이 수행한다.

　유동성 관리는 스테이블코인 발행량, 준비금, 거래량을 지속적으로 모니터링으로 한다. 그리고 보안 업데이트로 블록체인 취약점, 스마트 콘트랙트 버그 등을 실시간으로 점검한다. 또한 사용자 신뢰는 정기적으로 발행량, 준비금, 감사 자료를 공개하면서 획득한다. 마지막으로 위기 대응은 시장 변동성, 시스템 오류 발생 시 대응 매뉴얼과 책임자 지정으로 통해 한다.

7
스테이블코인 구축 후 글로벌 금융 생태계와 연계한다

 스테이블코인을 성공적으로 구축하고 운영한 이후 다음 과제는 국내를 넘어 글로벌 금융 생태계와 연계하는 것이다. 스테이블코인은 국경 없는 디지털 자산이므로 국제 금융 시스템과의 호환성, 규제 대응, 기술 연계 전략이 필수적이다.

글로벌 확산을 위해 각국 규제 차이를 분석해야 한다
 스테이블코인이 단순히 국내 결제 수단으로 머무르는 경우 활용성과 성장 잠재력이 제한된다. 국제 송금, 외환거래, 글로벌 투자 등 다양한 금융 활동에 연결될 때 진정한 가치가 발현된다. 먼저 국제 송금은 기존 은행 송금 대비 시간과 수수료를 획기적으로 줄일 수 있다. 외환거래는 다양한 국가 통화와 연계된 스테이블코인을 통해 환전 효율성을 극대화한다. 글로벌 투자는 기관투자자 및 해외 거래소와 연계된 유동성을 확보한다.

스테이블코인을 글로벌 시장에서 안정적으로 운영하기 위해서는 주요 금융 기관과 협력해야 한다. 먼저 해외 은행은 준비금 예치, 송금, 외환 연계, 유동성 확보를 위해 협력해야 한다. 글로벌 거래소는 거래소 상장 및 결제 인프라 제공에 필요하다. 국제 결제망은 스위프트, 리플넷RippleNet, 디지털 자산 전용 결제망과 연계하기 위해 협력해야 한다. 기관투자자는 기관 대상 투자 유치 및 결제 테스트, 유동성 확보를 위해 필요하다.

각국의 규제 차이는 글로벌 확산의 가장 큰 장벽이다. 이를 위해 태스크포스팀은 다음 전략을 수행해야 한다. 먼저 규제 분석이다. 각국 금융당국의 가이드라인, 자금세탁방지·고객신원확인 규제, 디지털 화폐 관련 법률 분석을 한다. 둘째, 현지 전문가 협업이다. 해외 법무법인, 회계법인, 컨설팅사와 협업하여 규제 대응 계획을 수립한다. 마지막으로 실증사업 참여다. 금융당국이나 국제기구가 주관하는 디지털 화폐 실증 프로젝트 참여를 통해 운영 경험을 축적한다.

기술, 규제, 표준을 아우르는 글로벌 확장 전략이 필요하다

스테이블코인을 글로벌 네트워크와 연계하기 위해 다음 기술 전략이 필요하다. 우선 멀티체인 연계다. 이더리움, 솔라나, 스텔라 등 다양한 블록체인과 호환할 수 있는 멀티체인 구조를 갖춰야 한다. 크로스 보더Cross-border 스마트 콘트랙트는 국가 간 송금, 자동 결제, 실시간 환전 기능 내장이 가능해야 한다. 디지털 아이디ID 및 인증 연계는 자금세탁방지·고객신원확인을 글로벌 표준에 맞춰 자동화하여 블록체인상에서 검증할 수 있도록 설계해야 한다.

스테이블코인의 글로벌 확장에는 단순 기술적 연계만으로는 충분하지 않다. 먼저 국제 금융기구 참여가 있어야 한다. 국제결제은행, 국제통화기금, 세계은행 등과 연계해 글로벌 결제 표준 및 규제 가이드라인을 준수해야 한다. 표준화 기여도 대비해야 한다. 준비금 관리, 스마트 콘트랙트 설계, 감사 기준 등 국제 표준 제정에 참여해야 한다. 글로벌 컨소시엄 구축도 필요하다. 여러 은행, 기업, 블록체인 기업이 참여하는 컨소시엄을 구성해 상호운용성과 기술 신뢰성을 확보한다.

단계적으로 글로벌 확장을 하려면 다음과 같은 역할을 해야 한다. 먼저 파일럿 송금과 결제다. 해외 협력 은행, 거래소와 제한적 파일럿 프로젝트 수행하는 것이다. 그리고 국제기관 투자자 대상으로 시범 운영을 한다. 글로벌 기관투자자를 대상으로 결제와 투자 테스트를 한다. 글로벌 정식 서비스 출시는 주요 해외 금융권과 연계한 본격적 발행·거래·결제 시스템을 가동하는 것이다. 표준화 및 생태계 확대는 국제 규제 준수와 기술 표준화 완료 후 다국적 기업·금융사와의 생태계를 확대한다.

태스크포스팀은 국내 운영뿐 아니라 글로벌 확장에서도 중심 역할을 해야 한다. 규제 대응팀은 해외 금융기관과 당국과 직접 협력하고 보고 및 허가 절차를 수행한다. 기술 운영팀은 멀티체인, 크로스보더 스마트 콘트랙트 운영 등을 담당한다. 전략팀은 글로벌 생태계 파트너십 발굴과 표준화 참여, 확장 계획 수립 등을 한다. 리스크 관리팀은 환율, 거래량, 기술 리스크를 실시간 모니터링하고 대응한다.

A은행 스테이블코인 발행 구성도

스테이블코인의 글로벌 연계와 확장은 단순히 기술을 해외에 연결하는 것이 아니라 규제, 금융 인프라, 국제 협력, 표준화가 유기적으로 맞물릴 때 가능하다. '단계별 파일럿 → 기관투자자 테스트 → 정식 서비스 → 표준화·생태계 확대' 순으로 접근하면 국내 은행 기반 스테이블코인이 글로벌 금융 인프라로 자리 잡을 수 있다.

8
스테이블코인 발행 후 운영 능력이 성패를 가른다

　스테이블코인을 발행하는 태스크포스팀은 기술적, 금융적, 규제적 측면에서 다양한 주의 사항을 염두에 두어야 한다. 스테이블코인 발행은 출발선일 뿐이다. 매일의 준비금 관리, 보안 점검, 규제 보고, 사고 대응 그리고 이용자와의 소통이 이어지지 않으면 신뢰는 한순간에 무너진다. 은행이 내놓는 스테이블코인은 그래서 더 엄격해야 한다. 고객이 기대하는 것은 '새로운 코인'이 아니라 24시간 멈추지 않는 지급 능력과 투명한 정보다. 그리고 문제가 생겼을 때 즉시 알리고 바로잡는 태도다.

　글로벌 신뢰는 기술로만 얻을 수 없다. 규제 준수, 준비금 증명, 보안·확장성, 리스크 관리, 커뮤니케이션 등이 끊기지 않고 돌아갈 때 비로소 코인은 '안정적'이라는 이름을 가질 자격이 생긴다. 발행을 잘하는 조직은 많다. 운영을 잘하는 은행이 결국 시장을 가져간다.

어떻게 운영 안정성과 글로벌 신뢰를 확보할 것인가

먼저 규제 준수가 최우선이다. 각국 중앙은행과 금융당국은 스테이블코인 발행과 운영에 대해 엄격한 지침을 갖고 있으며 자금세탁방지·고객신원확인 요건, 자본 적정성, 소비자 보호 규정 등 여러 법적 의무를 충족해야 한다. 태스크포스팀은 국내외 규제 차이를 분석하고 필요하면 전문 법률·컨설팅 기관과 협력해 허가와 신고 절차를 준비해야 한다.

둘째, 준비금 관리 및 가치 안정성이다. 발행 스테이블코인은 법정화폐나 자산으로 충분히 뒷받침되어야 하며 준비금 관리 기관과 투명한 회계 체계를 구축해야 한다. 예치 자산의 안전성, 감사 가능성, 실시간 검증 가능성을 확보하지 못하면 사용자 신뢰를 얻기 어렵다.

셋째, 기술적 안정성과 보안이다. 블록체인 기반 스테이블코인은 스마트 콘트랙트를 포함해 운영되므로 코드 결함, 해킹, 시스템 장애 위험에 대비한 보안 검증과 지속적 모니터링이 필요하다. 또한 확장성 문제를 고려해 레이어2 솔루션이나 멀티체인 구조를 설계해야 글로벌 결제 및 거래 처리에서 지연과 비용을 최소화할 수 있다.

넷째, 리스크 관리와 대응 체계이다. 가격 변동, 거래소 유동성, 환율 리스크, 기술적 장애 등 다양한 위험 요인을 사전에 식별하고 대응 전략을 수립해야 한다. 태스크포스팀 내 리스크 관리팀이 실시간 모니터링과 사고 대응 체계를 운영하는 것이 필수다.

다섯째, 커뮤니케이션과 신뢰 구축이다. 발행 과정에서 투자자, 사용자, 규제기관과의 투명한 정보 공유가 중요하다. 명확한 백서, 운영 정책, 감사 보고서를 제공하고 규제기관이 요청하면 신속히 대응할 수 있는 체계를 갖춰야 한다.

스테이블코인 운영과 시스템을 업데이트해야 한다

태스크포스팀은 발행 후에도 지속적으로 규제 변화, 기술 발전, 시장 요구를 모니터링하며 스테이블코인 운영 정책과 시스템을 업데이트해야 한다. 초기 발행 과정에서 작은 오류라도 발생하면 장기적 신뢰와 사업 성공에 큰 영향을 미칠 수 있으므로 모든 결정과 실행 단계에서 신중함과 체계적 검토가 요구된다.

태스크포스팀은 규제 준수, 준비금 안정, 기술 보안, 리스크 관리, 투명한 커뮤니케이션의 5대 원칙을 중심으로 체계적이고 단계적인 접근을 유지해야 스테이블코인을 안전하고 신뢰성 있게 발행할 수 있다.

인사이트 ...

[운영과 기술과 규제를 아우르는 금융권 스테이블코인 프로젝트]

금융권의 스테이블코인 발행은 단순한 가상자산 진출이 아니라 은행이 미래 금융 인프라를 선점하기 위한 전략이다. A은행은 2025년 초 스테이블코인 발행 프로젝트를 공식화하며 기존 계좌 중심 서비스에서 글로벌 결제·송금·투자 인프라로 확장하는 것을 목표로 했다. 스테이블코인은 원화·달러 등 실물자산을 담보로 발행되어 안정적 가치를 유지하며 24시간 실시간 결제, 블록체인 기반 투명성, 글로벌 활용성이 큰 특징이다. 금융권에선 이를 통해 송금, 결제, 자산관리 등 전반적 서비스를 혁신할 수 있다.

플랫폼 아키텍처는 사용자 지갑과 결제 API 등 프런트엔드, 준비금·정산·수탁 시스템과 스마트 콘트랙트 등 백엔드, 자금세탁방지·이상거래 탐지시스템FDS 등 규제 대응 모듈을 포함한다. 운영은 운영팀, 기술팀, 준법감시팀, 사업개발팀으로 분업하며 준비금 100% 현금성, 외부 감사, 지갑 독립성이 필수 요건이다. 프로젝트는 전담 태스크포스팀이 주도한다. 금융·회계, 규제, IT, 고객 경험 전문가로 구성해 시장조사, 발행 구조 설계, 규제 대응 전략을 세운다. 해외 사례인 USDC, JPYC, DBS 등을 분석하고 법정화폐 담보형 중심으로 발행 모델을 설계하며 스마트 콘트랙트 기반 환매·발행 자동화와 보안·투명성을 확보한다.

시스템 구축은 설계-프로토타입-시범운영-정식운영 순으로 진행하며 유동성 관리, 보안 업데이트, 위기 대응 체계를 강화한다. 글로벌 확장은 국제 송금, 외환거래, 투자로 이어지며 해외 은행·거래소와 제휴, 멀티체인·자금세탁방지와 고객신원확인 표준화로 추진한다.

  태스크포스팀 운영의 핵심 원칙은 규제 준수, 준비금 안정성, 기술 보안, 리스크 관리, 투명한 커뮤니케이션이다. 결론적으로 스테이블코인은 은행의 단순 토큰이 아니라 운영, 기술, 규제, 국제 협력까지 결합한 미래 금융 핵심 인프라다. 설계·운영 방식에 따라 은행의 글로벌 경쟁력이 달라진다.

5장

신뢰의 화폐 혁신인
스테이블코인과 블록체인

    21세기 금융의 변화는 디지털 전환이라는 거대한 흐름 속에서 이루어지고 있다. 과거에는 은행 창구에서 이루어지던 거래가 이제는 스마트폰 하나로 가능해졌다. 국경을 초월한 송금과 자산관리도 실시간으로 이뤄지고 있다. 이러한 금융 혁신의 중심에는 암호화폐와 블록체인 기술이 자리 잡고 있다. 하지만 암호화폐의 본질적 문제는 바로 가격 변동성이다. 비트코인이나 이더리움은 가치 저장 수단으로서 매력적이지만 결제 수단으로는 적합하지 않다. 가격이 하루에도 수십 퍼센트 변할 수 있기 때문이다.

    이 문제를 해결하기 위해 등장한 것이 스테이블코인이다. 스테이블코인은 가치가 일정하게 유지되도록 설계된 암호화폐로 법정화폐나 다른 자산에 연동되어 안정성을 제공한다. 그러나 스테이블코인 역시 신뢰성에 대한 의문에서 자유롭지 않다. 발행사가 준비금을 제대로 보유하고 있는지, 담보 자산이 실제로 존재하는지 그리고 그 운영이 투명한지에 대한 문제 제기는 끊임없이 제기된다. 여기서 블록체인의 가치가 빛을 발한다. 블록체인은 분산원장Distributed Ledger Technology 구조, 불변성, 투명성, 합의 알고리즘을 통해 스테이블코인의 안전성과 투명성을 보증한다.

1
블록체인과 스마트 콘트랙트의 신뢰

　금융의 세계에서 신뢰는 언제나 핵심 자산이었다. 사람들은 은행이라는 제도를 통해 돈을 맡기고 거래를 기록하며 필요할 때 인출할 수 있다는 사실을 믿어왔다. 그러나 이 신뢰는 결국 중앙 서버와 관리자의 손에 의존하는 구조였다. 기록을 바꾸거나 누락할 가능성 혹은 운영 기관 자체의 오류와 불신이 남아 있는 한 전통 금융의 신뢰는 언제든 흔들릴 수 있었다.

　블록체인은 이 오래된 전제를 뒤집었다. 중앙이 아니라 네트워크 전체가 장부를 공유하고 다수의 참여자가 합의해 기록을 확정한다. 한 번 새겨진 데이터는 지울 수도 바꿀 수도 없다. 누구나 열람할 수 있는 투명성과 누구도 임의로 조작할 수 없는 불변성이 결합하면서 신뢰는 더 이상 특정 기관이 독점하는 자산이 아니다. 기술 자체가 신뢰를 만들어내는 새로운 언어가 된 것이다.

여기에 스마트 콘트랙트가 더해지면 이야기는 한층 진전된다. 조건이 충족되면 자동으로 실행되는 프로그램 코드가 계약의 역할을 대신하며 발행, 상환, 담보 관리 같은 금융 절차는 더 이상 사람의 승인이나 서류에 매이지 않는다. 잘 짜인 코드 한 줄이 수백 장의 규정을 대체하고 자동화된 집행은 인간의 실수와 불신을 끼어들 여지를 없앤다. 블록체인과 스마트 콘트랙트는 바로 이러한 구조적 신뢰의 토대를 마련하며 디지털 시대 금융 혁신의 출발점으로 자리 잡고 있다.

블록체인의 핵심인 분산원장이 신뢰성을 보장한다

블록체인의 핵심은 분산원장이다. 중앙은행이나 은행 서버에 기록되는 기존 금융 시스템과 달리 블록체인은 네트워크의 모든 참여자가 동일한 거래 기록을 공유한다. 거래가 발생하면 네트워크 참여자(노드)가 이를 검증하고 합의 과정을 통해 블록에 기록한다. 이렇게 기록된 데이터는 변경할 수가 없다. 블록체인의 가장 큰 특징은 바로 불변성이다. 한 번 기록된 데이터는 되돌릴 수 없으며 누구도 임의로 조작할 수 없다. 또한 모든 거래가 네트워크상에서 투명하게 공개되므로 발행사든 투자자든 언제든지 거래 내역을 확인할 수 있다. 이는 곧 스테이블코인의 발행, 상환, 담보 관리에서도 높은 신뢰성을 보장한다.

합의 알고리즘 또한 중요한 역할을 한다. 비트코인의 작업증명PoW, 이더리움의 지분증명PoS, 실용적 비잔틴 장애 허용PBFT 등 다양한 방식이 존재하지만 공통점은 중앙기관 없이도 다수의 참여자가 거래의 진위를 합의할 수 있다는 점이다. 이는 신뢰의 구조를 기

하이퍼레저 패브릭과 베수

분류	상세내역	비고
하이퍼레저 패브릭	하이퍼레저 패브릭은 IBM이 주도하는 오픈소스 블록체인 프레임워크다. 기업 환경에서 필요한 기능을 강화한 분산원장 기술이다. 하이퍼레저 패브릭의 핵심 특징은 다음과 같다. - 프라이버시와 보안성: 채널이라는 개념을 도입하여 일부 참여자들만 볼 수 있는 비공개 트랜잭션을 지원한다. 이 기능은 특히 금융과 공공 부문에서 요구되는 프라이버시와 보안 요구 사항을 충족시키기에 적합하다. - 플러그인 가능성: 모듈화 구조로 다양한 합의 알고리즘과 암호화 방법을 지원하여 특정 산업에 맞는 맞춤형 블록체인 솔루션을 구축할 수 있다. - 고속 트랜잭션 처리: 트랜잭션을 빠르게 처리할 수 있는 구조를 갖추고 있으며 대규모 기업 환경에서도 효율적인 운용이 가능하다.	
하이퍼레저 베수	하이퍼레저 베수는 주로 금융 및 공공 분야에서의 보안 요구 사항을 충족하는 데 필요한 기능을 제공하는 블록체인 플랫폼이다. 베수는 이더리움 기반의 퍼미션드(참여허가형) 블록체인을 지원하며 안전한 거래 처리, 스마트 콘트랙트 지원, 고속 처리 속도를 특징으로 한다. - 금융과 공공 서비스에 최적화: 금융과 공공 부문의 엄격한 보안 요구 사항을 준수할 수 있도록 설계되었으며 이를 통해 금융 거래 및 공공서비스에서의 보안과 규제 준수를 강화한다. - 스마트 콘트랙트 지원: 스마트 콘트랙트를 통해 거래를 자동화하고 중개자 없이 효율적인 계약을 실행할 수 있는 환경을 제공한다.	

하이퍼레저 시스템 구성

(F-체인) 하이퍼레저-블록체인

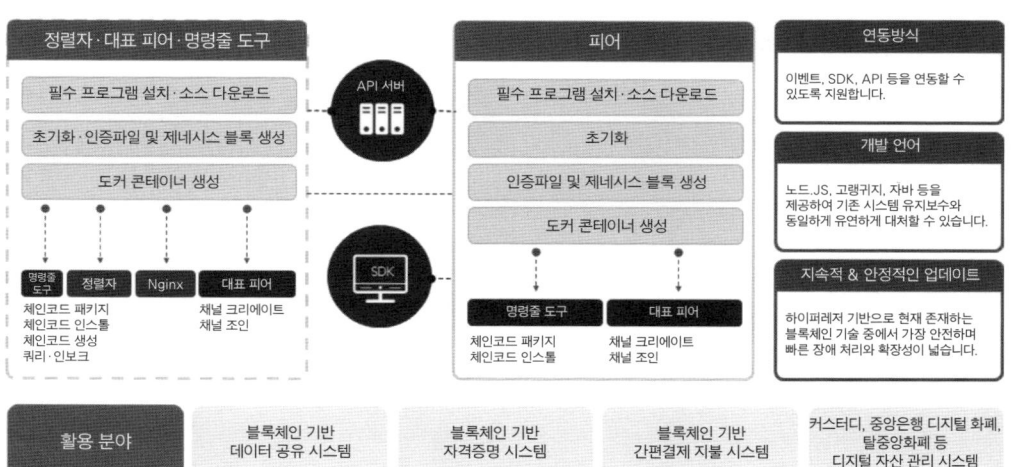

(출처: 핑거 IR 발표 자료)

술적으로 구현한 대표적 사례라 할 수 있다.

스마트 콘트랙트는 신뢰를 보장하는 핵심 도구다

스테이블코인의 운영에는 발행, 상환, 담보 관리 등 복잡한 절차가 존재한다. 과거 금융 시스템에서는 이러한 과정이 대부분 사람의 개입을 통해 이뤄졌다. 그로 인해 불필요한 비용과 시간이 발생했으며 때로는 부정과 불법도 뒤따랐다.

블록체인의 스마트 콘트랙트는 이러한 문제를 해결한다. 스마트 콘트랙트는 특정 조건이 충족되면 자동으로 실행되는 프로그램 코드로 발행사의 개입 없이도 담보 관리와 발행 제한을 자동으로 수행할 수 있다. 예를 들어 담보 비율이 일정 수준 아래로 떨어지면 자동으로 청산을 실행하거나 준비금이 검증되지 않으면 신규 발행이 차단된다. 또한 투자자 보호 규정도 코드로 내재화할 수 있어 규정 위반이 원천적으로 불가능하다. 스마트 콘트랙트는 거래의 자동화와 동시에 불변의 기록을 남김으로써 신뢰를 구조적으로 보장하는 핵심 도구가 된다.

2
블록체인은 안정된 가치를 보장하는 메커니즘이다

　돈의 가치는 신뢰에서 비롯된다. 은행권 지폐가 단순한 종이 한 장이 아니라 화폐로서 힘을 가지는 것은 국가와 제도의 보증을 받기 때문이다. 스테이블코인 역시 마찬가지다. 가격이 안정적으로 유지되고 언제든 교환할 수 있다는 믿음이 없다면 그 어떤 기술적 장점도 무용지물이 된다. 스테이블코인의 성패는 결국 어떻게 안정된 가치를 끝까지 보장할 수 있느냐는 문제에 달려 있다.

　바로 이 지점에서 블록체인의 역할이 드러난다. 블록체인은 단순히 거래를 기록하는 기술이 아니다. 암호화 기법과 자동화된 합의 구조를 통해 자산의 보안성과 무결성, 투명성을 동시에 제공한다. 거래 내역과 준비금 증빙은 위·변조가 불가능한 형태로 기록되고 담보 자산은 네트워크 전체가 검증한다. 나아가 스마트 콘트랙트는 발행량과 담보 비율을 실시간으로 관리해 가격의 큰 변동을 차단한다.

블록체인 키 관리

MPC기반 키관리 기술로 내부자 사고 위험이 없는 사업자용 금고를 제공합니다.

- **합의 지갑** 2인 이상의 직원이 합의에 의해 거래를 하여 사업자 내부 사고가 일어나기 어려운 구조의 지갑
- **사고 안전** 사업자 시스템에 개인키가 저장되어 있지 않아 사업자 서버 사고가 발생하거나 외부 해킹 시에도 자산은 안전
- **고객 편의** 직원이 자신의 일부 개인키를 분실하여도 관리자 지갑을 통해 자산(키) 복구를 할 수 있어 자산은 안전

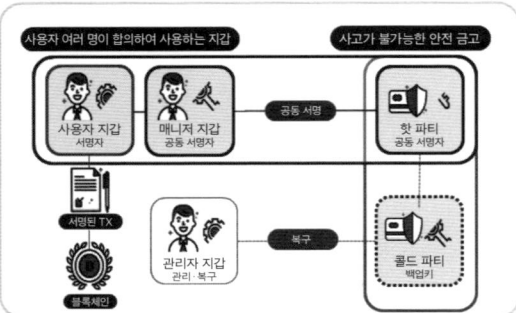

(출처: 핑거 IR 발표 자료)

스테이블코인이 약속하는 안정된 가치는 결국 제도와 기술이 함께 맞물려야 가능하다. 전통 금융에서 중앙은행과 규제가 신뢰를 담보했다면 디지털 금융에서는 블록체인의 구조적 안전장치가 그 역할을 이어받는다. 암호화 기술, 담보 기반 메커니즘, 알고리즘 조정, 규제 친화적 구조가 서로 연결될 때 스테이블코인은 비로소 화폐로서의 자격을 갖추게 된다.

블록체인의 공개키 암호화는 안정적 운영을 뒷받침한다

블록체인의 또 다른 신뢰 기반은 암호화 기술이다. 스테이블코인이 안전하게 운영되려면 거래 데이터, 준비금 증빙, 사용자 지갑이 모두 철저히 보호되어야 한다. 이를 가능하게 하는 것이 바로 해시 함수, 디지털 서명, 공개키 암호화다. 해시 함수는 입력값이 조금만 달라져도 전혀 다른 결과를 출력하는 특성이 있어 데이터 무결성을

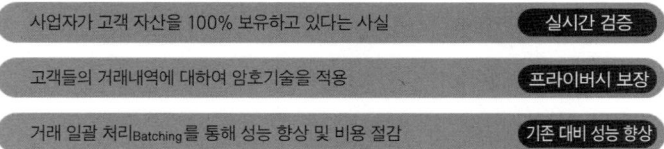

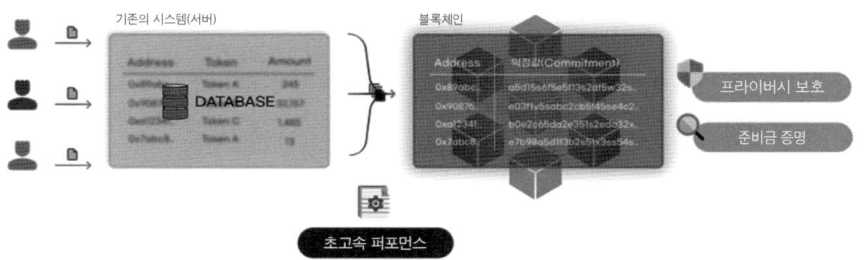

(출처: 핑거 IR 발표 자료)

보장한다. 디지털 서명은 거래 당사자가 실제로 해당 거래를 승인했음을 증명한다. 공개키 암호화는 개인키와 공개키를 통해 거래의 기밀성을 유지한다. 이러한 암호화 기술은 해킹과 위변조 시도를 원천적으로 차단하며 스테이블코인의 안정적 운영을 뒷받침한다.

블록체인은 담보와 알고리즘 기반이라 규제 친화 구조다

스테이블코인의 본질은 안정된 가치를 유지하는 것이다. 이를 위해 블록체인은 다음과 같은 보증 메커니즘을 제공한다. 먼저 담보 기반 안정성이다. 법정화폐, 국채, 예금 등 실물자산을 담보로 하여 발행된다. 담보 자산은 블록체인을 통해 공개되고 투자자는 언제든 이를 검증할 수 있다. 그다음으로 알고리즘 기반 안정성이다. 알고리즘 스테이블코인은 공급량을 조절하여 가격을 안정화한다. 스마트 콘트랙트가 발행량과 담보 비율을 자동으로 관리해 가격이 크게 흔들리지 않도록 한다. 마지막으로 규제 친화적 구조다. 유럽의 가상자산 규제 기본법안, 미국의 스테이블코인 규제 법안 등에서 요구하는 지급준비금 보유와 감사 보고를 블록체인은 자동화된 기록 관리로 충족할 수 있다.

3
디지털 환경에서의 신뢰는 투명성과 신원 확인이다

신뢰는 눈에 보이지 않지만 금융에서 가장 중요한 자산이다. 은행의 창구에서 주고받는 서류와 도장은 결국 거래가 정당하다는 것을 확인하는 장치였다. 디지털 화폐의 세계에서도 이 신뢰를 확보하지 못하면 아무리 기술적으로 뛰어난 스테이블코인이라도 결국 외면당할 수밖에 없다. 그렇다면 디지털 환경에서는 무엇이 신뢰를 대신할 수 있을까? 답은 투명성과 신원 확인이다.

블록체인은 거래 기록을 누구나 열람할 수 있는 공개 장부로 만들어 투명성을 제공한다. 발행량, 준비금, 담보 비율 같은 핵심 지표는 은행의 비공개 보고서에 갇히지 않고 실시간으로 드러난다. 동시에 분산 신원 증명은 사용자가 자신의 개인정보를 온전히 통제하면서도 필요할 때만 선택적으로 공개할 수 있도록 돕는다. 이 조합은 불법 자금 세탁을 차단하면서도 이용자의 프라이버시를 보호하

F체인 플랫폼

금융 및 공공의 다양한 보안 정책을 준용하고 유연한 스케일 인·아웃이 가능한
통합 아키텍처 기반의 블록체인 플랫폼

제품명	F체인
개요	• 네트워크 내에 모든 거래가 기록되고 공유되는 공유원장 • 비즈니스 규칙과 로직을 스마트 콘트랙트로 실행 • 트랜잭션의 기밀성 등 보안과 프라이버시 기능 제공 • 모든 참여자의 원장의 일관성을 유지하기 위한 합의 알고리즘 제공

구분	특장점
하이퍼레저 기술규격 준수	• 리눅스 재단의 하이퍼레저 오픈 소스를 기반으로 SDK와 API를 제공 • 공유원장: 이해관계그룹 또는 비즈니스 거래 네트워크에 모든 거래 기록 • 스마트 콘트랙트: 비즈니스 규칙과 로직을 프로그래밍화하여 트랜잭션 수행 시 처리 • 보안과 프라이버시: 신원관리, 트랜잭션의 기밀성, 개인정보보호대책, 인증서 서명관리 등 여러 암호화 기술을 통해 보호 • 합의 알고리즘: 참여자의 원장을 일관성이 있는지 확인하는 메커니즘(CFT, RAFT 제공)
금융권 보안정책 준수	• 인터넷망과 내부망 구간 중계를 위한 중계서버(프록시) 기능 제공 • 외부망과 내부망 구간에서 서버 간 통신 시 JWT 기능을 적용 보안강화 • 블록체인 트랜잭션 처리의 중복 및 장애방지를 위한 로그 기능 제공 • 블록체인 인증서의 개인키 노출 방지를 위한 암복호 기능 제공 • 물리적·논리적 이중화 및 백업 구성을 통한 가용성 보장
고객사 정책에 따른 맞춤식 적용	• 온프레미스 또는 클라우드 환경에 따라 컨소시엄 블록체인 구축 • 고객사 비즈니스 등의 각종 정책에 따라 맞춤식으로 구축 • 업무환경에 따른 다양한 I/F 처리 및 전문 분기 기능 제공 • 인터넷이 연결 없이 오프라인 기반의 셸스크립트 실행 방식으로 블록체인 구축 • 고객사의 형상관리, 배포솔루션과 연동으로 구축(협의) • 금융권 통합아키텍처 적용하여 물리적/논리적 스케일 아웃 정책 반영 • 확장 시 재구축 없이 간단한 환경설정만으로 신규 블록체인 환경 제공 • VM, 도커 기반 등 고객사 시스템 운영장비 정책에 따른 구성 반영
모니터링 환경 제공	• 주요 정보에 대한 통합 대시보드 기능 제공 • 채널, 조직, IP별 시스템 모니터링 기능 제공 • 프로세스, 시스템 점검 관리 기능 제공 • 이용자, 관리자별 등록 및 메뉴권한 설정 기능 제공

※ F-체인은 하이퍼레저의 패브릭과 베수를 모두 지원하고 있다.

는 기존 금융이 풀지 못한 모순을 해결하는 열쇠가 된다.

결국 스테이블코인의 신뢰는 단순히 가격 안정성에 있지 않다. 얼마나 투명하게 운영되는지와 얼마나 정교하게 신원을 확인하는지가 새로운 기준이 된다. 투명성과 신원 확인은 단순한 기술 요소가 아니다. 스테이블코인을 사회가 안심하고 받아들일 수 있게 하는 제도적·윤리적 기반인 셈이다.

블록체인의 투명성을 활용해 신뢰를 확보한다

스테이블코인 프로젝트들은 이미 블록체인의 투명성을 활용해 신뢰를 확보하고 있다. 유에스디코인USDC은 매월 회계법인의 준비금 감사 보고서를 공개하고 블록체인을 통해 실시간 거래 기록을 확인할 수 있다. 다이Dai는 담보 비율과 청산 과정을 모두 블록체인에서 실시간으로 확인할 수 있다. 그 밖의 블록체인 플랫폼은 분산신원증명DID과 분산원장을 통해 금융기관에서도 활용할 수 있는 신뢰 가능한 스테이블코인 결제 서비스를 제공한다. 이러한 사례는 블록체인이 단순한 기술이 아니라 신뢰를 위한 사회적 인프라임을 보여준다.

분산 신원 증명은 신원 확인과 개인정보보호를 한다

스테이블코인 운영에서 중요한 문제 중 하나는 신원 확인이다. 불법 자금 세탁이나 테러 자금 조달을 방지하기 위해서는 거래 참여자

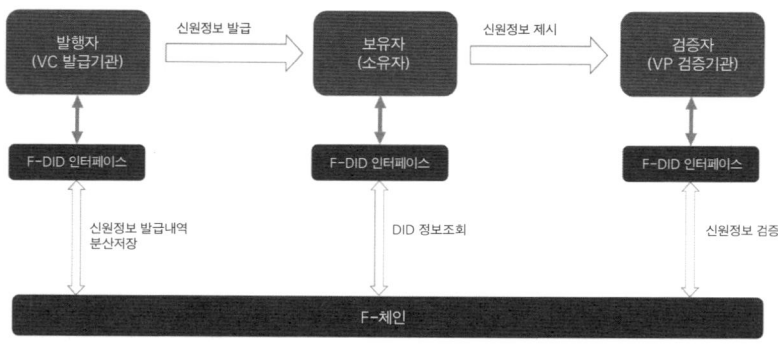

의 신원을 확인해야 한다. 하지만 동시에 개인정보보호도 중요하다.

분산 신원 증명은 이 두 가지 목표를 동시에 달성한다. 분산 신원 증명은 개인이 자신의 신원 정보를 스스로 관리하고 필요할 때만 선택적으로 공개할 수 있도록 한다. 스테이블코인과 분산 신원 증명이 결합하면 자금세탁방지·고객신원확인 규제를 준수하면서도 개인정보보호를 보장할 수 있다. 이는 스테이블코인을 합법적이고 신뢰성 있는 금융 도구로 발전시키는 중요한 기반이 된다.

4
스테이블코인은 금융 혁신 촉매제이다

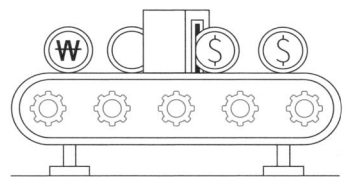

스테이블코인은 더 이상 암호화폐 투자자들만의 전유물이 아니다. 해외 송금에서 결제, 대출, 자산 운용에 이르기까지 핀테크 서비스의 핵심 인프라로 자리를 넓히고 있다. 한때는 몇 분에서 며칠까지 걸리던 해외 송금이 블록체인 기반 결제로 몇 초 만에 처리된다. 또한 소액결제나 지역화폐와 결합해 일상적인 지불 수단으로 활용되기도 한다. 이는 단순히 편리함을 넘어 금융 서비스의 구조 자체를 바꾸는 흐름이다.

특히 주목할 점은 스테이블코인이 공공영역과 ESG 활동에도 적용되고 있다는 사실이다. 기금과 보조금 지원 그리고 탄소 크레딧 관리와 같은 영역에서 블록체인은 자금 흐름을 투명하게 기록하고 조건 충족 여부를 자동으로 검증한다. 그리고 국제적 거래를 실시간으로 추적할 수 있게 한다. 과거에는 행정 서류와 검증 절차 때문에 비효율적이고 부정 사용 우려가 컸던 영역이 이제는 블록체인과 스마트 콘트랙트를 통해 훨씬 효율적이고 신뢰성 있게 바뀌고 있다.

스테이블코인의 등장으로 핀테크 기업들에는 새로운 비즈니스 기회가 열리고 공공기관에는 효율성과 투명성을 강화할 수 있는 실질적인 도구가 제공된다. 스테이블코인은 이처럼 금융 혁신의 엔진이자 동시에 사회 혁신의 촉매제이자 디지털 경제 시대의 새로운 가능성을 제시하고 있다.

핀테크 서비스에 적용돼 다양한 혁신을 이끈다

스테이블코인은 실제 핀테크 서비스에 적용되면서 다양한 혁신을 이끌고 있다. 해외 송금이 블록체인 기반 송금으로 이루어지면

핀테크 서비스의 블록체인 적용 사례

구분	주요 특징	적용 사례	기대 효과
블록체인 기반 결제 시스템	- 실시간 정산과 거래 추적 가능 - 중앙 중개 기관 없이 P2P 거래 수행 - 수수료 절감과 거래 오류 방지 - 다양한 디지털 자산을 통한 결제 연동(암호화폐, 토큰화 자산 등)	- 블록체인 기반 결제 플랫폼 구축(도로공사 상호 신뢰 통행료 정산, 메타버스 플랫폼 결제 시스템 등) - 결제시스템: 내부 디지털 결제 서비스와 연동되어 사용자 편의성과 통합성이 강화된 구조 제공 - 분산 신원 증명, NFT 자산 기반 결제 시스템으로 확장 가능	- 사용자 간 직접 결제로 신속하고 안전한 지불 환경 구현 - 해외 송금, 소액결제 서비스에 활용도 증대 - 결제 이력의 위·변조 방지로 신뢰 기반 금융 거래 실현
블록체인 기반 대출 서비스	- 스마트 콘트랙트를 통한 자동화된 대출 실행 및 상환 - 블록체인 기반 신용정보(분산 신원 증명, 대안 신용평가) 연계로 비금융 데이터 기반 대출 심사 가능 - 담보 자산의 토큰화(NFT, STO 등)를 통한 실시간 담보 관리	- S은행 정책자금 대출 플랫폼 개발: 블록체인 기반으로 대출 신청-심사-집행 프로세스를 자동화 - 분산 신원 증명 및 디지털 자산 연계로 비대면 대출과 자산 담보대출 가능성 확보	- 중소기업, 개인사업자 대상 포용 금융 강화 - 절차 간소화와 비용 절감 - 투명한 대출 이력 관리로 연체 방지와 신용 개선

토큰증권 생태계 조성과 웹3 인프라 확장 계획

Finger	Asset Chain	EQBR	BLOCKCHAIN GLOBAL	ZKRYPTO	IBCT
분산원장 기술	발행 기술	인프라 기술	관리·유통 기술	확장 솔루션	웹3.0 기술
분산합의 알고리즘	스마트 콘트랙트 기술	블록체인 개발 플랫폼	대용량 데이터 처리 기술	스케일링 솔루션	탈중앙화 자율조직 DAO
디지털 자산 관리			거래 체결 엔진	사이드 체인 기술	탈중앙화 금융 DEFI
분산 저장기술	자산 유동화 기술	댑Dapp 구현 기술	프라이버시 기술	인터체인 기술	탈중앙화 신원증명 DID
암호화 기술			키 관리 시스템	샤딩 기술	개인화 기술
				제로 지식 증명 기술	신뢰기반 기술
				오프체인 기술	

토큰 및 코인 생태계 조성 | **웹3 인프라 확장**

(출처: 핑거 IR 발표 자료)

빠르고 저렴하다. 그리고 전자지갑으로써 공공서비스와 연계한 소액결제가 가능하다. 지역화폐 역할도 한다. 지방 정부가 발행하는 지역화폐와 결합해 지역 경제를 활성화한다.

공공 및 ESG 경영의 효율성과 투명성을 높이고 있다

스테이블코인은 공공 및 ESG 경영에도 기여할 수 있다. 블록체인은 공공부문 기금과 보조금 지원뿐 아니라 탄소 크레딧 관리에도 활용될 수 있어 효율성과 투명성을 동시에 높인다. 전통적으로 정부와 공공기관의 자금 집행은 서류 처리, 청구 검증, 현금 흐름 관리 등 수작업이 많아 시간과 비용이 많이 들고 부정 사용 가능성도 존재한다.

블록체인은 모든 거래와 크레딧 기록을 암호화하여 저장함으로써 데이터 무결성을 강화하고 스마트 콘트랙트를 통해 지원 자격

디지털 제품 여권DPP 기반 서비스 플랫폼 구성도

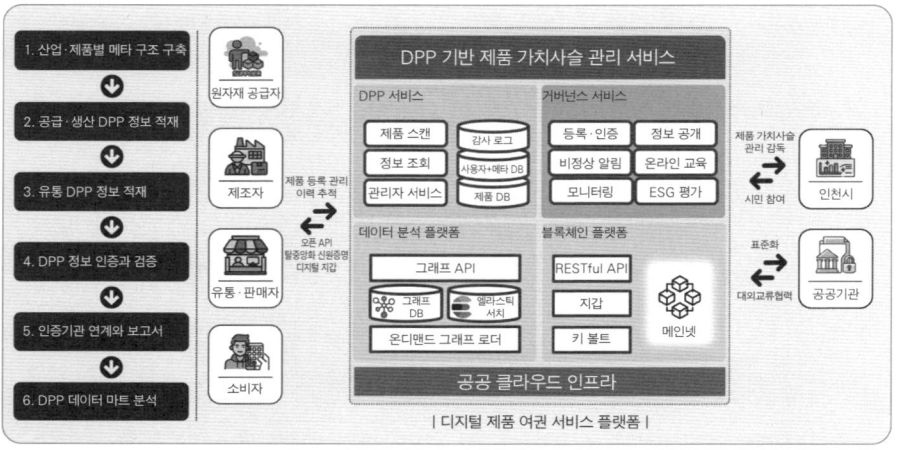

검증, 탄소 감축 성과 검증 등 조건을 자동화해 분배 과정과 탄소 크레딧 거래를 안전하게 진행할 수 있다. 분산원장 기반으로 운영되므로 자금 집행과 탄소배출권 거래 내역이 실시간으로 공개되어 투명성을 높이고 부정 사용 가능성을 줄인다. 또한 기록 관리와 검증 비용을 절감할 수 있으며 국경 간 자금 및 크레딧 이동에도 적합하다. 실제 사례로 2024년 세계은행이 시작한 펀즈체인FundsChain 프로젝트는 몰도바, 필리핀, 케냐, 방글라데시, 모리셔스, 모잠비크 등 9개 사업에 블록체인을 적용해 공공자금 지원과 탄소 관련 프로젝트 관리를 효율화했다. 이처럼 스테이블코인은 단순한 금융 수단이 아니라 사회적 가치를 창출하는 도구가 될 수 있다.

탄소 감축 인증·거래 플랫폼 개념도

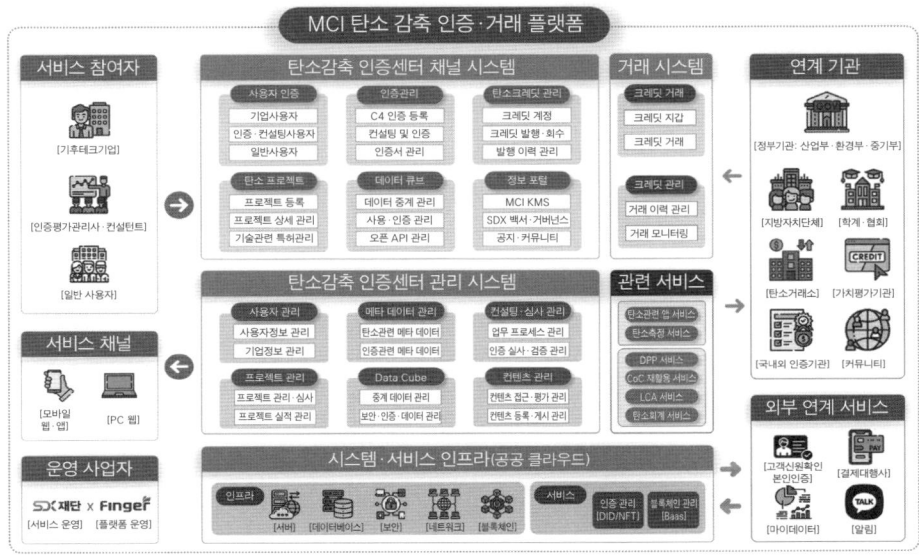

5
탈중앙화 금융 혁신 플랫폼의 무대가 열렸다

은행 창구가 사라진 자리에 코드가 규칙을 만들고 지갑이 신분증이 되는 무대가 열렸다. 탈중앙화 금융은 예치, 대출, 환전, 자산관리 같은 익숙한 기능을 그대로 보여준다. 하지만 그것을 움직이는 손은 직원이 아니라 스마트 콘트랙트다. 중앙 서버와 심사·승인 절차 대신 공개된 코드가 업무 규정이 되고 블록체인이 장부가 된다. 그래서 사용자는 계좌 개설 서류 없이 지갑을 연결하는 순간 바로 '참가자'이자 때로는 '운영자'가 된다.

이 무대의 매력은 접근성과 투명성 그리고 자동화다. 국경이나 영업시간의 제약 없이 누구나 들어와 유동성을 공급하고 담보를 맡기고 교환하고 수익 전략을 실행한다. 수수료와 금리는 시장 참여가 많아질수록 즉시 조정되고 모든 내역은 온체인에 기록된다. 동시에 위험도 분명하다. 보호 장치가 중앙에서 제공되지 않기 때문에 코드 결함, 거버넌스 오류, 유동성 고갈 같은 리스크에 스스로 대비해야 한다. 이 생태계는 그래서 혁신과 위험 관리가 한 세트다.

무대 위 플레이어들은 전통 금융의 익숙한 역할을 새 포맷으로 재연한다. 탈중앙화 금융은 기존 금융의 '기능'을 복제하되 '권력 구조'를 바꾼다. 심사, 중개, 정산의 권한이 기업에서 코드와 커뮤니티로 이동하면서 금융의 속도와 개방성은 커지고 의사결정과 책임의 방식도 달라진다. 은행과 핀테크가 고객 보호와 규제 틀 안에서 신뢰를 관리한다면 탈중앙화 금융은 프로토콜 설계, 준비금 메커니즘, 거버넌스로 신뢰를 설계한다.

미래 금융은 새로운 플랫폼과 전통 금융이 무엇이 같고 무엇이 달라지는지, 또 어디서 효율이 생기고 어디에 위험이 쌓이는지, 그리고 은행형 스테이블코인 인프라와 어떻게 접점을 만들 수 있는가? 규제 준수, 소비자 보호, 준비금 관리 등 은행이 가진 강점과 개방형 자동화, 글로벌 유동성 등 탈중앙화 금융이 만든 강점을 어떻게 융합할 것인가? 바로 이 질문에 대한 대답을 내놓을 때 미래 금융의 다음 무대가 오른다.

탈중앙화 금융은 코드와 네트워크로 재구성한 실험이다

탈중앙화 금융은 전통 금융의 서비스 단위를 그대로 옮겨온 듯 보이지만 본질은 전혀 다른 구조 위에 서 있다. 예치, 대출, 거래, 자산관리, 수익 농사와 같은 금융의 기본 기능을 하지만 그 방식은 중앙기관이나 기업의 개입이 아닌 스마트 콘트랙트에 의해 자동화된다. 즉 은행이나 핀테크 기업이 심사, 승인, 중개를 하는 것이 아니라 오픈소스 코드가 규칙을 정하고 누구나 지갑만 연결하면 곧바로 참여할 수 있다.

이 점은 기존 핀테크와 가장 뚜렷한 차이다. 핀테크는 여전히 중앙회사가 규제를 받고 법적 책임을 지며 고객 보호를 위해 정부 지원 체계와 맞물려 움직인다. 반면 탈중앙화 금융은 허가받지 않는 접근성과 탈중앙화라는 철학을 기반으로 글로벌 어디서든 동등한 조건으로 서비스가 열린다. 이는 혁신이자 동시에 리스크다. 신뢰할 기업이나 기관이 없는 대신 투명한 코드와 블록체인이 그 역할을 대신한다.

탈중앙화 금융 생태계의 대표적 플랫폼들은 전통 금융과 흥미로운 대조를 이룬다. 예치와 대출을 자동화한 에이브와 컴파운드Compound, 스테이블코인 발행을 통한 디지털 달러 시스템을 구현한 메이커다오MakerDAO, 환전과 외환시장을 디지털화한 커브Curve, 포트폴리오 관리와 리밸런싱을 자동화한 밸런서Balancer, 그리고 올인원 자산 운용을 가능케 하는 연파이낸스Yearn Finance 등이 있다. 이들은 전통 금융의 예적금, 대출, ETF, 로보어드바이저, 브로커리지 역할과 개념적으로 닮았지만 전혀 다른 포맷으로 작동한다.

이처럼 탈중앙화 금융은 단순히 기존 금융의 대체물이 아니라 금융 본질을 코드와 네트워크로 재구성한 새로운 실험이다. 중앙화된 책임과 보호 장치가 없기에 불확실성이 크지만 그만큼 개방성과 효율성이 뛰어나다. 결국 탈중앙화 금융의 성장은 예치, 대출, 거래, 스테이킹, 수익 농사 등 다양한 수요를 혁신적으로 연결하고 글로벌 차원에서 누구나 은행이 될 수 있는 금융 생태계로 확장되고 있다는 데 그 의미가 있다.

2025년 주요 탈중앙화 금융 플랫폼 기업 소개

2025년 9월 기준 주요 디파이DeFi 플랫폼 비교

상위 10대 디파이DeFi 플랫폼 개요 정리

디파이 플랫폼	주요 서비스	토큰명	예치 총액(TVL)
리도파이낸스Lido Finance	이더리움 스테이킹 플랫폼	WSTETH	308억 2,000만 달러
에이브Aave	대출 및 차입	AAVE	173억 8,000만 달러
유니스왑 V3Uniswap V3	탈중앙화 거래소(DEX)	UNI	56억 9,000만 달러
메이커다오MakerDAO	대출 및 스테이블코인 발행	DAO	49억 3,000만 달러
인스타댑Instadapp	디파이 프로토콜 허브	INST	21억 8,000만 달러
컴파운드Compound	대출 및 차입	COMP	21억 4,000만 달러
커브파이낸스Curve Finance	스테이블코인 거래	CRV	15억 1,000만 달러
밸런서Balancer	포트폴리오 관리	BAL	8억 9,051만 달러
팬케이크스왑PancakeSwap	멀티체인 탈중앙화 거래소	CAKE	8억 7,621만 달러
연파이낸스Yearn Finance	수익 농사	YFI	2억 5,765만 달러

(출처: cryptonews.com)

리도부터 유니스왑까지 탈중앙화 금융의 실험실이다

리도파이낸스Lido Finance는 유동성 스테이킹Liquid Staking의 새로운 문을 연 플랫폼이다. 기존의 스테이킹은 '자산을 잠가두고 기다리는' 방식이었지만 리도파이낸스는 예치된 자산을 다시 유동화된 토큰(대표적으로 wstETH)으로 바꿔 사용자가 다양한 탈중앙화 금융 서비스에서 활용할 수 있도록 했다. 예컨대 이더리움을 리도파이낸스에 스테이킹하면 단순히 블록체인 네트워크 보안에 기여하고 보상받는 수준을 넘어서 스테이킹한 자산이 유동성과 투자 기회로 다시 태어나는 것이다.

이러한 방식은 금융에서 말하는 '콘텍스추얼 뱅킹'의 사고와도 닮았다. 은행이 고객의 상황을 먼저 이해하고 굳이 찾아와 대출을 요청하거나 상품을 선택하지 않아도 솔루션을 제시하는 것처럼 리도파이낸스는 사용자가 단순히 보상을 얻고 싶어 스테이킹한 행위 자체를 더 큰 디파이DeFi 생태계와 연결해 버린다. 다시 말해 리도파이낸스는 스테이킹을 고립된 행위가 아닌 금융 활동 전체의 맥락 속에서 재해석한 셈이다.

플랫폼의 성장 배경에는 '사용자는 자산을 잠그는 대신 유동성을 원한다.'라는 단순하지만 강력한 니즈가 있었다. 예를 들어 은행 예금에 돈을 넣으면 일정 기간 묶이는 대신 이자를 주는 구조지만 만약 그 돈을 쓰면서도 이자를 받을 수 있다면 어떨까? 바로 리도파이낸스가 제시하는 철학이 여기에 가깝다. 이더리움, 솔라나 등 다양한 블록체인 네트워크에서 리도파이낸스는 이미 스테이킹의 대표적인 창구 기능을 하고 있으며 스테이킹 참여자의 30% 이상이 리도파이낸스를 이용한다는 통계는 그 위상을 증명한다.

또한 리도파이낸스는 단순히 기술적 솔루션을 넘어 커뮤니티 중심의 운영 모델을 채택해 '사용자가 곧 운영자'라는 철학을 강화하고 있다. 프로토콜 개선이나 수수료 정책 같은 핵심 의사결정은 탈중앙화 자율조직DAO을 통해 논의된다. 이는 금융기관이 고객 데이터를 통해 고객을 이해하는 수준을 넘어 사용자가 직접 시스템의 주인이 되는 모델로 전통 금융이 아직 따라잡지 못한 혁신이다.

결국 리도파이낸스는 '스테이킹을 단순 보상에서 디파이 생태계의 심장으로 확장시킨 서비스'라고 말할 수 있다. 앞으로 금융 서비스가 더 개인화되고 맥락화되며 고객이 요청하기 전에 먼저 답을 주는 방향으로 진화할수록 리도파이낸스는 블록체인 세계의 콘텍

리도 유동성 스테이킹

(출처: lido.fi)

스추얼 파이낸스를 대표하는 플랫폼으로 더욱 주목받을 것이다.

에이브Aave는 탈중앙화 시대의 소파이SoFi와 렌딩클럽이라 할 수 있다. 소파이나 렌딩클럽은 인터넷 기반 대출 플랫폼의 혁신을 보여줬다. 은행 창구 대신 온라인에서 대출과 투자를 연결해 개인과 투자자가 더 쉽고 빠르게 자금을 주고받을 수 있도록 했다. 그러나 이들은 여전히 신용평가, 서류, 중개 기관이 존재하며 결국 전통 금융의 규칙과 구조 안에서 작동한다.

에이브는 이 틀을 한 번 더 넘어섰다. 여기에는 신용등급도 은행 서류도 없다. 대신 사용자는 암호화폐 자산을 담보로 예치하고 그 담보를 바탕으로 필요한 자금을 빌릴 수 있다. 담보는 스마트 콘트랙트에 의해 안전하게 보관되며 모든 조건은 코드로 실행된다. 예치자는 이 과정에서 이자를 받고 차입자는 즉시 유동성을 확보한다. 즉 에이브는 소파이나 렌딩클럽이 보여준 P2P 대출의 혁신을 블록체인에서 재탄생시킨 것이다.

더 나아가 에이브가 특별한 이유는 플래시 론Flash Loan이라는 전

에이브

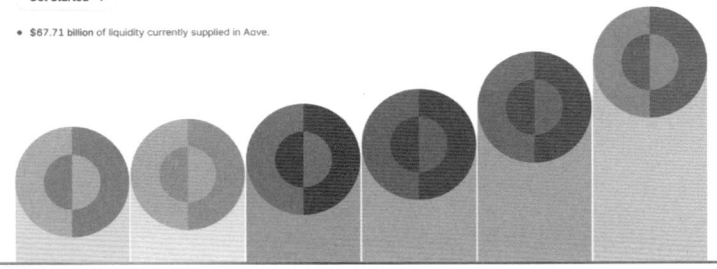

(출처: aave.com)

통 금융이 제공할 수 없는 기능 때문이다. 이는 무담보 단기 대출로 한 블록체인 거래 안에서 빌리고 갚는 구조다. 투자자들은 이를 활용해 차익 거래, 리스크 헤지, 포지션 청산 등 복잡한 금융 전략을 수행한다. 이는 소파이나 렌딩클럽이 제공하지 못하는 완전히 새로운 금융 도구다.

이처럼 에이브는 '은행 없는 은행'이자 '허가 없는 대출 마켓플레이스'다. 글로벌 어디서든 지갑 하나만 있으면 참여할 수 있고 코드가 모든 거래를 집행한다. 이는 곧 금융의 민주화를 실현하는 모델이다. 소파이와 렌딩클럽이 금융의 디지털화를 이끌었다면 에이브는 금융의 탈중앙화와 무경계화를 현실로 만든 것이다.

결국 에이브는 온라인 대출 플랫폼의 진화판이다. 그것은 단순한 대출이 아니라 실시간 유동성 네트워크다. 개인 투자자가 은행처럼 이자를 벌고 누구나 규제나 국경의 장벽 없이 자금을 빌릴 수 있다. 에이브는 소파이와 렌딩클럽이 제시한 길을 넘어 블록체인 기반 차세대 금융시장의 문을 열었다고 할 수 있다.

유니스왑 V3는 나스닥과 로빈후드가 블록체인에서 만난 모습이라 할 수 있다. 나스닥은 시장 메이커들이 유동성을 공급하고 투자자들이 주식을 사고팔 수 있는 글로벌 거래소다. 로빈후드는 이 과정을 앱 하나로 단순화해 누구나 쉽게 주식을 거래할 수 있도록 했다. 그런데 유니스왑 V3는 이 두 가지 역할을 동시에 수행하면서도 더 혁신적인 방식을 제시한다.

유니스왑은 탈중앙화 거래소DEX로 중앙 거래소처럼 주문을 모아 호가창을 만드는 대신 자동화 마켓메이커 모델AMM, Automated Market Maker을 사용한다. 누구든지 자산을 풀에 예치하면 그 풀 자체가 곧 거래소가 된다. 이 구조는 나스닥의 시장 메이킹 기능을 블록체인 코드로 구현한 셈이다. 유동성을 제공하는 사람은 수수료를 받으며 이는 전통 금융의 마켓메이커가 스프레드로 이익을 얻는 구조와 닮았다.

특히 유니스왑 V3의 핵심은 집중 유동성Concentrated Liquidity 기능이다. 기존에는 유동성을 가격 전체 구간에 분산시켰다면 V3에서는 원하는 가격 범위에 집중해 자본 효율을 극대화할 수 있다. 이는 나스닥에서 전문 트레이더가 특정 가격대에 유동성을 공급하는 것과 유사하다. 덕분에 소규모 자본으로도 훨씬 큰 거래 효과를 낼 수 있고 유동성 풀은 더 촘촘하게 움직인다.

이와 동시에 유니스왑은 로빈후드처럼 누구에게나 열려 있다. 계좌 개설이나 신용 심사 같은 절차 없이 지갑 하나만 있으면 전 세계

유니스왑 V3

(출처: uniswap.org)

어디서든 참여할 수 있다. 사용자는 앱을 열고 몇 번의 클릭만으로 토큰을 교환할 수 있다. 이는 로빈후드가 주식 거래를 대중화했듯 유니스왑이 암호화폐 거래를 민주화한 것이다.

결국 유니스왑 V3는 '탈중앙화된 나스닥'이자 '글로벌 로빈후드'다. 전통 거래소의 시장 메이킹 구조를 블록체인으로 혁신하고 동시에 누구나 브로커 없이 직접 거래할 수 있는 경험을 제공한다. 이 과정에서 유니스왑은 단순한 거래소를 넘어 탈중앙화 금융의 핵심 인프라로 자리 잡았다.

메이커다오는 블록체인 시대의 페이팔이다. 페이팔은 은행 계좌와 카드를 연결해 사용자가 달러를 예치하고 간편결제나 소액 대출까지 이어지는 서비스를 제공한다. 페이팔이 디지털 머니를 일상에서 활용할 수 있는 첫 번째 글로벌 사례라면 메이커다오는 이를 탈중앙화된 방식으로 블록체인 위에 구현한 프로젝트라 할 수 있다.

메이커다오의 핵심은 다이 스테이블코인이다. 사용자는 이더ETH 같은 암호화폐를 스마트 컨트랙트에 담보로 맡기고 그 담보를 기반

메이커다오

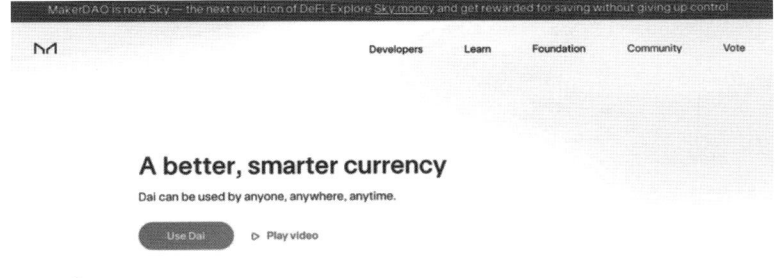

(출처: makerdao.com)

으로 다이를 발행할 수 있다. 마치 페이팔 계정에 달러를 예치하고 결제에 활용하는 구조와 닮았다. 그러나 메이커다오는 중앙 서버도 은행도 없고 오직 코드와 블록체인 네트워크만 존재한다는 점에서 차별화된다.

또한 메이커다오는 페이팔의 간편대출과 비슷한 성격을 갖는다. 사용자는 담보를 맡기고 필요한 만큼 다이를 발행해 유동성을 확보한다. 이는 은행 대출처럼 신용 심사가 필요하지 않고 담보 비율과 안정화 수수료 같은 조건이 모두 코드로 투명하게 관리된다. 즉 누구나 자산만 있으면 신속하게 탈중앙화 대출을 받을 수 있다.

흥미로운 점은 메이커다오가 일종의 블록체인 중앙은행처럼 작동한다는 것이다. 페이팔이 단순히 결제 네트워크를 넘어 소액 금융 서비스로 확장했듯이 메이커다오는 담보 비율 조정과 안정화 수수료를 통해 다이의 가치를 유지하며 공급량을 관리한다. 전 세계 사용자가 참여하는 이 분산된 거버넌스 구조는 중앙은행의 통화정책과 유사한 기능을 온체인에서 구현한다.

결국 메이커다오는 페이팔이 전통 금융 안에서 제공한 편리함을 탈중앙화된 신뢰 구조로 확장한 셈이다. 사용자는 다이를 통해 글로벌 디파이 생태계 어디서든 결제, 저축, 대출을 수행할 수 있다. 이는 더 이상 은행이나 결제 회사를 거치지 않아도 된다는 의미다. 메이커다오는 '블록체인 시대의 페이팔'이자 동시에 '디지털 중앙은행'으로 금융의 새로운 패러다임을 보여주고 있다.

인스타댑Instadapp은 탈중앙화 금융의 올인원 자산관리를 한다. 브로커리지 서비스는 고객이 주식, 채권, 펀드 등 다양한 금융 상품을 한 플랫폼에서 사고팔 수 있도록 연결한다. 최근 핀트Fint 같은 올인원 자산관리 앱은 투자, 저축, 대출, 연금까지 통합해 개인의 재무 상태를 한눈에 관리할 수 있도록 한다. 사용자는 앱 하나로 계좌와 상품을 비교하고 선택하며 최적화된 투자 전략을 제공받는다.

인스타댑은 바로 이 개념을 탈중앙화 금융 세계에 이식한 플랫폼이다. 이더리움, 에이브, 메이커다오, 컴파운드 등 다양한 프로토콜에서 흩어져 있는 예치, 대출, 거래, 스테이킹 자산을 인스타댑이 한 화면에서 통합 관리해준다. 사용자는 개별 프로토콜에 직접 접속할 필요 없이 인스타댑 대시보드에서 모든 자산의 상태를 확인하고 즉시 전략을 실행할 수 있다.

예를 들어 사용자가 이더리움을 메이커다오에 담보로 맡겨 다이를 발행하고 이 다이를 다시 에이브에 예치해 이자를 벌고 싶다고 하자. 전통적으로는 각 플랫폼을 오가며 일일이 세팅해야 하지만 인스타댑에서는 몇 번의 클릭만으로 모든 과정이 자동화된다. 마치 핀트가 고객의 위험 성향과 자산 상태를 분석해 포트폴리오를 짜주듯이 인스타댑은 사용자의 자산을 가장 효율적으로 운용할 수 있도

인스타댑

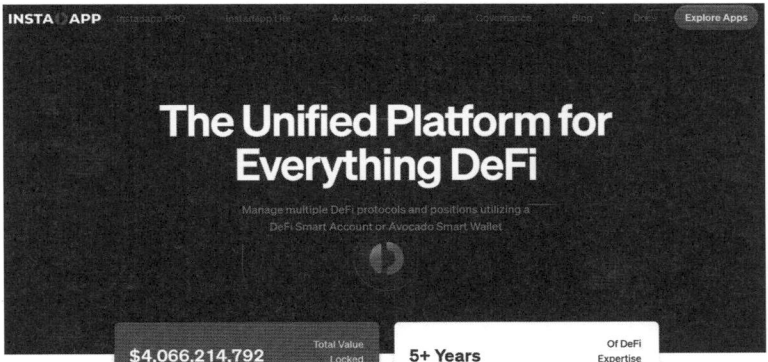

(출처: instadapp.io)

록 프로토콜 간 이동과 최적화를 지원한다.

또한 인스타댑은 고급 사용자를 위해 자동화 전략까지 제공한다. 예를 들어 담보 비율이 일정 수준 이하로 떨어지면 자동으로 대출을 상환하거나 담보를 추가하는 식이다. 이는 브로커리지의 마진콜 관리나 핀트의 자동 리밸런싱과 유사하다. 덕분에 사용자는 탈중앙화 금융의 복잡성을 몰라도 위험을 통제하면서 효율적인 운용이 가능하다.

결국 인스타댑은 탈중앙화 금융의 '슈퍼 앱'이자 금융의 통합 운영체제다. 브로커리지가 전통 금융상품을 연결하고 핀트가 개인의 자산관리를 일원화했듯이 인스타댑은 탈중앙화 세계의 모든 프로토콜을 엮어 하나의 자산관리 허브를 만들어냈다. 이는 단순한 편리함을 넘어 탈중앙화 금융이 실질적 금융 생태계로 성숙하는 데 필요한 사용자 관문 역할을 하고 있다.

컴파운드는 탈중앙화 금융의 웰스파고다. 웰스파고 같은 전통 은행의 가장 기본적인 비즈니스 모델은 단순하다. 고객이 돈을 예금하면 은행은 그 자금을 다른 고객에게 대출로 빌려주고 예금자에게는 이자를 지급한다. 예대차익이 은행의 핵심 수익 구조다. 금융의 기본 메커니즘이지만 은행 창구, 심사, 규제 등으로 인해 절차가 복잡하고 투명성이 부족하다.

컴파운드는 이 오래된 모델을 블록체인으로 가져와 훨씬 간결하고 자동화된 방식으로 재탄생시켰다. 사용자가 유에스디코인USDC이나 이더리움 같은 자산을 컴파운드에 예치하면 스마트 콘트랙트가 자동으로 이 자산을 유동성 풀에 넣고 다른 사용자가 필요할 때 담보를 맡기고 대출을 받는다. 예치자는 이자 수익을 받고 차입자는 실시간으로 유동성을 확보한다. 즉 컴파운드는 '은행 없는 은행'이자 코드로 작동하는 웰스파고다.

이 과정에서 중요한 것은 모든 금리가 알고리즘으로 실시간 조정된다는 점이다. 수요가 많으면 대출 금리가 오르고 공급이 많으면 대출 금리가 낮아진다. 이는 중앙은행이나 은행 간 금리 협의가 아니라 오직 시장 참여자의 행동이 만들어내는 자동화된 금리 시스템이다. 웰스파고가 내부 의사결정으로 대출 금리를 정한다면 컴파운드는 시장 자체가 규칙이 되는 셈이다.

또 하나의 차별점은 투명성이다. 컴파운드에서는 모든 대출, 예치 내역, 금리 변동이 블록체인에 기록된다. 누구든 확인할 수 있고 특정 기업이나 은행만 알 수 있는 비밀은 없다. 이는 전통 은행이 '불투명한 박스'라면 컴파운드는 완전히 열린 금고라는 점에서 차이가 크다.

컴파운드는 단순한 예대차익 구조를 탈중앙화해 누구나 은행의 역할을 할 수 있게 한다. 웰스파고가 고객의 돈을 모아 대출로 중개

컴파운드

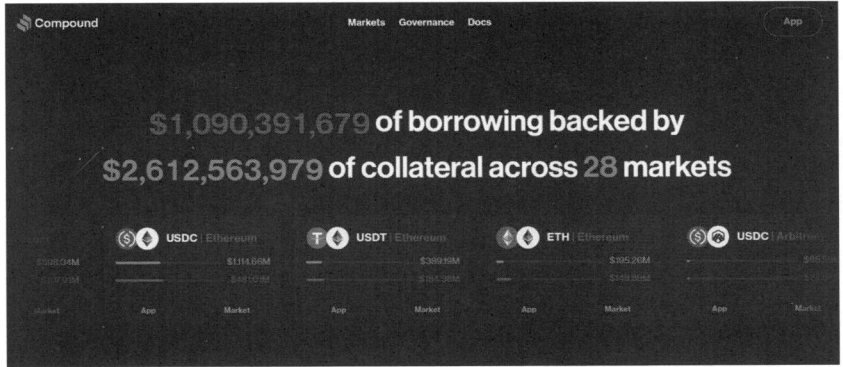

(출처: compound.finance)

하듯이 컴파운드는 유동성 풀이라는 코드를 통해 이 기능을 재현한다. 그러나 이 과정에서 은행 직원도 본점도 필요 없다. 전 세계 누구나 지갑 하나만 있으면 예금자이자 대출자가 될 수 있다.

컴파운드는 웰스파고가 했던 금융의 본질적 기능을 블록체인 위에서 더 효율적이고 투명하게 구현한 플랫폼이다. 이는 전통 은행 모델의 한계를 드러내는 동시에 탈중앙화 금융이 단순한 실험이 아니라 기존 금융의 핵심 메커니즘을 대체할 수 있는 인프라임을 보여준다.

커브파이낸스는 탈중앙화 금융의 글로벌 환전소다. 글로벌 외환시장(FX 마켓)은 매일 수조 달러 규모의 달러, 유로, 엔화를 사고파는 거대한 장터다. 여기서 마켓메이커들은 유동성을 공급해 환율이 안정적으로 움직이도록 만든다. 와이어바레트 같은 송금 서비스는 이러한 환율을 실제 생활로 연결해 개인이 해외 송금이나 환전을 간편하게 이용할 수 있도록 한다.

커브파이낸스는 이 두 가지 역할을 탈중앙화 금융 세계에서 동

커브파이낸스

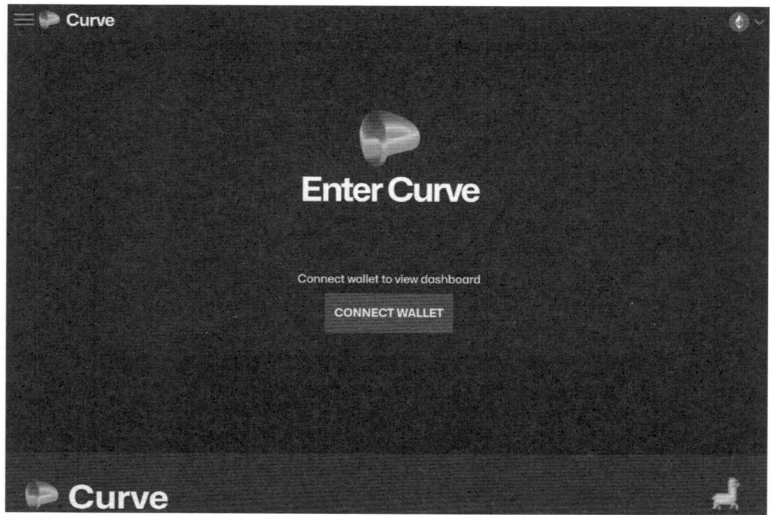

(출처: curve.finance)

시에 수행한다. 커브파이낸스는 스테이블코인 간 교환에 특화된 탈중앙화 거래소DEX다. 예를 들어 테더USDT, 유에스디코인USDC, 다이Dai 같은 스테이블코인은 모두 달러와 연동되어 있지만 거래소마다 수급이 달라 미세한 가격 차이가 발생한다. 커브파이낸스는 대규모 유동성 풀과 정교한 알고리즘을 활용해 이 차이를 최소화하면서 초저수수료·저슬리피지로 교환을 가능하게 한다. 이는 곧 '블록체인의 글로벌 환전소'라 할 수 있다.

특히 커브파이낸스의 구조는 FX 마켓메이커와 매우 닮았다. 커브파이낸스의 유동성 공급자LP는 풀에 스테이블코인을 예치하고 다른 사용자가 환전할 때 수수료를 받는다. 마켓메이커가 환율 스프레드로 이익을 얻듯이 커브파이낸스의 유동성 공급자도 거래 과정에서 보상을 얻는다. 하지만 차이는 투명성과 접근성이다. 전통

FX는 소수 기관만 참여하지만 커브파이낸스는 지갑만 있으면 누구나 유동성을 공급하고 수익을 낼 수 있다.

와이어바레트와 비교하면 커브파이낸스는 해외 송금을 위한 백엔드 인프라에 가깝다. 와이어바레트가 개인 사용자를 대상으로 저렴하고 빠른 송금을 지원하듯이 커브파이낸스는 프로토콜과 애플리케이션이 스테이블코인을 교환하는 기반을 제공한다. 실제로 많은 탈중앙화 금융 서비스들이 커브파이낸스 풀을 거쳐 스테이블코인 거래를 처리한다. 이는 커브파이낸스가 단순한 거래소를 넘어 탈중앙화 금융 생태계의 외환 마켓메이커로 자리 잡았다는 의미다.

결국 커브파이낸스는 전통 금융의 FX 시장과 해외 송금 서비스를 합친 듯한 존재다. 환율 차이를 줄여주는 글로벌 메이커의 역할과 누구나 빠르게 교환할 수 있는 소비자 서비스의 기능을 블록체인 코드로 구현했다. 이는 탈중앙화 금융이 단순한 실험을 넘어 국제 금융 인프라의 새로운 대안으로 자리매김하고 있음을 잘 보여준다.

밸런서는 탈중앙화 금융의 ETF이자 로보어드바이저다. ETF는 다양한 자산을 한 바구니에 담아 투자자가 손쉽게 분산 투자할 수 있도록 만든 금융상품이다. 로보어드바이저는 개인의 투자 성향과 목표에 맞춰 자동으로 포트폴리오를 관리하고 리밸런싱까지 수행한다. 전통 금융에서 이 두 모델은 '효율적 분산투자'와 '자동화된 자산관리'라는 가치를 대표한다.

밸런서는 이 두 가지 개념을 블록체인 기반으로 재탄생시킨 탈중앙화 금융 플랫폼이다. 기본 구조는 자동화 마켓메이커AMM이지만 단순한 토큰 교환소를 넘어선다. 사용자는 이더리움, 다이Dai, 유에스디코인USDC, 래핑드 비트코인WBTC 등 다양한 자산을 원하

밸런서

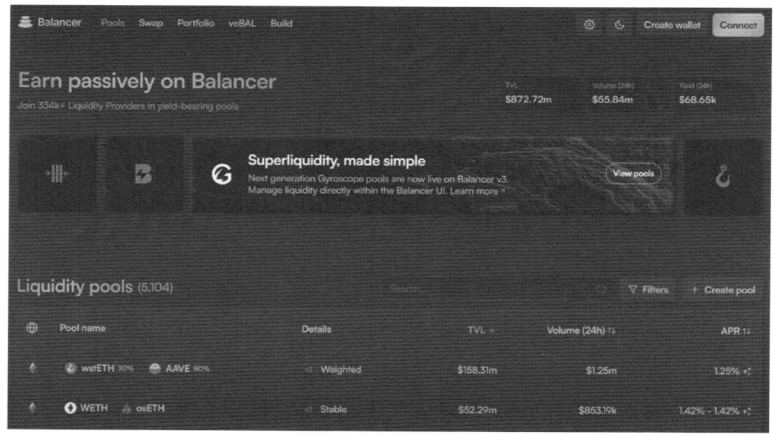

(출처: balancer.fi)

는 비율로 풀에 담을 수 있다. 예를 들어 50% 이더리움+25% 다이 +25% 래핑드 비트코인WBTC 같은 맞춤형 포트폴리오 구성이 가능하다. 이는 곧 ETF처럼 여러 자산을 한 풀에 담아 리스크를 분산시키는 효과를 가진다.

여기서 중요한 점은 밸런서가 자동으로 리밸런싱을 수행한다는 것이다. 자산 가격이 변동하면 밸런서의 스마트 콘트랙트는 자동으로 비율을 맞추기 위해 거래를 실행한다. 이는 로보어드바이저가 주기적으로 투자자의 포트폴리오를 재조정하는 것과 같다. 덕분에 사용자는 복잡한 매매를 신경 쓰지 않아도 균형 잡힌 투자 구조를 유지할 수 있다.

또한 밸런서는 유동성 공급자에게 수익 기회를 제공한다. 풀에 자산을 공급하면 다른 사용자가 이 풀을 통해 거래할 때 발생하는 수수료를 얻는다. 즉 단순히 자산을 보관하는 것에서 그치지 않고 거래소의 시장 메이커처럼 수익을 창출할 수 있다. ETF가 배당금이나 자본이득을 제공하고 로보어드바이저가 이자와 수익을 관리해 주듯이 밸런서는 유동성 공급을 통해 사용자에게 수익을 되돌려 준다.

결국 밸런서는 'ETF형 자산 구성'과 '로보어드바이저형 자동화'를 결합한 탈중앙화 금융 자산 운용 플랫폼이다. 전통 금융이 제공하지 못했던 투명성, 무허가성, 글로벌 접근성을 더해 누구나 지갑 하나만으로 ETF 운용자이자 로보어드바이저 고객이 될 수 있는 구조를 만든다. 이는 곧 자산관리의 민주화이며 블록체인이 금융 패러다임을 어떻게 바꾸고 있는지 보여주는 강력한 사례다.

팬케이크스왑은 탈중앙화 금융의 로빈후드이자 이토로eToro다. 로빈후드는 주식, ETF, 암호화폐까지 하나의 앱에서 거래할 수 있게 만들며 '투자의 대중화'를 상징했다. 이토로는 주식, 외환, 암호화폐를 넘나드는 멀티에셋 브로커리지 모델로 사용자가 다양한 시장에 동시에 접근할 수 있는 길을 열었다. 팬케이크스왑은 이 두 모델의 DNA를 합치고 거기에 블록체인의 무허가성과 탈중앙화를 더한 버전이라 할 수 있다.

팬케이크스왑은 바이낸스 스마트 체인BSC을 기반으로 하는 세계 최대의 탈중앙화 거래소 중 하나다. 사용자는 은행 계좌나 증권 계좌가 없어도 지갑만 연결하면 토큰 교환, 유동성 공급, 스테이킹, 수익 농사까지 원스톱으로 실행할 수 있다. 이는 로빈후드가 앱만 켜면 누구나 주식을 거래할 수 있도록 한 간편함과 이토로가 다양한 자산을 한 플랫폼에서 연결한 통합성을 탈중앙화 금융으로 옮겨온 것이다.

특히 팬케이크스왑의 강점은 멀티체인 지원과 풍부한 기능성이

팬케이크스왑

(출처: pancakeswap.finance)

다. 단순히 토큰 교환(스왑)에 그치지 않고 NFT 거래, 복수체인 브리지, 런치패드IDO 등 디지털 자산 전반을 다룬다. 이는 마치 이토로에서 주식, 외환, 암호화폐를 한 계정에서 다루는 경험과 같다. 게다가 수수료는 전통 브로커리지 대비 극히 낮으며 누구든지 유동성 공급자가 되어 수익을 낼 수 있다. 즉 로빈후드가 '거래 수수료 0원'으로 투자 대중화를 이끌었다면 팬케이크스왑은 '탈중앙화로 누구나 브로커가 되는 구조'를 제공하는 셈이다.

또한 팬케이크스왑은 게임적 요소와 커뮤니티 참여를 강조한다. 로빈후드가 직관적 사용자 인터페이스와 사용자 경험으로 젊은 투자자층을 끌어들였다면 팬케이크스왑은 토큰 보상, 농사Farming, 추첨Lottery 같은 놀이적 요소를 결합해 투자 경험을 엔터테인먼트처럼 재해석했다. 이는 탈중앙화 금융 생태계에서 팬케이크스왑만의 독특한 브랜드 자산이다.

팬케이크스왑은 탈중앙화 금융의 슈퍼 앱이다. 로빈후드처럼 거래의 장벽을 낮추고 이토로처럼 멀티에셋을 연결하며 동시에 탈중앙화라는 새로운 철학을 담았다. 이것은 단순한 거래 플랫폼이 아니라 사용자가 직접 시장 메이커이자 투자자이자 창업자가 될 수 있는 개방형 금융 생태계다.

연파이낸스는 탈중앙화 금융의 자동 자산운용사다. 블록체인 시대의 민트닷컴과도 같은 존재다. 민트닷컴이 개인의 모든 금융 계좌를 연결해 한눈에 보여주고 지출을 관리하듯이 연파이낸스는 사용자의 암호화폐 자산을 모아 가장 효율적인 곳에 자동으로 배치해주는 탈중앙화 자산운용사다. 사용자가 직접 프로토콜을 분석하고 전략을 짜지 않아도 스마트 콘트랙트가 대신 여러 탈중앙화 금융 플랫폼을 탐색하며 최적의 수익률을 찾아낸다.

예를 들어 사용자가 유에스디코인USDC 같은 스테이블코인을 연의 볼트Vault에 예치하면 연은 이를 에이브, 컴파운드, 커브파이낸스 같은 다른 탈중앙화 금융 프로토콜에 분산 투자한다. 사용자는 단순히 자산을 맡겼을 뿐인데 연이 알아서 수익 농사Yield Farming 전략을 집행하고 수익을 재투자하며 복리 효과를 극대화한다. 민트닷컴이 예산 초과를 알리고 절약 기회를 제시했다면 연은 사용자의 수익률을 분석해 더 나은 투자 전략을 자동 실행하는 셈이다.

또한 연은 단순한 수익 최적화 기능을 넘어서 커뮤니티와 함께 전략을 설계하는 탈중앙화 자율조직DAO 거버넌스를 갖추고 있다. 전통 금융의 펀드매니저가 투자 결정을 내리듯이 연에서는 커뮤니티 전략가들이 새로운 투자 전략을 만들고 공유한다. 이 전략이 채택되면 사용자의 자산은 해당 전략에 따라 자동 운용된다. 즉 사용자는 연을 통해 탈중앙화 금융 세계의 '집단 지성'을 기반으로 한 자산운용을 경험할 수 있다.

연파이낸스

(출처: yearn.fi)

연파이낸스가 탈중앙화 금융 생태계에서 주목받는 이유는 사용자가 복잡한 프로토콜을 일일이 비교하고 실행하지 않아도 된다는 점이다. 이는 곧 '편의성'과 '자동화'라는 현대 금융이 끊임없이 추구해 온 가치와 맞닿아 있다. 민트닷컴이 개인 금융을 통합 관리해 재무적 통찰을 제공했다면 연은 블록체인 자산을 통합해 투자 효율성을 극대화하는 플랫폼으로 자리 잡았다.

연파이낸스는 탈중앙화 금융의 복잡한 퍼즐을 자동으로 맞추어 주는 조율자다. 사용자는 연을 통해 단순히 수익률을 얻는 것을 넘어 블록체인 기반의 새로운 금융 자동화 경험을 누릴 수 있다. 이는 탈중앙화 금융이 단순한 실험을 넘어 전통 자산 운용의 패러다임을 뒤흔들 잠재력을 가지고 있음을 보여준다.

6
스테이블코인의 오늘의 도전은
내일의 기회를 선점한다

    스테이블코인은 디지털 화폐의 안정성을 보장하겠다는 약속으로 탄생했다. 하지만 그 길은 순탄하지 않다. 한쪽에는 법정화폐와 연동된 확실한 안정성이 있고 다른 한쪽에는 탈중앙화라는 철학적 이상과 기술적 혁신이 공존한다. 이 두 얼굴은 때로는 강점이 되고 때로는 위험이 된다. 코인이 독립성과 범용성으로 확장성을 보여준다면 토큰은 유연성과 맞춤성을 통해 새로운 가능성을 연다. 스테이블코인은 이 두 성격을 동시에 품으면서도 '안정된 가치'라는 가장 큰 과제를 짊어지고 있다.

    그러나 안정성은 결코 공짜로 주어지지 않는다. 확장성의 한계, 규제의 불확실성, 알고리즘 스테이블코인의 실패 사례는 여전히 이 시장의 그림자를 드리운다. 거래 처리 속도와 수수료, 각국의 규제 장벽, 그리고 테라·루나 사태로 드러난 신뢰 붕괴는 스테이블코인이 반드시 넘어야 할 산들이다. 동시에 이 장벽들은 새로운 기술과 제도가 발전할 수 있는 기회의 무대이기도 하다.

그래서 스테이블코인은 여전히 주목받는다. 레이어2, 제로 지식 롤업zk-Rollup과 같은 확장 기술, 자동화된 규제 준수 시스템, 그리고 중앙은행 디지털 화폐와의 연계는 스테이블코인을 단순한 암호화폐가 아닌 글로벌 디지털 금융의 인프라로 끌어올릴 잠재력을 보여준다. 인공지능, 사물인터넷, 메타버스와 결합해 실시간 가치 교환과 자동화된 결제가 가능한 환경이 열린다면 스테이블코인은 오늘의 도전을 넘어 내일의 기회를 선점하는 디지털 화폐가 될 것이다.

코인과 토큰의 특징은 어떻게 다른가

코인과 토큰은 겉보기에 모두 가상자산처럼 보이지만 기술적으로는 뚜렷한 차이가 있다. 코인은 자체 메인넷, 즉 독립적인 블록체인 네트워크 위에서 구동된다. 쉽게 말해 운영체제를 직접 만든 것과 같다. 비트코인, 이더리움, 리플처럼 각각 고유의 네트워크를 통해 발행되고 가치 저장·결제 등 범용적 기능을 한다. 반면 토큰은 독자적 네트워크가 없는 대신 이더리움 같은 기존 메인넷 위에서 스마트 콘트랙트를 통해 생성된다. 즉 남의 운영체제 위에서 돌아가는 애플리케이션에 가깝다. 토큰은 프로젝트 목적에 따라 결제 수단, 거버넌스 참여, 스테이블코인, NFT 등 다양한 기능을 수행할 수 있으며 같은 메인넷 내에서는 자유롭게 이동할 수 있다. 결국 코인은 독립성과 범용성이 강점이고 토큰은 유연성과 확장성이 장점이라는 차이가 존재한다.

코인과 토큰의 차이 비교

구분	코인	토큰
정의	자체 메인넷 운영체제에 구축된 독립적 블록체인 기반 자산	기존 블록체인 플랫폼(예를 들어 이더리움)의 네트워크를 활용한 자산
네트워크	자체 메인넷 보유, 독립적으로 운영	타 플랫폼(메인넷) 위에서 발행, 독립 메인넷 없음
생성 방식	각각 별도의 블록체인 프로젝트 및 프로토콜 구축	스마트 콘트랙트 등으로 플랫폼 내 프로젝트 목적별로 생성
예시	비트코인, 이더리움, 리플, 이오스 등	ERC-20 토큰(USDT 등), 스테이블코인, NFT, 다오 토큰 등
전송·거래	메인넷별로 독립적, 서로 다른 체인 사이 거래 시 브리지 필요	동일 메인넷 내 토큰 간 거래, 이동은 자유로움
서비스·목적	결제, 가치 저장 등 범용성 높음	특정 프로젝트 제한, 목적 사용(결제 수단, 서비스, 거버넌스 등 다양한 형태)

코인과 토큰의 개념도

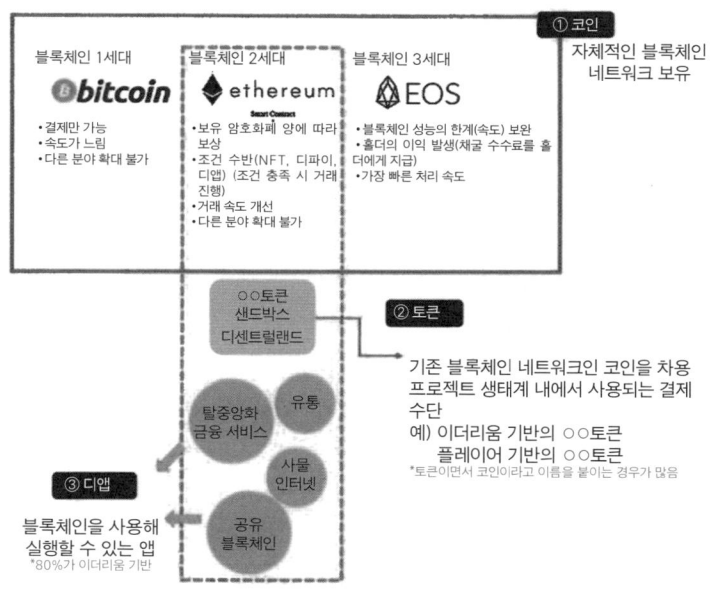

(출처: KB경영포커스, 24-36호)

메타버스와 웹3 생태계에서 결제 인프라가 될 수 있다

스테이블코인은 블록체인 기술의 발전과 함께 글로벌 금융 인프라로 자리 잡을 잠재력이 크지만 여전히 극복해야 할 과제들이 존재한다. 우선 확장성 문제가 있다. 현재 블록체인의 거래 처리 속도와 수수료 구조는 글로벌 결제나 대규모 자금 이동을 감당하기에는 한계가 있다. 특히 실시간 거래가 요구되는 금융 서비스 환경에서는 처리 지연과 높은 수수료가 큰 걸림돌이 된다. 둘째, 규제 불확실성이다. 각국의 법과 정책이 제각각이어서 스테이블코인의 글로벌 활용을 어렵게 만든다. 법적 정의, 자금세탁방지 기준, 금융기관 참여 범위 등 다양한 규제 장벽이 아직 명확히 정리되지 않았다. 마지막으로 알고리즘 스테이블코인의 취약성이 있다. 테라·루나 사태는 탈중앙화 스테이블코인이 얼마나 급격히 붕괴할 수 있는지를 보여주며 안정성과 신뢰성 확보가 무엇보다 중요하다는 사실을 각인시켰다.

이러한 한계를 극복하기 위해 레이어2 솔루션이나 제로 지식 롤업zk-Rollup과 같은 기술적 개선이 필요하다. 거래 처리 속도를 높이고 수수료를 낮추는 한편 규제와 기술을 유기적으로 연결하는 접근이 요구된다. 예를 들어 규제 준수를 자동화한 스마트 콘트랙트와 결합하면 안정적인 운영과 신뢰 확보가 가능하다.

미래 전망은 매우 밝다. 스테이블코인은 단순한 암호화폐를 넘어 차세대 디지털 화폐로 자리매김할 가능성이 크다. 중앙은행 디지털 화폐와 연계해 상호운용성을 확보하면 기존 금융 시스템과 자연스럽게 통합될 수 있다. 또한 인공지능과 사물인터넷과 결합하면 실시간 가치 교환과 자동화된 결제 환경이 구현되며 메타버스와 웹3 생태계에서는 새로운 결제 인프라로 기능할 수 있다.

스테이블코인은 블록체인 기술 발전, 규제 정비, 그리고 실용적

응용 사례가 결합할 때 글로벌 금융 시장에서 핵심적인 디지털 화폐로 자리 잡을 것이다. 안정성과 확장성을 동시에 달성하는 혁신적 기술과 정책의 조화가 앞으로 스테이블코인의 미래를 결정짓는 핵심 열쇠가 될 전망이다.

 인사이트 • • •

[디지털 금융의 심장 스테이블코인의 현재와 미래]

블록체인 기반의 스테이블코인은 디지털 금융 혁신의 중심에 있으며 다음과 같이 정리할 수 있다. 블록체인의 분산원장, 불변성, 투명성, 합의 알고리즘은 스테이블코인의 신뢰성과 투명성을 보증하는 핵심 기술이다. 블록체인은 모든 거래를 네트워크 참여자가 공유하고 검증하며 데이터 불변성과 공개성을 보장하여 발행, 상환, 담보 관리의 신뢰를 높인다. 주요 프레임워크로는 프라이버시, 모듈화, 고속처리 등의 하이퍼레저 패브릭과 이더리움 기반, 보안, 스마트 콘트랙트를 지원하는 하이퍼레저 베수가 있다.

스마트 콘트랙트는 스테이블코인 발행, 상환, 담보 관리 등 복잡한 절차를 자동화하며 인적 개입 없이도 규정 준수 및 투자자 보호 기능을 코드로 구현함으로써 투명하게 운영할 수 있게 한다. 해시 함수, 디지털 서명, 공개키 암호화 등 다양한 암호화 기술이 거래와 사용자 정보를 보호해 준다.

스테이블코인 안전성 보장을 위해 블록체인은 법정화폐, 국채 등 담보 기반, 알고리즘 공급 조절, 가상자산 규제 기본법안 등 자동화된 기록과 같은 감사 규제 친화적 구조를 제공한다. 유에스디코인 USDC, 다이, F-체인 플랫폼 등 실제 사례는 블록체인을 활용한 투명한 준비금 관리와 거래 실시간 확인이 가능하다. 또한 분산 신원 증명을 적용해 자금세탁방지·고객신원확인 규제 준수와 개인정보 보호를 동시에 실현해 신뢰 기반을 강화한다.

스테이블코인은 해외 송금, 지갑, 지역화폐, 자동 대출, 담보 토큰화, 신용정보 연계 등 핀테크 혁신 모델에 활용되고 있다. 수수료 절감, 비대면 대출, 실시간 담보 관리, 결제와 대출 이력의 위변조 방지 등을 통해 사용성과 포용 금융을 높이고 있다. 블록체인은 ESG 및 사회적 가치 창출에도 기여하며 기금, 보조금, 탄소 크레딧 관리 등 공공영역의 효율성과 투명성을 높인다. 예를 들어 세계은행의 펀즈체인FundsChain 프로젝트처럼 실질적인 사회적 가치 창출로 연결한다.

한계점도 존재한다. 확장성(처리 속도·수수료), 각국의 규제 불확실성, 알고리즘 스테이블코인의 취약성 등이 대표적이다. 이를 극복하기 위해 레이어2, 제로 지식 롤업zk-Rollup 등 기술과 규제 준수 스마트 콘트랙트를 결합해야 한다.

코인은 독립적인 메인넷을 가진 블록체인 자산으로 비트코인이나 이더리움처럼 자체 네트워크에서 가치 저장이나 결제 등 범용 기능을 수행한다. 반면 토큰은 메인넷이 없고 이더리움 같은 기존 블록체인 위에서 스마트 콘트랙트로 발행된다. 스테이블코인, NFT, 탈중앙화 자율조직 토큰 등이 대표적이며 특정 프로젝트 목적에 맞춰 활용된다.

향후 스테이블코인은 중앙은행 디지털 화폐, 인공지능, 사물인터넷, 메타버스, 웹3 등 타 핀테크 신기술과 결합해 차세대 디지털 화폐 인프라로 성장할 전망이다. 안전성, 확장성, 규제와 혁신 기술의 조화가 스테이블코인 미래의 핵심이다.

6장
인공지능 시대 스테이블코인 은행과 디지털 자산

우리는 전통 금융과 디지털 자산이 만나는 지점에서 '은행'을 다시 정의해야 한다. 그동안 금융은 계좌, 복잡한 내부 절차, 영업시간 위에서 움직였는데 이제 분산원장, 스마트 콘트랙트, 지갑 중심 경험을 바탕으로 24시간 실시간으로 흐른다. 스테이블코인은 이 전환의 관문이다. 가치의 기준을 무너뜨리지 않으면서 결제와 정산을 자동화하고 국경과 중개를 최소화해 자금 이동을 소프트웨어화로 한다. 문제는 '한 번에 바꾸기에는 너무 큰 시스템'이라는 현실이다. 그래서 전통과 혁신을 동시에 시키는 방법과 안정 운용과 분리 실험을 병행하는 투 트랙 전략이 필요하다.

스테이블코인 기반 은행의 여정은 시장, 규제, 기술을 하나의 설계도로 묶는 일에서 출발한다. 고객의 금융 습관을 재분류하고 여러 규제 요건을 기본값으로 내재화하며 분산원장에 계정과 거래를 올리는 기술적 기준선을 정한다. 파일럿은 작은 성공과 빠른 학습을 위해 설계되고 성공한 기능만이 점진적으로 코어에 이식된다. 이 과정에서 JP모건의 JPM 코인처럼 전통 은행 내부에서 나온 실험들은 프로그래머블 결제와 다통화 정산이 어떻게 '분 단위의 결제'를 현실로 바꾸는지 보여준다.

하지만 금융만 바뀌는 것은 아니다. 인공지능과 블록체인이 결합한 자율형 경제는 투자, 정산, 공급망을 사람 대신 에이전트와 기계가 실행하는 세계로 이끈다. 전기차가 충전소와 자동 결제하고 공장 설비가 생산 데이터를 올리면 토큰 보상이 흘러간다. 이때 블록체인은 거래와 데이터의 무결성, 스테이블코인은 가치의 기준점, 인공지능은 최적의 의사결정을 맡는다. 기술이 만든 속도와 효율이 높아질수록 법적 지위, 책임 분배, 국제 공조 같은 사회적 규범도 함께 재설계되어야 한다.

그래서 세 가지의 핵심 요소를 갖춰야 한다. 첫째, 은행이 위험을 통제하면서도 실험을 가속하는 스테이블코인 운영 모델. 둘째, 전통 금융이 실제로 구현 중인 프로그래머블 결제와 토큰화 예금의 현장성. 셋째, 인공지능과 기계 대 기계 경제가 여는 새로운 신뢰와 규범의 과제 등이다.

결론은 단순하다. 속도가 아니라 적응력이다. 작은 파일럿에서 시작해 학습하고 규제와 기술을 동시에 내재화하며 고객 경험을 중심으로 확장하는 은행만이 다음 질서의 표준이 된다.

1
스테이블코인 은행은 새로운 금융 생태계를 만든다

스테이블코인 기반 은행의 여정은 한 장의 백지에서 시작된다. 기존 은행이 수십 년간 쌓아온 계좌 중심과 중앙집중형 시스템과 달리 블록체인 분산원장 위에서 금융을 다시 설계해야 한다. 첫걸음은 명확한 비전과 전략을 세우는 것이다. 단순히 디지털화된 은행이 아니라 고객과 자산을 블록체인상에서 실시간으로 연결하고 투명하고 안전하게 운영되는 새로운 금융 생태계를 목표로 해야 한다.

목표 운영 모델을 설계하고 전체 로드맵을 수정해야 한다

시장 이해는 그 출발점이다. 기존 은행 고객, 디지털 자산과 모바일 금융에 친숙한 MZ세대, 해외 송금이나 크로스보더 결제를 자주 이용하는 기업과 개인까지 타깃은 한층 다양하다. 각 고객군의 금융 습관과 니즈를 세밀하게 분석하고 어떤 서비스를 통해 가장 큰

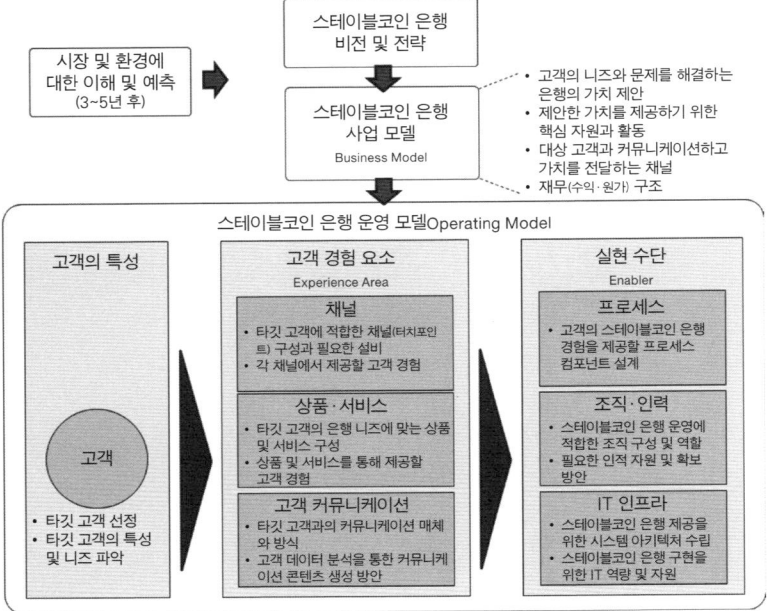

가치를 제공할 수 있을지 고민한다.

동시에 규제 환경을 자세히 살핀다. 스테이블코인은 법정화폐와 1:1로 연동되는 특성이 있어 금융당국의 가이드라인, 자금세탁방지·고객신원확인 정책, 그리고 법정통화 연동 요건을 철저히 준수해야 한다. 규제를 이해하지 못하면 혁신도 불가능하다.

기술적 요구사항 역시 이 단계에서 정의된다. 분산원장 위에서 안전하게 계좌를 관리하고 스마트 콘트랙트로 결제를 자동화하며 디지털 지갑을 통해 고객이 24시간 접근할 수 있는 환경을 만들어야 한다. 실시간 결제와 송금이 가능하도록 시스템을 설계하는 것은 단순한 IT 구축이 아니라 은행의 운영 철학 자체를 바꾸는 일이다.

이 모든 준비가 끝나면 비로소 고객 중심의 채널, 상품, 서비스,

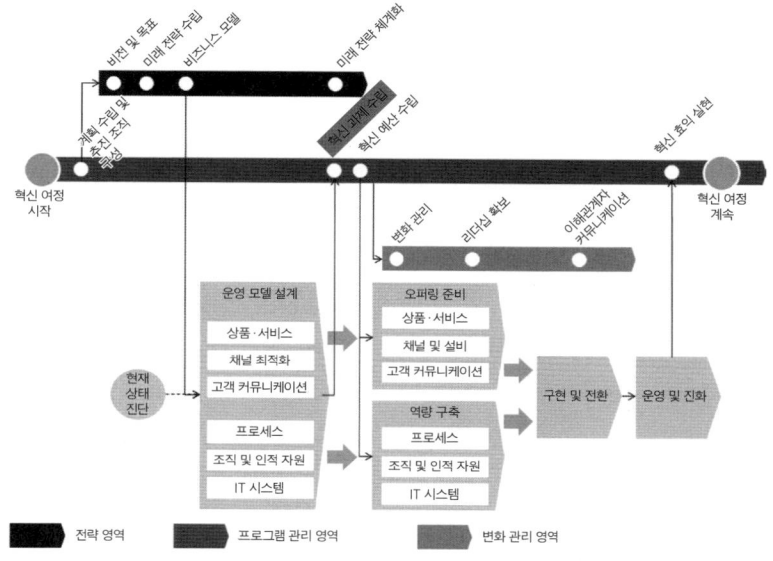

스테이블코인 혁신을 위한 여정 방법론

커뮤니케이션 전략을 구체화할 수 있다. 스테이블코인 기반 은행의 시작은 단순한 기술 도입이 아니다. 고객, 규제, 기술을 하나로 연결하여 완전히 새로운 금융 경험을 설계하는 여정이다.

스테이블코인 뱅킹으로의 혁신은 기존 지점 중심 구조, 코어 뱅킹 시스템, 전통적인 결제 및 정산 프로세스 등의 전면적인 변화가 있어야 한다. 그러나 대부분 금융기관은 자원과 인적 한계 때문에 단기간에 대규모 혁신을 실행하기 어렵고 검증되지 않은 운영 모델을 곧바로 적용하는 데 상당한 위험이 따른다. 따라서 먼저 목표 운영 모델을 설계하고 이를 실현하기 위한 혁신 과제Transformation Initiatives를 도출한 후 과제 간 연관성과 우선순위, 조직 준비 정도를 고려해 전체 로드맵을 수립해야 한다.

스테이블코인 기반 은행의 진짜 혁신은 기술적 구조에서 시작된다. 기존 은행이 중앙 서버와 계좌 장부를 기반으로 운영되는 것과 달리 이 은행의 모든 계정과 거래는 블록체인 분산원장 위에 기록된다. 고객 한 명의 계좌 정보를 갱신하기 위해 특정 서버를 거치지 않는다. 대신 네트워크에 참여한 모든 노드가 거래 내역을 동시에 공유하고 검증한다. 이 단순하지만 강력한 구조가 바로 투명성과 안전성을 동시에 확보하는 핵심이다.

결제와 송금의 방식도 혁신적이다. 스마트 콘트랙트가 모든 거래를 자동으로 처리하며 실시간으로 결제와 송금이 이루어진다. 국경을 넘어 돈을 보내더라도 중간 수수료와 지연 시간이 거의 없으며 기존 은행에서 경험하던 복잡한 절차는 과거의 이야기가 된다. 이 기술 덕분에 개인 간P2P 결제는 물론 기업 간 크로스보더 거래까지 손쉽게 지원할 수 있다.

상품과 서비스 역시 분산형 모델에 최적화된다. 고객은 스테이블코인을 예금하고 필요하면 대출받을 수 있다. 디지털 지갑 하나로 다양한 디지털 자산을 통합 관리할 수 있다. 예전처럼 은행 지점에 가지 않아도 모바일 앱이나 웹 인터페이스를 통해 24시간 언제든 자신의 자산을 확인하고 거래할 수 있다. 이는 단순한 편리함이 아니라 고객 경험의 새로운 패러다임이다.

하지만 이런 혁신을 현실로 만들기 위해서는 은행 내부의 모든 프로세스와 조직 구조, IT 인프라를 근본적으로 재정의해야 한다. 기존의 중앙집중형 시스템과 완전히 다른 분산형 아키텍처를 이해하고 이를 기반으로 운영팀, 기술팀, 리스크 관리팀이 협업하도록 설계해야 한다.

스테이블코인 은행의 운영 모델은 결국 기술과 고객 경험, 조직 구조가 유기적으로 연결된 하나의 생태계다. 블록체인이라는 분산원장이 단순히 기술적 수단이 아니라 고객 신뢰와 은행 혁신의 기반이 되는 순간 우리는 비로소 전통 금융과는 다른 완전히 새로운 금융 세계를 열게 된다.

금융 경험과 신뢰 체계를 근본적으로 바꾸는 시작이다

스테이블코인 기반 은행은 단순히 '편리한 금융 서비스'를 넘어 금융 경험 자체를 재설계하는 여정이다. 기존의 계좌 중심, 은행 지점 중심 모델과 달리 고객 중심, 데이터 기반, 블록체인 분산원장 환경 위에서 금융이 움직이기 시작한다. 이제 고객은 시간과 장소의 제약 없이 24시간 실시간 금융 서비스를 경험할 수 있으며 은행은 거래 내역과 결제를 투명하고 신속하게 기록할 수 있다. 단순히 속도를 높이고 수수료를 낮추는 차원을 넘어 고객과 은행 모두에게 새로운 신뢰의 구조를 제공한다.

이 혁신은 하루아침에 완성되는 것이 아니다. 점진적 실험과 장기 로드맵이 필수다. 초기 파일럿 프로젝트를 통해 제한된 시장과 고객군에서 운영 모델을 테스트하고 시행착오를 거치며 개선점을 찾아가는 과정이 필요하다. 이 과정에서 실패는 당연한 것이고 오히려 새로운 가능성을 발견하는 디딤돌이 된다. 스테이블코인 기반 은행은 이러한 반복적 실험을 통해 기존 금융 시스템과 연결되면서도 독립적인 분산형 금융 환경을 구축할 수 있다.

스테이블코인 혁신 여정은 시작 단계에 불과하다. 중요한 것은 속도나 기술보다도 적응력과 학습 능력이다. 작은 시범 사업이라도 과감히 시작하고 그 결과를 빠르게 분석하며 고객과 시장의 반응에 따라 조정하는 능력이 필수다. 분산원장 중심의 금융 환경은 기존의 관습과 규칙을 바꾸어야 하는 도전이지만 동시에 미래 금융을 선점할 기회이기도 하다.

스테이블코인 기반 은행의 여정은 이제 막 문을 열었다. 고객과 은행 모두가 함께 배우고 적응하는 과정에서 새로운 금융의 속도, 투명성, 신뢰가 점차 현실로 자리 잡을 것이다. 시행착오를 두려워하지 않고 작은 파일럿에서 시작해 점진적으로 확장하는 것이야말로 이 여정의 가장 중요한 첫걸음이다. 스테이블코인 혁신은 단순한 기술적 변화가 아니라 금융 경험과 신뢰 체계를 근본적으로 바꾸는 새로운 시작이다.

2
전통 금융권의 스테이블코인 혁신은 점진적 이식이다

전통 금융의 강점은 규제와 신뢰 그리고 거대한 결제망이다. 반면 블록체인의 강점은 실시간성, 프로그래머블 결제, 투명성 등이다. 스테이블코인 혁신은 이 두 세계가 정면으로 만나는 지점에서 시작된다. 문제는 한 번에 모든 은행 시스템을 바꾸기 어렵다는 것이다. 리스크가 크고 안정성을 잃을 수 있다. 그래서 은행은 투 트랙을 택한다. 한쪽 트랙에서는 기존 코어 뱅킹을 그대로 운영해 안전을 지키고 다른 한쪽 트랙에서는 분리된 스테이블코인 전용 뱅킹을 만들어 소수 고객과 제한된 범위에서 실험한다. 전통과 혁신 사이에 다리를 놓는 가장 현실적인 방법이 바로 이 투 트랙 전략이다.

그 상징적 출발점이 JP모건의 JPM 코인이다. 이 토큰화된 은행 예금은 1:1 달러 연동 구조로 안정성을 확보하면서도 블록체인 기반 네트워크 위에서 프로그래머블 결제를 구현한다. 기업 간 대규모 송금과 자금 풀링, 증권 결제 등 기존 스위프트 환경에서 수 시간에서 수일까지 걸리던 과정을 분 단위로 단축하고 이벤트 트리거에 따라 자동 결제를 실행한다. 더 나아가 프라이빗 네트워크 중심의 기관용 모델과 퍼블릭 체인 연계를 동시에 모색하며 새로운 질서를 실험하고 있다. 이처럼 전통 금융권의 스테이블코인 혁신은 '모든 것을 갈아엎는 일괄 교체'가 아니라 안전한 분리 실험을 통한 검증된 기능의 점진적 이식이라는 방식으로 현실화된다.

기존 채널과 분리된 디지털 자산 뱅킹을 설립 운영한다

아무리 훌륭한 로드맵이 있어도 기존 은행 기반을 모두 바꾸는 혁신은 위험 부담이 크다. 따라서 안전하게 혁신을 검증할 방법이 필요하다. 한 가지 대안은 독립된 스테이블코인 전용 뱅킹 실험이다. 기존 은행 내부 또는 외부에 별도의 디지털 자산 뱅킹을 설립하고 제한된 고객과 시장을 대상으로 목표 운영 모델을 시험해 보는 것이다. 스테이블코인 전용 뱅킹은 기존 채널과 분리되어 거래, 정산, 자금세탁방지·고객신원확인 프로세스, 스마트 콘트랙트 운용 등 핵심 요소를 독립적으로 운영할 수 있어야 한다.

결국 투 트랙 접근법은 새로운 금융 모델을 현실화하기 위한 안전한 실험실이자 혁신의 다리다. 전통과 혁신 사이에서 균형을 잡으며 점진적이지만 확실한 변화를 만들어가는 과정이다.

JP모건은 미국 대형 은행 최초로 JPM 코인을 발행했다

JP모건체이스는 2019년에 기존 금융 시스템의 한계를 넘어서는 실험을 시작했다. 바로 JPM 코인이다. JPM 코인은 미국 대형 은

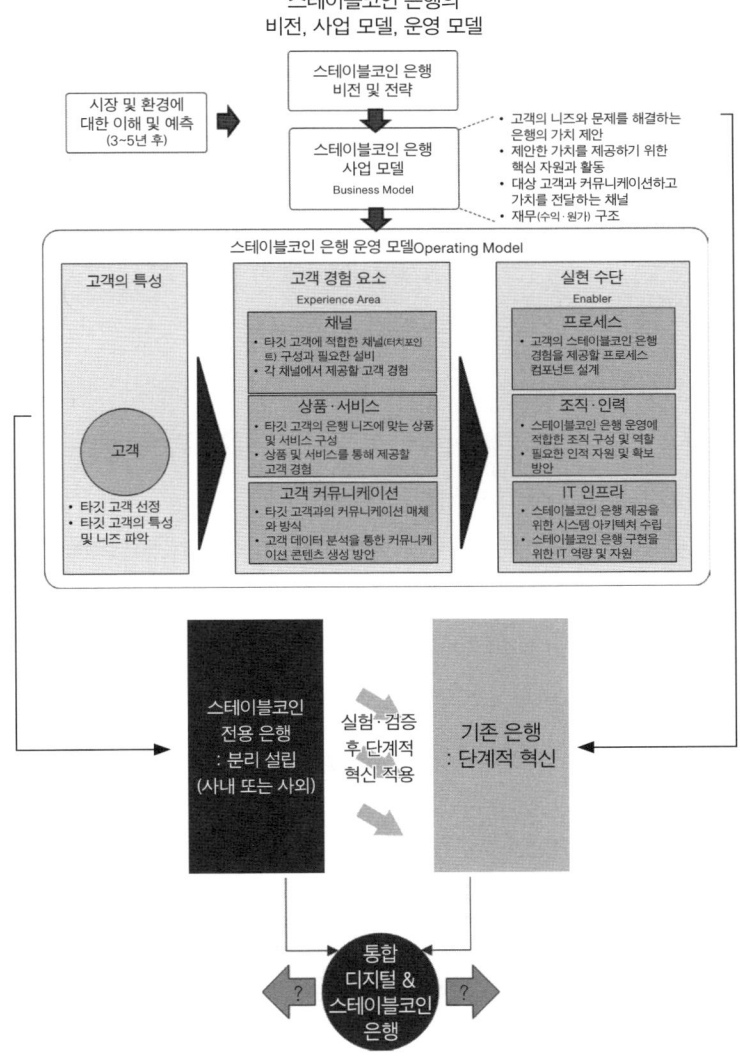

스테이블코인 전용 은행 분리 설립을 통한 실험

행 최초로 발행하는 암호화폐다. 이 스테이블코인은 단순한 디지털 화폐가 아니라 기업 고객 간 실시간 결제 혁신을 목표로 한 토큰화된 은행예금Tokenized Deposit이다. 1:1 달러 연동 구조를 갖추고 있어

JPM 코인 프로세스 작동 방식

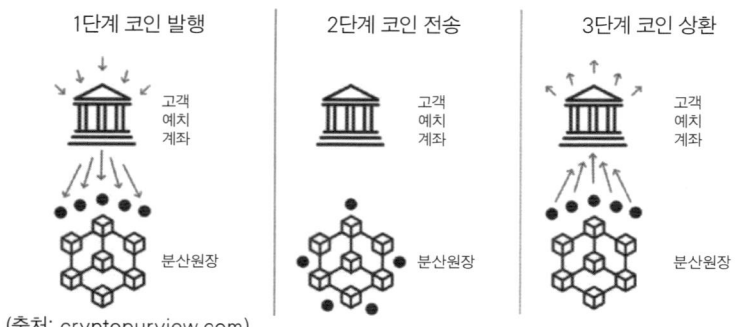

(출처: cryptopurview.com)

가치 안정성을 확보하면서도 블록체인 기반의 프라이빗 네트워크 Quorum와 오닉스 플랫폼 위에서 운영되어 기존 중앙집중형 시스템과 완전히 다른 분산형 아키텍처를 구현한다.

JPM 코인은 하루 평균 20억 달러 이상의 결제를 처리하며 달러와 유로를 지원하고 곧 영국 파운드와 싱가포르 달러 등 다통화 확장도 계획하고 있다. 단순 송금에 그치지 않고 프로그래머블 결제 기능을 통해 특정 이벤트 발생 시 자동으로 결제가 이루어지도록 설계되었다. 예를 들어 지멘스는 자회사 간 자금 풀링을 자동화하고 페덱스는 물류 기반 실시간 결제 트리거를 적용했다. 이를 통해 결제 속도를 기존 스위프트 시스템의 수 시간~수일에서 1분 이내로 단축하며 중개 수수료와 리스크를 최소화했다.

더 나아가 JP모건은 JPMD 토큰을 통해 퍼블릭 체인으로 영역을 확장했다. 기존 기관 전용 스테이블코인을 넘어 웹3 연계 고객까지 포섭하며 이자 지급 가능성과 탈중앙화 금융 연계 가능성을 시험하고 있다. 이처럼 JPM 코인은 단순 결제 수단을 넘어 은행의 신뢰성과 블록체인의 속도, 투명성, 프로그래머블리티를 통합한 디지털 금융 인프라의 교두보가 되고 있다.

향후 JP모건은 B2C 소액결제, 글로벌 중앙은행 디지털 화폐 상호운용성 확보 등으로 스테이블코인 기반 금융을 더욱 확장할 계획이다. 즉 JPM 코인은 기관용 프라이빗 토큰과 퍼블릭 웹3 토큰의 하이브리드 구조를 구축하며 디지털 달러 기반 글로벌 금융 생태계의 선도적 위치를 공고히 하고 있다.

1단계에서 JP모건 고객은 지정된 계좌에 예금을 입금하고 동일한 수의 JPM 코인을 받는다. 2단계에서 이러한 JPM 코인은 블록체인 네트워크를 통해 다른 JP모건 고객과 자금 이동, 증권 거래 결제 등의 거래에 사용된다. 마지막 3단계에서 JPM 코인 보유자는 JP모건에서 JPM 코인을 달러로 교환한다.

3
디지털 자산과 인공지능의 결합은 사회까지 재편한다

디지털 자산과 인공지능의 결합은 단순한 기술적 진보를 넘어 경제와 사회의 근본적인 작동 방식을 재편할 잠재력을 품고 있다. 금융과 산업, 나아가 개인과 국가 단위의 경제 활동까지 포함하는 전방위적 변화가 이미 시작되고 있다. 이는 더 이상 먼 미래의 이야기가 아니라 현실 속에서 점진적으로 구현되는 혁신적 현상이다.

인공지능과 블록체인으로 자율형 경제가 시작된다
인공지능은 디지털 자산 생태계에서 인간 개입을 최소화하면서도 자동화된 의사결정을 가능하게 한다. 기존 금융 시스템에서는 자산 운용, 투자 결정, 거래 체결 등 중요한 역할이 인간 전문가와 중개 기관에 의해 수행되었다. 그러나 인공지능 에이전트AI Agent가 등장함으로써 이러한 과정은 점차 자동화된다. 인공지능 에이전트

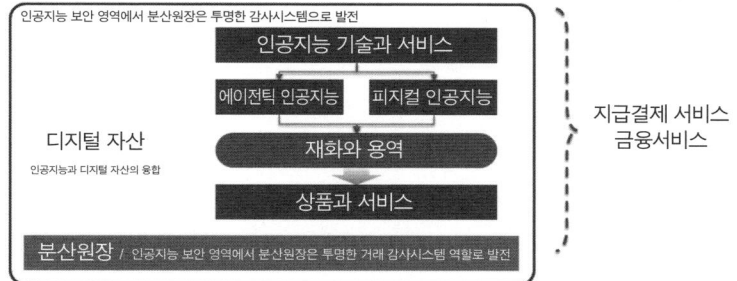

(출처: 핑거 IR 발표 자료)

는 시장 데이터를 실시간으로 분석하고 투자 전략을 스스로 조정하며 필요시 즉각적인 거래를 수행할 수 있다. 이는 단순히 '자동화'의 의미를 넘어 인간이 개입하지 않아도 지속적으로 경제 활동이 이루어지는 자율형 경제 시스템의 초석을 마련한다.

여기에 피지컬 인공지능Physical AI이 결합되면 경제 활동의 범위는 단순한 금융 거래를 넘어 실물 재화와 서비스 제공까지 확장된다. 예를 들어 물류창고에서 상품을 자동으로 관리하고 배달까지 수행하는 피지컬 인공지능은 블록체인 기반 디지털 자산과 결합해 재화와 자산의 이동을 투명하게 기록하고 보상할 수 있다. 이는 단순히 효율성을 높이는 수준이 아니라 공급망 전체를 실시간으로 모니터링하고 최적화할 수 있는 경제 생태계의 출현을 의미한다.

흥미로운 점은 인공지능 자체도 디지털 자산화될 수 있다는 사실이다. 인공지능 모델, 학습 데이터, 알고리즘은 토큰화되어 투자 대상이 되며 인공지능 학습 과정에서 발생하는 고품질 데이터 제공에 대해 토큰 보상이 이루어진다. 이를 통해 인공지능과 인간, 데이터 공급자, 투자자가 상호 연결된 경제 생태계가 형성된다. 예를 들어 글로벌 인공지능 연구 플랫폼에서는 학습용 데이터셋 제공자에게 토큰 보상을 지급하고 인공지능 모델의 성능 향상에 따른 수익을 투자자와 공유하는 구조가 현실화되고 있다. 이러한 모델은 기존 금융시장의 가치 창출 구조를 넘어 데이터와 지식, 기술 자체를 경제적 자산으로 전환하는 새로운 패러다임을 보여준다.

또한 인공지능과 디지털 자산 융합은 기존 금융 시스템의 경계를 허물고 기업, 개인, 국가 단위까지 경제적 주도권을 재편하는 역할을 한다. 인공지능 기반 투자 플랫폼은 전통 금융기관보다 빠르게 시장의 신호를 포착하고 대응할 수 있어 신속하고 정확한 의사결정을 가능하게 한다. 블록체인과 스마트 콘트랙트가 결합되면 거래 내역과 자산 소유권이 실시간으로 검증되고 기록되므로 인간 전문가의 판단 오류나 신뢰 문제에서 발생하는 위험이 최소화된다. 실제로 JP모건은 인공지능과 블록체인을 결합한 '디지털 자산 트레이딩 플랫폼'을 운영하며 일부 투자 결정 과정을 인공지능이 자동 수행하도록 실험하고 있다. 이 플랫폼에서는 거래 속도와 효율성이 향상될 뿐만 아니라 신뢰성과 투명성이 강화되어 기관 투자자들의 참여가 증가하는 효과가 나타났다.

금융권의 역할과 사회적 가치 창출 방식을 재정의한다

한편 인공지능과 디지털 자산의 결합은 금융 영역을 넘어 사회 전반으로 확장될 수 있다. 예컨대 ESG 투자에서 인공지능은 기업의 ESG 데이터를 분석하고 해당 성과에 따라 토큰 기반 보상을 자동 배분하는 시스템을 구현할 수 있다. 지방자치단체가 주민의 환경 활동 참여나 지역 사회 공헌 활동을 디지털 토큰으로 보상하는 모델도 가능하다. 이는 단순한 경제적 가치 창출을 넘어 사회적 신뢰와 참여를 동시에 강화하는 혁신적 구조다. 실제로 일부 선진 지자체는 인공지능 기반 시민 참여 플랫폼을 통해 주민의 탄소 절감 활동이나 지역 봉사 참여를 디지털 토큰으로 보상하고 이를 지역 내 상거래와 결제에 활용하는 실험을 진행하고 있다.

또 다른 사례는 인공지능 기반 디지털 자산 펀드다. 기존 펀드는 펀드 매니저의 판단에 따라 운용되었지만 인공지능 기반 디지털 자산 펀드는 시장 데이터와 예측 알고리즘을 활용해 자동으로 포트폴리오를 조정한다. 여기에 토큰화된 투자 권한과 보상을 결합하면 투자자, 인공지능, 데이터 공급자가 함께 생태계의 참여자가 되는 새로운 금융 모델이 구축된다. 이러한 구조에서는 인간의 판단 오류를 줄이는 동시에 고품질 데이터 제공자에게 정당한 보상이 돌아가며 전체 시스템이 상호보완적 경제 활동을 지속적으로 수행할 수 있다.

결국 인공지능과 디지털 자산의 융합은 단순한 기술적 진보를 넘어 사회와 산업 그리고 국가 단위의 경제 패러다임을 근본적으로 변화시킨다. 자율형 경제 시스템, 인공지능 토큰화, 스마트 콘트랙트 기반 보상 구조, ESG 연계 디지털 인센티브 등 다양한 혁신적 모델은 금융권의 전통적 역할과 사회적 가치 창출 방식을 재정의한다. 이 과정에서 선제적으로 대응하는 기업과 국가는 디지털 자산과 인공지능 기반 경제 시스템의 중심에 자리하게 되며 이는 새로운 금융 패러다임과 신뢰 기반 사회를 동시에 만들어내는 원동력이 된다.

인공지능과 디지털 자산의 결합은 이제 선택의 문제가 아니라 필수의 과제로 다가왔다. 금융, 산업, 사회 전반에서의 자율적 의사결정과 투명한 가치 교환을 가능하게 하는 이 혁신은 앞으로 5~10년 내 경제와 사회를 지배하는 핵심 구조로 자리 잡을 가능성이 매우 크다. 선도 기업과 국가가 미래 경제의 주도권을 잡게 되는 이유는 바로 이러한 기술적, 경제적, 사회적 융합을 가장 먼저 효과적으로 구현하기 때문이다.

4
자율형 기계 경제와 블록체인이 새로운 계약을 만든다

인공지능과 디지털 자산이 결합된 자율형 경제 시스템에서 기계 대 기계 상호작용은 이제 단순한 자동화의 범주를 넘어 실시간 경제 활동과 자산관리의 핵심축으로 자리 잡고 있다. 기계 대 기계 상호작용이 블록체인과 결합되면 인간의 개입 없이도 거래, 자산 이동, 서비스 제공, 데이터 검증까지 모두 신뢰할 수 있는 환경에서 이루어질 수 있다. 이는 단순한 기술혁신이 아니라 경제와 산업 전반에 걸친 운영 방식의 재편을 의미한다.

블록체인과 인공지능이 자율형 기계 경제를 만든다

기계 대 기계 기반 블록체인 모니터링은 기본적으로 세 가지 기능을 수행한다. 첫째, 실시간 데이터 기록과 검증이다. 각 기계 장치는 센서와 통신 모듈을 통해 발생하는 데이터를 블록체인에 기록하고 스마트 콘트랙트를 통해 자동으로 검증된다. 예를 들어 글로벌 물류 기업에서는 사물인터넷 센서가 부착된 컨테이너의 위치, 온도, 습도 등의 데이터를 실시간으로 블록체인에 기록하고 이상 징후가 발생하면 즉시 알람과 자동 조치를 수행하도록 설계했다. 이를 통해 기업은 물류 과정에서 발생할 수 있는 분쟁과 손실을 최소화할 수 있으며 고객에게 투명한 데이터를 제공한다.

둘째, 기계 대 기계 상호작용을 통한 자동화된 거래와 결제다. 블록체인과 스마트 콘트랙트의 결합으로 기계 간 거래는 자율적이고 안전하게 수행된다. 예를 들어 전기차 충전소와 차량 간의 결제 과정을 생각해 볼 수 있다. 차량이 충전소에 접근하면 차량 내 인공지능 시스템은 충전량을 자동 계산하고 스마트 콘트랙트를 통해 블록체인상에서 즉시 결제를 완료한다. 이 과정에서 중개 기관은 필요 없다. 모든 거래 기록은 블록체인에 불변적으로 남아 감사와 추적을 할 수 있다. 실제로 일부 유럽 국가에서는 전기차 충전소 운영사와 차량 제조사가 협력하여 기계 대 기계 기반 블록체인 결제 시스템을 시범운영 중이다. 결과적으로 충전소 운영 효율성과 이용자 편의성이 동시에 향상되는 효과를 보고 있다.

셋째, 인공지능 기반 예측과 최적화다. 기계 대 기계 상호작용에서 발생하는 방대한 데이터를 인공지능이 실시간 분석하면 시스템 전체의 운영 효율성을 극대화할 수 있다. 예를 들어 스마트 공장에서는 생산 라인의 로봇과 설비가 블록체인에 데이터를 기록하고 인공지능이 이를 분석하여 생산 계획을 자동 조정한다. 만약 특정 설비의 고장 가능성이 커지면 인공지능은 즉시 예비 부품 주문을 자동화하고 관련 비용과 자원을 최적화하는 결정을 내린다. 이 과정에서 블록체인은 데이터의 무결성과 거래의 신뢰성을 보장하므로 인간 관리자 없이도 공장 운영이 안정적으로 이루어질 수 있다.

새로운 경제 사회적 가치가 만들어진다

기계 대 기계 기반 블록체인 모니터링의 또 다른 강점은 보안과 투명성이다. 전통적인 중앙화 시스템에서는 데이터 위변조, 해킹, 권한 남용 등의 문제가 발생할 수 있다. 하지만 블록체인을 활용하면 모든 기계 간 데이터와 거래 기록이 분산원장에 저장되어 위변조가 사실상 불가능하다. 예를 들어 글로벌 항공사에서는 정비 기록과 운항 데이터를 블록체인에 기록하고 각 항공기와 유지보수 로봇이 상호 데이터를 공유하도록 설계했다. 이를 통해 안전성과 신뢰성을 강화하면서 정비 과정과 비용 구조를 투명하게 관리할 수 있다.

또한 기계 대 기계 상호작용은 자율형 경제 시스템에서 디지털 자산과 직접 연계될 수 있다. 사물인터넷 장치가 특정 데이터를 제공하거나 서비스 수행을 완료하면 스마트 콘트랙트가 자동으로 토큰 기반 보상을 지급한다. 예를 들어 재생에너지 발전소에서는 태양광 패널이 생산한 전력을 실시간으로 블록체인에 기록하고 그에 상응하는 전력 토큰이 자동으로 발전사, 소비자, 투자자에게 분배된다. 이는 에너지 생산, 거래, 소비가 모두 자율적으로 이루어지는 새로운 경제 모델을 가능하게 한다.

실제로 일본의 한 에너지 스타트업은 인공지능과 기계 대 기계 기반 블록체인 모니터링을 통해 가정용 태양광 발전량 데이터를 기록하고 잉여전력을 지역 내 전력망과 직접 거래하도록 설계했다.

전력 거래는 스마트 콘트랙트로 자동 처리되며 참여 가정과 투자자 모두 토큰 보상을 받는다. 이 사례는 단순한 기술 실험을 넘어 분산형 에너지 경제와 자율적 시장 운영의 가능성을 보여주는 선도적 모델로 평가받고 있다.

기계 대 기계 기반 블록체인 모니터링은 산업뿐 아니라 금융과 물류, 스마트 시티, 헬스케어 등 사회 전반에 적용할 수 있다. 스마트 시티에서는 교통 신호, 자율주행 차량, 공공시설 사물인터넷 장치가 블록체인을 통해 데이터를 공유하고 인공지능이 교통 흐름과 에너지 사용을 실시간 최적화할 수 있다. 헬스케어 분야에서는 환자 모니터링 장치와 의료 서비스 제공 장치가 기계 대 기계 상호작용이 이루어지는 게 블록체인에 기록되어 개인 의료 데이터의 신뢰성과 투명성을 확보하면서 원격 진료와 자동화된 보험 청구가 가능해진다.

기계 대 기계 기반 블록체인 모니터링은 단순한 데이터 기록과 거래 자동화를 넘어 경제 시스템과 산업 구조의 근본적 혁신을 가능하게 한다. 인간이 개입하지 않아도 기계와 기계가 상호작용을 하며 거래와 자원 배분을 자율적으로 수행하고 인공지능이 이를 실시간 분석 최적화하며 블록체인이 신뢰와 투명성을 담보한다. 이러한 구조는 기업과 국가가 미래 경제에서 주도권을 확보하는 핵심 경쟁력으로 작동하며 전통적 산업과 금융 시스템의 한계를 뛰어넘는 새로운 패러다임을 만든다.

기계 대 기계와 블록체인의 결합은 이제 선택이 아닌 필수다. 이미 선도 기업과 국가들은 실험과 시범운영을 통해 경제, 사회적 가치 창출의 새로운 모델을 현실화하고 있다. 향후 5~10년 내 자율형 경제 시스템의 표준으로 자리 잡을 가능성이 크다. 기계가 기계와 거래하고 인공지능이 데이터를 분석하며 블록체인이 이를 신뢰할 수 있는 기록으로 남기는 시대가 눈앞에 와 있다. 이 변화에 선제적으로 대응하는 주체만이 미래 경제의 중심에 설 수 있다.

5
인공지능과 디지털 자산은 신뢰와 규범의 시험대에 있다

　인공지능과 디지털 자산의 융합이 가속화됨에 따라 기술 경제적 변화만큼 중요한 과제는 정책과 사회 구조의 적응이다. 기존 금융·산업 규제는 인간 중심의 경제 활동을 전제로 설계되어 있어 자율형 경제 시스템에서는 여러 구멍과 혼선을 발생시킬 수 있다. 인공지능 에이전트가 투자와 거래를 자율적으로 수행하고 기계 대 기계 시스템이 블록체인을 기반으로 실시간 자산관리를 수행하는 시대에는 기존 법률과 제도가 기술 속도에 비해 뒤처지는 문제가 나타난다.

자율형 경제 시스템에 관한 법률과 제도가 필요하다

　첫째, 디지털 자산과 인공지능 경제 활동의 법적 지위 문제다. 현재 대부분의 국가에서는 디지털 자산을 재화 혹은 증권으로 분류하고 있다. 그러나 인공지능이 직접 투자하거나 서비스 제공을 수행할 경우 법적 주체를 누구로 인정할지 명확하지 않다. 예를 들어 인공지능 기반 투자 펀드에서 수익을 창출할 경우 그 수익의 소유권과 책임 소재는 인공지능 개발자, 운용사, 혹은 인공지능 자체에 귀속되는지에 대한 기준이 불분명하다. 실제로 미국 증권거래위원회는 인공지능 기반 펀드 운용 사례에 대해 제한적 승인을 내렸지만 책임 소재와 사고 발생 시 대응 규정은 여전히 미비한 상태다. 이에 따라 각국은 '인공지능 법인격Legal Personhood for AI' 논의까지 검토하며 디지털 자산과 인공지능을 함께 규율할 새로운 법적 틀 마련이 필수적이다.

둘째, 사회적 신뢰와 안전망 확보다. 인공지능과 디지털 자산이 자율적으로 경제 활동을 수행하더라도 사회적 신뢰가 뒷받침되지 않으면 시스템 자체가 작동하기 어렵다. 블록체인을 기반으로 거래와 데이터를 기록하더라도 그 데이터의 활용과 해석은 인간 사회가 결정한다. 예를 들어 일본과 유럽에서는 스마트 시티 프로젝트에서 인공지능 교통 관리 시스템이 교통사고 발생 시 책임을 누구에게 귀속할지 논의 중이다. 사고 기록과 원인 분석은 블록체인에 남지만 법적 책임과 사회적 보상 체계는 인간이 결정해야 한다. 이는 디지털 자산과 인공지능이 창출하는 가치와 위험을 사회적 관점에서 관리하는 새로운 패러다임을 요구한다.

셋째, 경제적 인센티브 설계와 포용적 성장 문제다. 인공지능과 디지털 자산이 결합된 경제에서는 자율적 거래와 투자로 인해 소수의 알고리즘이나 자본이 과도한 이익을 가져갈 위험이 존재한다. 이를 방지하기 위해 토큰 경제 설계와 보상 구조를 사회적 목표와 연결할 필요가 있다. 예를 들어 싱가포르의 한 스타트업은 인공지능 기반 재생에너지 거래 플랫폼에서 발전량과 소비량에 따라 발행되는 토큰을 지역 사회 공공 프로젝트에 일정 비율 기여하도록 설계했다. 이를 통해 자동화된 경제 활동이 지역 사회 성장과 환경 목표에 직결되도록 유도한 것이다. 디지털 자산과 인공지능이 만들어내는 가치가 단순히 투자자에게만 귀속되지 않고 사회적 선순환 구조를 갖도록 설계하는 것이 향후 정책 과제다.

넷째, 국제적 규제와 협력 체계다. 디지털 자산과 인공지능은 국경을 넘어 활동하는 특성을 가지므로 각국의 규제만으로는 충분하지 않다. 특히 인공지능이 글로벌 금융 시장에서 투자와 거래를 수행할 경우 국가별 규제 차이는 시스템 운영의 혼선을 초래할 수 있다. 예를 들어 테더와 같은 스테이블코인이 인공지능 기반 거래에 활용될 경우 미국, 유럽, 아시아 각국의 금융 규제 차이가 자율형 경제 시스템의 효율성을 제한할 수 있다. 따라서 국제적 기준과 협력 체계를 구축하여 인공지능과 디지털 자산이 안전하게 글로벌 경제에서 작동할 수 있는 틀을 마련하는 것이 필수적이다.

다섯째, 기술과 사회적 책임의 균형이다. 인공지능과 디지털 자산이 자동으로 투자, 거래, 자원 배분을 수행하는 시대에도 인간의 역할은 완전히 사라지지 않는다. 오히려 정책 입안자와 기업, 사회 구성원은 시스템 설계와 운용 과정에서 책임과 윤리를 설정하는 주체로서 더욱 중요한 역할을 맡게 된다. 예를 들어 한국의 한 블록체인 기업은 인공지능 기반 자산관리 플랫폼을 출시하면서 시스템이 수행할 수 있는 거래 범위, 리스크 한도, 토큰 보상 구조를 사전에 법률과 사회 기준에 맞춰 설계했다. 이 기업은 인간과 인공지능 간의 '책임 설계Responsibility by Design'를 통해 기술의 자율성과 사회적 신뢰를 동시에 확보한 사례로 평가받고 있다.

자율형 경제는 기술의 문제가 아니라 사회의 문제가 되고 있다

인공지능과 디지털 자산의 융합은 경제적 효율성과 혁신을 극대화하지만 정책적·사회적 대응 없이는 지속가능성을 확보하기 어렵다. 법적 지위와 책임 소재, 사회적 신뢰, 포용적 경제 설계, 국제적 협력, 인간 책임 설계가 모두 맞물려야만 자율형 경제 시스템이 안정적으로 작동한다. 지금 선제적으로 대응하는 기업과 국가만이 미래 경제 패러다임의 중심에서 기술과 사회를 동시에 리드할 수 있다.

인공지능과 디지털 자산은 이미 현실의 경제를 넘어 새로운 사회적 구조를 제시하고 있다. 기계 대 기계 상호작용과 블록체인 기반 자율 거래, 토큰 경제로 형성되는 자율형 경제 시스템은 단순한 기술혁신이 아니다. 경제와 사회 운영 방식 전반을 재정의하는 변혁이다. 이에 대한 정책적·사회적 준비는 더 이상 선택이 아닌 필수이며 지금의 대응이 미래 경제 주도권을 결정할 것이다.

디지털 자산 시장의 미래는 단순한 기술적 변화에 머무르지 않는다. 그것은 금융, 경제, 사회 전반의 구조적 재편을 의미한다. 인공지능과 디지털 자산의 결합은 경제 활동의 자율성을 높이고 기계 대 기계 기반 블록체인 모니터링은 신뢰 구조를 자동화하며 스테이블코인은 기존 금융 경험과 패러다임 자체를 재설계한다.

핵심은 속도가 아니라 적응력이다. 작은 파일럿 프로젝트라도 시작하고 시행착오를 통해 학습하며 고객과 생태계의 요구를 반영하는 과정이 필수적이다. 디지털 자산 생태계는 금융기관에 국한되지 않고 지자체, 산업, 사회 전반으로 확장될 것이다. 이를 선도하는 기

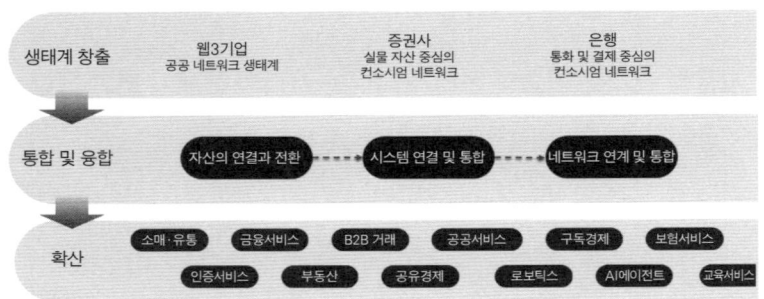

(출현: 출처: 핑거 IR 자료)

업과 국가가 미래 경제의 주도권을 확보할 것이다.

특히 기업 간 컨소시엄 형태의 네트워크는 이러한 혁신을 현실화하는 핵심 동력이다. 개별 기업이 단독으로 디지털 자산과 인공지능 기반 시스템을 구축하는 데는 한계가 있지만 컨소시엄 구조를 통해 기술, 데이터, 규제 경험, 고객 접점을 공유하면 생태계 전체의 적응 속도와 안정성을 동시에 높일 수 있다. 이는 단순한 협업을 넘어 새로운 신뢰와 가치 배분 구조를 만들어내는 방식이다.

결국 디지털 자산 혁신 여정은 이제 막 시작되었다. 중요한 것은 기술력이나 속도가 아니라 학습과 적응 그리고 새로운 신뢰 구조 구축이다. 인공지능, 기계 대 기계, 스테이블코인을 중심으로 한 생태계는 금융과 경제의 경계를 허물고 인간과 기계, 중앙화와 탈중앙화를 연결하며 미래 사회와 경제의 새로운 지평을 여는 여정이 될 것이다.

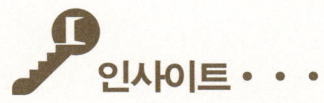

[스테이블코인 은행의 현재와 다음]

　스테이블코인 기반 은행의 혁신은 시스템 교체가 아니라 신뢰의 방식을 바꾸는 일에서 출발한다. 계좌와 중앙 서버에 의존하던 금융을 분산원장으로 옮기면 거래는 네트워크 전체가 동시에 검증하고 결과만 불변 기록으로 남는다. 고객이 '은행이 알아서'가 아니라 '내가 직접 확인'하는 투명함을 신뢰의 기준으로 삼게 되는 순간 금융 경험의 정의가 달라진다. 따라서 첫걸음은 기술 도입이 아니라 비전 정립이다. '더 빠른 뱅킹'이 아니라 '실시간 연결, 자동 집행, 공개 검증'이 가능한 금융을 목표로 삼아야 이후의 규제, 인프라, 제품 설계가 일관성을 가진다.

　이 비전은 세 가지 축이 맞물릴 때 구체화된다. 첫째, 고객이다. 전통 은행 고객뿐 아니라 모바일 네이티브와 크로스보더 결제 수요자까지 세분화해 누구에게 어떤 효용을 제공할지 명확히 한다. 둘째, 규제다. 스테이블코인의 1:1 법정화폐 연동, 자금세탁방지·고객신원확인, 준비자산관리 요건을 선제적으로 내재화해야 '혁신을 위한 안전지대'가 생긴다. 셋째, 기술이다. 계정과 거래를 온체인으로 관리하고 스마트 콘트랙트로 결제와 정산을 자동화하며 언제든지 접근 가능한 지갑·결제 인프라를 기본값으로 설계한다. 이때 IT 구축은 목적이 아니라 수단이며 목표는 '검증할 수 있는 신뢰 경험'이다.

　현실적으로는 '투 트랙' 전략이 가장 합리적이다. 기존 코어 뱅킹을 유지해 안정성을 담보한다. 그리고 분리된 스테이블코인 전용 뱅킹을 만들어 제한된 범위에서 실험·학습·검증을 반복한다. 이는 일괄 교체의 리스크를 피하면서도 성공한 기능을 점진적으로 이식할 수 있는 다리 역할을 한다. JP모건의 JPM 코인은 이 전술의 상징적 사례다. 신뢰, 속도, 자동화, 즉 전통과 블록체인의 실용적 결합을 보여준다.

혁신의 실행은 로드맵이 만든다. 목표 운영 모델을 먼저 그린 뒤에 이를 실현할 변혁 과제들을 뽑는다. 그리고 과제 간 의존성과 조직 준비도를 반영해 우선순위를 정한다. 작은 파일럿으로 시작해 성과와 리스크 데이터를 빠르게 회수하고 규제당국, 내부 리스크, 거버넌스와 피드백 루프를 이룰 때 학습 속도와 신뢰도가 함께 오른다. 핵심은 속도가 아니라 적응력이다.

금융의 경계는 인공지능과 만나며 더 확장된다. 인공지능 에이전트는 시장 신호를 실시간 분석해 자동으로 거래와 정산을 실행한다. 결과는 블록체인에 투명하게 기록된다. 이 결합은 단순 자동화를 넘어 '인간 개입 최소'의 자율형 경제를 가능하게 한다. 더 나아가 피지컬 인공지능과 사물인터넷이 합류하면 기계 대 기계 상호작용이 경제 활동의 주체가 된다. 인공지능 모델과 데이터 자체의 토큰화는 개발자, 데이터 제공자, 투자자 등 참여자를 하나의 경제적 생태계로 묶는다.

이 거대한 전환은 기술만으로는 완성되지 않는다. 법과 제도, 윤리라는 '사회적 운영체제'의 업데이트가 동행해야 한다. 인공지능이 의사결정을 수행하는 환경에서 법적 주체와 책임 소재는 어떻게 정의할지, 토큰 인센티브가 소수 알고리즘에 이익이 편중되지 않도록 어떤 분배와 거버넌스를 설계할지, 국경을 넘는 디지털 자산 활동에 대해 어떤 국제 규범과 상호운용 기준을 마련할지 등이 핵심 의제다.

마지막으로 이 변화는 혼자서는 어렵다. 기업 간 컨소시엄 네트워크는 기술, 데이터, 규제 경험, 고객 접점을 공유해 도입 위험을 낮추고 학습 속도를 높인다. 컨소시엄은 단순 협업을 넘어 준비자산관리, 온체인 정산, 신원·컴플라이언스처럼 공공재적 성격의 모듈을 공동 구축해 생태계의 총체적 효율을 끌어올린다.

에필로그
스테이블코인 레볼루션은 시작됐다

다시 한번 지금 우리에게 온 '스테이블코인 레볼루션'은 단순한 금융 트렌드가 아니라 돌이킬 수 없는 세계적 변화임을 실감하게 된다. 이 책의 시작은 내가 티타임즈에서 박민수 부회장과 한 대담 방송 「스테이블코인 웨이브에 '이거다' 할 분들 많습니다」였다. 방송을 접한 많은 독자가 기존의 스테이블코인 관련 콘텐츠보다 더 신뢰가 가고 이해하기 쉽다는 이유로 몇 번이나 반복해 시청했다고 한다. 출판사는 바로 이 점에 주목했고 독자들이 방송이 아닌 책 형태로도 이러한 내용을 접할 수 있도록 요청했다.

책을 집필하는 동안 저자들은 글로벌 흐름과 각국 정부의 정책적 노력 그리고 기업들의 빠른 행보를 체계적으로 자료 수집하고 분석하며 그 과정을 최대한 쉽게 독자들에게 전달하려고 노력했다. 미국을 비롯한 주요 국가들은 스테이블코인과 디지털 자산에 대해 발빠르게 규제 체계와 정책을 정비하고 있다. 민간 기업 역시 이 변화를 기회로 삼아 적극적으로 시장에 참여하는 중이다. 단순히 투자 수단으로만 여겨지는 디지털 자산과 달리 스테이블코인은 미래 경제의 핵심 인프라로 자리 잡고 있다.

그럼에도 여전히 절대다수의 일반 대중은 스테이블코인을 이해하지 못한 채 단순한 투자의 소재로만 생각하는 경우가 많다. 이에 책을 통해 더 쉽게 일반인이 이해할 수 있도록 접근성을 높이는 데 중점을 두었다. 디지털 자산, 인공지능, 기계 대 기계, 스테이블코인과 같은 복잡한 개념을 단순화하고 일상과 연결하여 설명함으로써 독자들이 새로운 금융과 경제 패러다임을 부담 없이 받아들일 수 있도록 하고자 했다.

또한 실무자 입장에서 스테이블코인을 발행하거나 운영해야 하는 분들을 위해 가이드라인과 실질적 조언을 담았다. 스테이블코인 발행은 단순한 기술적 구현만으로 끝나는 일이 아니라 정책, 규제, 기업 전략, 고객 경험 등 다양한 요소를 동시에 고려해야 하는 복합적 과제다. 책을 통해 작은 도움이라도 드리고 실무자들이 처음 어떤 절차부터 고민하고 준비해야 하는지 방향을 잡는 데 참고가 되기를 바랐다. 이러한 시도는 단순히 정보 전달을 넘어 실제 행동과 전략으로 이어질 수 있는 안내서의 역할을 하도록 구성했다.

글로벌 흐름과 기업들의 움직임을 보면 스테이블코인 시장은 이미 빠른 속도로 변화하고 있다. 미국 달러 기반 스테이블코인이 전 세계 시장을 점유하는 가운데 각국 정부는 경쟁력을 확보하기 위해 원화, 유로, 엔화 등 자국 통화 기반 스테이블코인 발행을 검토하고 있다. 기업들은 금융권과 비금융권을 막론하고 이러한 변화를 기회로 삼아 디지털 자산 시장에 적극적으로 참여하고 있습니다. 이는 단순히 금융 기술의 진화가 아니라 국가 경쟁력과 산업 구조 자체를 바꾸는 움직임이라 할 수 있다.

책을 마무리하며 우리가 느낀 가장 큰 깨달음은 '이제 스테이블코인은 되돌릴 수 없는 현실이 되었다.'라는 점이다. 기술과 제도, 기업과 정부, 그리고 일반 대중까지 모든 영역에서 변화가 시작되었고 이 흐름에 참여하고 적응하지 않는다면 경쟁력은 점차 약화될 수밖에 없다. 반대로 이 흐름을 이해하고 선제적으로 대응하는 개인, 기업, 국가에는 기회의 문이 열려 있다.

독자 여러분이 이 책을 통해 얻기를 바라는 핵심은 단순한 정보가 아니다. 변화가 이미 시작된 지금 무엇을 준비하고 어떤 전략을 세우며 어떻게 행동해야 하는지를 스스로 판단할 수 있는 능력이다. 스테이블코인 모먼트는 금융과 경제의 경계를 허물고 인간과 기계, 중앙화와 탈중앙화를 연결하는 새로운 시대의 도화선이 되었다. 이 책이 바로 그 도화선을 이해하고 대응 전략을 구상하는 출발점이 되기를 바란다.

마지막으로 독자 여러분께 전하고 싶은 메시지는 단순하다. 스테이블코인 레볼루션은 더 이상 선택이 아니라 필수다. 이제는 관망만으로는 충분하지 않다. 이해하고 준비하고 행동해야 하는 시점이다. 이 책을 읽는 동안 저자들과 같은 마음으로 변화의 흐름을 직시하고 각자의 위치에서 무엇을 준비해야 하는지 고민한다면 여러분은 이미 이 새로운 시대의 주인공이 될 준비를 하고 있는 것이다.

스테이블코인 레볼루션은 기회이자 도전이며 이제 그 변화의 시간을 함께 살아가는 모두가 주체가 되어야 할 순간이다. 독자 여러분이 이 책을 통해 변화의 흐름을 명확히 이해하고 자신의 전략과 행동으로 연결할 수 있기를 간절히 바란다. 그리고 무엇보다 이 책이 실무자에게는 길잡이가 되고 일반인에게는 이해의 창이 되어 스테이블코인 시대를 준비하는 모든 분에게 작은 도움이 되기를 희망한다.

스테이블코인 레볼루션
전 세계 화폐와 금융자산의 질서를 바꾼다

초판 1쇄 인쇄 2025년 11월 3일
초판 1쇄 발행 2025년 11월 11일

지은이 최재홍 박민수
펴낸이 안현주

기획 류재운 **편집** 안선영 **브랜드마케팅** 이민규 **영업** 안현영
디자인 표지 정태성 본문 장덕종

펴낸곳 클라우드나인 **출판등록** 2013년 12월 12일(제2013-101호)
주소 우) 03993 서울시 마포구 월드컵북로 4길 82(동교동) 신흥빌딩 3층
전화 02-332-8939 **팩스** 02-6008-8938
이메일 c9book@naver.com

값 23,000원
ISBN 979-11-94534-46-4 03320

- 잘못 만들어진 책은 구입하신 곳에서 교환해드립니다.
- 이 책의 전부 또는 일부 내용을 재사용하려면 사전에 저작권자와 클라우드나인의 동의를 받아야 합니다.
- 클라우드나인에서는 독자여러분의 원고를 기다리고 있습니다.
  출간을 원하는 분은 원고를 bookmuseum@naver.com으로 보내주세요.
- 클라우드나인은 구름 중 가장 높은 구름인 9번 구름을 뜻합니다. 새들이 깃털로 하늘을 나는 것처럼 인간은 깃펜으로 쓴 글자에 의해 천상에 오를 것입니다.